国家社会科学基金一般项目"数字普惠金融对中小企业信贷可得性的作用机制及影响效应研究"（21BGL085）、湖北省社会科学基金一般项目（后期资助项目）"数字经济驱动传统产业高质量发展：理论、机理与路径"（HBSK2022YB395）资助

数字经济驱动
传统产业高质量发展

理论、机理与路径

戴伟　江齐明◎著

**DIGITAL ECONOMY
DRIVES HIGH-QUALITY DEVELOPMENT
OF TRADITIONAL INDUSTRIES**

Theory Mechanism and Path

中国社会科学出版社

图书在版编目（CIP）数据

数字经济驱动传统产业高质量发展：理论、机理与路径/戴伟，江齐明著. —北京：中国社会科学出版社，2022.12
ISBN 978-7-5227-1240-6

Ⅰ.①数… Ⅱ.①戴… ②江… Ⅲ.①中国经济—经济发展—研究 Ⅳ.①F124

中国国家版本馆 CIP 数据核字（2023）第 022167 号

出 版 人	赵剑英
责任编辑	谢欣露
责任校对	周晓东
责任印制	王　超

出　　版	中国社会科学出版社
社　　址	北京鼓楼西大街甲 158 号
邮　　编	100720
网　　址	http://www.csspw.cn
发 行 部	010-84083685
门 市 部	010-84029450
经　　销	新华书店及其他书店
印　　刷	北京明恒达印务有限公司
装　　订	廊坊市广阳区广增装订厂
版　　次	2022 年 12 月第 1 版
印　　次	2022 年 12 月第 1 次印刷
开　　本	710×1000　1/16
印　　张	15
插　　页	2
字　　数	224 千字
定　　价	79.00 元

凡购买中国社会科学出版社图书，如有质量问题请与本社营销中心联系调换
电话：010-84083683
版权所有　侵权必究

前　言

　　传统产业不仅为我国形成完备的工业体系和产业配套奠定了基础，而且基于传统产业所构建起来的完整供应链也是"中国制造"得以成为全球产业链中重要环节的关键原因。但从与美西方国家的横向对比来看，我国传统产业仍处在"微笑曲线"的中低端位置，且依然存在发展模式相对粗放，要素配置及使用效率低下，产业结构不合理以及产业协同不通畅等问题。过去，我国对传统产业的改造有赖于对产业及技术的投资强度，并侧重于对国外先进技术的引进与二次创新。尽管这也使我国在信息产业与工业自动化方面取得了一定进展，但过去已实现的改造手段却并没能兼顾产业链上各节点间的信息孤岛问题。而缺乏联系的各局部优化并不必然促进整体产业的高质量发展，且长期内"木桶效应"的存在更会对整体产业的发展形成掣肘。

　　随着世界政治经济格局和我国社会主要矛盾的转化，我国对传统产业的发展质量也有了更高的要求，而数字经济的出现则为我国传统产业实现弯道超车创造了条件。2022年7月，由中国信息通信研究院所发布的《中国数字经济发展报告（2022年）》指出：我国产业数字化已向纵深加速发展。2021年我国产业数字化规模达到37.18万亿元，在数字经济规模总额及GDP中的占比分别达到81.7%和32.5%。与此同时，全国实施网络化协同和服务型制造的企业比例各上升至38.8%和29.6%。再结合国务院年初印发的《"十四五"数字经济发展规划》可以看到，我国正凭借着工业体系、产业配套和市场规模优势，在强化有效市场与有为政府间的联动机制下，持续夯实数字经济的发展基础，不断优化数字经济的创新环境，并在此基础上不断深化数字经济与传统产业的融合发展。党的二十大明确指出：要坚持把发展经济的着力点放在实体经济上，推进新型工业化，加快建设制造强国、质量强国、航天强国、交通强国、网络强国、数字中国；加快发展数字经济，促进数字经济和实体经济深度融合，打造具有国际竞争力的数字产业集群。

从理论层面来看，技术演进是推动经济发展呈现出周期变化的关键因素，而每一轮技术经济也因不同的技术范式特点发展出不同的经济模式。自农业经济发展至今，生产力的进步总伴随着生产过程中人力占比的不断下降和产业链上各部分协同程度的持续上升。因此，发展数字经济的意义也不只在于通过发展新兴产业创造新的经济增长点，更在于通过对传统物质生产体系的改造与优化，以实现对生产力的进一步解放并满足社会发展对产业链协同程度的更高需求。新的技术经济周期下，发展环境的剧变给我国传统产业带来了新的机遇与挑战。在这些由过去技术经济发展所积淀起来的传统产业，如何有效嵌入新的经济发展体系，又如何激发更大的发展潜能等问题上，分析数字经济赋能传统产业的作用机理将为其提供有效的经验与启示。基于此，本书立足于技术经济的发展规律，以数字经济及其技术的具体内容与特征为切入点，深入探讨数字经济驱动传统产业高质量发展的作用机理及实现路径，并尝试对传统产业的产业数字化改造做出现实性理解与理论性补充。

通过对有关文献的梳理，本书首先从理论的角度出发，探讨技术演进的发展脉络与产业发展的对应变化，并在前人的研究基础上深化对数字经济赋能传统产业高质量发展的现实性理解；其次结合数字技术的具体内容和应用场景，进一步论述数字经济驱动传统产业高质量发展的作用机理，并在此基础上对作用机理做出理论性补充；最后立足于我国传统产业数字化转型所面临的问题，深入探讨产业数字化转型的主要方向及对策建议，并在此基础上总结数字经济驱动传统产业高质量发展的实现路径。

从数字经济驱动传统产业高质量发展的作用机理来看，其以质量变革为先导，通过优化产业布局与产业结构为传统产业实现转型升级发展奠定基础；再以效率变革为手段，经由全产业链的数字化改造为提升要素市场效率和产业协同程度创造条件；最后以动力变革为要义，在借助数字经济的赋能作用激发传统产业发展潜能的同时，促使传统产业摆脱对落后发展路径的依赖，进而从根本上形成传统产业高质量发展的新格局。再从实现路径来看，产业数字化是传统产业在数字经济下实现高质量发展的必经之路，而数字资源市场化则是促成产业数字化的首要步骤，且其本质是"数据"作为生产资料经由资源化逐步向要素化转变的过程。在数据资源要素化的基础上，传统产业的数字化转型则成为传统产业与数字经济深度融合的关键，且这一转型过程不仅包含了生产资料与生产工具的数字化改造，也包括了产业链上价值交换内容与过程的数字化。在传统产业与数字经济深度融合的条件下，两者之间得以实现双向奔赴。即"数实融合"在重塑传统产业边界并激发传统产业潜能的同时，也为数字经济持续注入新的发展动能。

虽然"数实融合"给传统产业带来了新的发展机遇，但新经济模式也给传统经济模式下的监管方式与机制提出了挑战。且由技术—经济新范式对传统范式的冲击所引发的一系列不确定性也成为新时代下数字风险的潜在诱因。因此，强化数字经济风险防范能力并提升数字经济治理水平便成为稳定"数实融合"发展的兜底条款。而数字化人才作为传统产业中统筹数字化发展的基础单元，其不仅是数字化转型的推动者，更是化解数字化风险的关键力量。所以，在数字经济驱动传统产业高质量发展的实现路径中，提升数字安全风险防范能力、提高数字经济治理水平与强化专业人才队伍的数字素养三个方面的内容既是促进传统产业数字化转型与发展的重要举措，也是嵌入实现路径上各关键节点的重要环节。

本书在撰写过程中参考并借鉴了许多学术界专家、学者相关研究成果，在此表示诚挚的感谢。由于作者水平有限，书中难免有不妥与疏漏之处，敬请广大读者批评指正。

戴 伟

2022 年 10 月

目　录

第一章　数字经济的基本概述 … 1

第一节　数字经济的概念及内涵 … 1
第二节　数字经济的特性 … 8
第三节　数字经济体系架构 … 11

第二章　数字经济下传统产业高质量发展的相关理论 … 17

第一节　长波周期下的数字经济 … 17
第二节　创新驱动传统产业高质量发展 … 22
第三节　数字经济驱动传统产业高质量发展的机理 … 27
第四节　数字经济驱动传统产业高质量发展的现有路径 … 35

第三章　全球数字经济发展现状及经验启示 … 40

第一节　全球数字经济发展综况 … 40
第二节　全球主要国家数字经济政策布局特点 … 68
第三节　全球数字经济发展趋势及经验启示 … 75
第四节　做强做优做大我国数字经济的关键举措 … 80
第五节　中国选择实现路径时所需关注的问题 … 85

第四章　数字经济的技术创新 … 89

第一节　大数据技术 … 89
第二节　云计算技术 … 101
第三节　5G技术 … 108

第四节　人工智能技术 …………………………………… 117
　　第五节　区块链技术 ……………………………………… 125

第五章　数字经济驱动传统产业高质量发展的作用机理 ………… 139
　　第一节　传统产业高质量发展的内涵 …………………… 140
　　第二节　传统产业高质量发展的特征 …………………… 144
　　第三节　传统产业高质量发展的动因 …………………… 149
　　第四节　数字经济驱动传统产业高质量发展的作用机理 … 154

第六章　传统产业的数字化转型发展 …………………………… 167
　　第一节　全球产业数字化转型的基本趋势 ……………… 167
　　第二节　产业数字化转型面临的关键问题 ……………… 169
　　第三节　传统产业数字化转型的典型模式 ……………… 172
　　第四节　产业数字化转型的主要方向及对策建议 ……… 181

第七章　数字经济赋能传统产业高质量发展的实现路径 ……… 186
　　第一节　逐步推动数字资源市场化发展 ………………… 187
　　第二节　助推实体经济实现数字化转型 ………………… 190
　　第三节　促进数字经济与传统产业深度融合 …………… 192
　　第四节　提升数字经济安全风险防范能力 ……………… 195
　　第五节　进一步提高数字经济治理水平 ………………… 201
　　第六节　提升专业人才队伍的数字素养 ………………… 206

第八章　结语：传统产业的"新生"与"兴盛" …………………… 210
　　第一节　长波周期下的产业数字化 ……………………… 210
　　第二节　数字经济下的后发优势 ………………………… 212
　　第三节　数字经济的"虚"与"实" ………………………… 213
　　第四节　新变局下的新出路 ……………………………… 214

参考文献 …………………………………………………………… 217

第一章　数字经济的基本概述

目前，全球正在经历一场更大范围、更深层次的科技革命和产业变革。互联网、大数据、人工智能等现代信息技术不断取得突破，数字经济蓬勃发展，各国利益更加紧密相连。据《中国数字经济发展报告（2022）》，2021年，我国数字经济的规模已经达到45.5万亿元，占GDP的比重达39.8%，数字经济规模和增长速度都位居世界前列。数字经济在我国经济发展中发挥着越来越重要的作用，在抗击新冠疫情期间发挥的巨大作用也有目共睹，其正逐渐成为新时代我国经济高质量发展的重要驱动力量。

第一节　数字经济的概念及内涵

现代意义上的互联网始于1969年的阿帕网，并于1991年发展成型。自20世纪90年代互联网初具商用价值后，其便乘着第三次工业革命的东风在全世界蔓延开来。随着互联网的持续发展，大数据、云计算、5G、人工智能及区块链等数字技术也不断向经济领域进行渗透融合。由数字产业化所带动的数字经济便成为继农业经济及工业经济之后的一种全新的经济形态。持续发展的产业数字化在赋能传统产业创新发展的同时，也丰富着数字经济本身的内涵与外延。

一　数字经济的概念

数字经济泛指基于大数据、云计算、5G、人工智能及区块链等数字技术，经由数字产业化或产业数字化所带动的经济活动以及创新经济活动。中国国家统计局在《数字经济及其核心产业统计分类

(2021)》中，将数字经济界定为以数据资源为关键生产要素、以现代信息网络为重要载体、以信息通信技术为发展效率提升与经济结构优化的重要推动力的一系列经济活动。因此，相较于早期的网络经济、互联网经济或信息经济，数字经济的概念有着更为丰富的内涵。在网络经济、互联网经济或信息经济下，经济的发展依赖网络建设与信息技术的进步，即数字产业化；但在数字经济下，带动经济发展的因素不再局限于数字技术本身，也包含了对数字技术的大规模应用与基于数字技术的创新发展，即数字经济具有了数字产业化与产业数字化两方面的内容（赵立斌和张莉莉，2020）。

自20世纪70年代初美国国安事务助理布热津斯基（Zbigniew Brzezinski）提出"电子技术时代"后，"后工业经济"便以一种不同于工业经济的概念成为政界、商界、学界所广泛讨论的话题。尽管当时这些讨论并没有给予"后工业经济"具体且精确的定义，但其关于经济形态演变趋势和发展方向的有益探讨却给后世"数字经济"概念的提出和发展奠定了基础（童锦治，2003）。1996年，"数字经济"的概念首次出现在美国新经济学家唐·泰普斯科特（Don Tapscott）的著作《数字经济：网络智能时代的希望和危险》一书中，其不仅首次将"数字经济"的概念学术化，并将"数字经济"定义为知识经济或新经济，更深入探讨了互联网对社会经济中的十二个领域的正反面影响；而同一时期的计算机科学家尼古拉·尼葛洛庞帝（Nicholas Negroponte）对数字经济有了更为明确的界定，其将"数字经济"解释为"基于比特而非原子"的经济，即数字经济是架构在信息加工及处理上的经济形态，这便以关键生产要素的不同对数字经济形态与传统经济形态形成了区分。自数字经济概念提出后，其便因或将成为第三次工业革命的主导力量而备受各国重视。各国也为促进本国数字经济的发展，对其概念进行了更为明晰的界定。1997年，日本率先成为从政府层面定义数字经济的国家。在其通产省的相关报告中，日本政府将数字经济描述为更为广泛的电子商务。尽管这一定义与现代意义上的数字经济概念仍有较大差距，但在20世纪末至21世纪初的那段时间，日本政府对数字经济的定义仍代表了当时世界各国对数字经济的普遍认知。这一点，由同一时期的美国学者金范秀（Beomsoo Kim）仍将数字经济的本质定义为"商品与服务以信息化形式进行交易"便可以看出（梅宏，2022）。作为数字经济发源地的美国，其政府在对数字经济的认知上则更领先一步。自 1998 年美国商务部宣布将数字经济纳入官方统计后，其便在 1999 年 6 月的《新兴数字经济》报告中将数字经济定义为电子商务与信息技术产业的总和。1999 年 10 月，美国统计局在美国商务部对数字经济的定义基础上对数字经济的范围进行了具体的划分，同时期其他国家对数字经济的界定也逐步与美国趋同（田丽，2017；数字经济发展研究小组等，2020）。

但随着信息技术的快速发展，各种数字化创新内容对数字经济边界的不断拓展使得对数字经济的明确界定难度也陡然上升，于是不同主体对数字经济的理解便发生了分化。田丽（2017）通过对中、美、俄、法、英、澳、韩及经济合作与发展组织（OECD）关于数字经济定义的对比提出，各国及国际组织对数字经济的理解可分为四类：以中、俄、韩为主的国家将数字经济归结为一种经济活动；以美、法及OECD 为主的国家和组织将数字经济定义在其所包含的具体应用中；以英国为主的国家将数字经济理解为一种数字化的投入产出过程；以澳大利亚为主的国家将数字经济视为一种社会进程。裴长洪、倪江飞等（2018）也通过对比将不同机构及学者的观点分为了四类，即从经济活动、应用范围、产出角度及结构角度四个方面定义数字经济。综合宏观及微观层面的不同主体对数字经济的定义可以看到，两个层面实则存在对应关系，即在数字经济在地化发展过程中，国家层面对数字经济的释义与微观个体对数字经济的看法相互联结。杨青峰及李晓华（2021）将数字经济定义为以智能技术群、网络连接、数据为核心驱动力、基础及生产要素，并具有技术经济范式转换内涵的各种经济活动的综合。Barefoot 等（2018）则延续了美国商务部经济分析局（BEA）关于数字经济的释义，即将数字经济定义为在数字基础设施、电子商务及数字媒体的有机组合下所进行或实现的商品及服务贸易。英国曼彻斯特大学学者 Bukht 和 Heeks（2017）将数字经济定义为由数字产品及服务的商业模式中的数字技术所带来的那部分经济产出，而这部分产出源于三个方面：数字部门、新兴数字及平台服务。澳大利亚墨尔本大学学者 Borland 和 Coelli（2022）则在研究数字经济对澳大利亚劳动力市场的影响时，将当前围绕信息技术发展所掀起的创新浪潮视为对数字经济更广泛的定义。其不仅是在技术经济范式演进下的社会发展模式的转变与进化，也是在各项信息通信技术支撑下的经济活动与社会活动的全球网络化。

数字经济是继农业经济、工业经济之后的一种全新的经济形态，且随着数字技术的持续发展与其应用边界的不断扩张，人们对数字经济的认知也处于持续深化的动态过程中。尽管在不同时期、不同发展水平及不同应用方向下，各国及相应社会主体对数字经济的释义逐步走向分化，但由我国在 2016 年 G20 杭州峰会上所发起的《G20 数字经济发展与合作倡议》却受到与会各方的普遍欢迎与赞赏。这表明，将数字经济定义为以数据、现代信息网络及信息通信技术为基础的一系列经济活动仍被各界所广泛认同（赵立斌和张莉莉，2020）。虽然随着数字经济的持续发展，其在地化进程中参与各方对数字经济的释义差异更加凸显，但差异化下的相互理解与求同存异将有助于数字国际合作的持续推进，并不断提升全球数字治理及创新水平（徐秀军和林凯文，2022）。

二 数字经济的内涵要义

从本质上来说，数字经济是在互联网经济持续演进下所形成的经济形态，其也必然带有互联网经济的深刻烙印（韩凤芹和陈亚平，2022）。随着数字技术不断向传统产业渗透，数字经济不仅具有了由信息通信产业所赋予的内涵，也具有了由实体产业数字化发展所带来的新的内容。由此，数字经济的内涵与外延由数字产业化与产业数字化两方面内容所支撑，并在数字产业化与产业数字化的协同发展过程中得以持续深化与拓展。

（一）数字经济是互联网经济的高级发展阶段

互联网经济是基于信息网络，以知识、信息和技术为主导要素，凭借创新经济组织形式优化全生产链，以提振经济发展效率与质量的经济形态（孙宝文等，2019）。但由于数字化发展本身是一个演进过程，且在早期的互联网经济下囿于技术发展水平的限制，这种经济形态的具体内容也仅限于信息通信产业与电子商务。因此，在互联网经济时代下的知识、信息和技术也区分为非数字化与数字化的内容，由此互联网经济本身包含了依靠非数字化知识、信息和技术驱动的互联网经济初级阶段，以及依靠数字化知识、信息和技术驱动的互联网经济高级阶段。而数字化发展本身是一个不可逆的趋势，随着"数实融合"的蓬勃发展，实体产业数字化也成为当前的发展方向。此外，数字化治理、数据价值化也会随着数字产业化与产业数字化的趋势协同并进，以适应由数字化发展所带来的经济转型升级与社会形态变革。因此，相较于数字化不完全的互联网经济，更高数字化程度的数字经济便自然成为其高级发展阶段（中国信息通信研究院，2020）。

（二）数字经济具有更为丰富的内涵

作为数字经济的早期形态，互联网经济的具体内容囿于信息通信产业和电子商务。因此，从本质上来说，互联网经济仅局限在数字产业化的范畴。但随着数字技术在各行各业的进一步扩散与融合发展，全要素生产率、经济形态及经济社会都得到了全方位的优化。因此，相较于互联网经济，数字经济便不能以简单的信息通信产业或电子商务来概括。在不考虑社会政治范式的前提下，数字经济本身则至少包含了数字产业化与产业数字化两方面的内容。从数字产业化的角度来看，其是数字经济的先导产业，并包含了电子元器件和PCB板制造、电脑和外围设备制造、通信设备制造、消费电子产品制造、电信服务、软件服务、计算机和IT服务及互联网服务等ICT制造及服务业。从产业数字化的角度来看，其是数字经济的主阵地，并主要由传统产业的数字化改造所带来的提产增效部分组成。所以，数字经济的落脚点是物质生产部门，其是"数实融合"的经济形态，而不是"比特"经济。总的来说，产业数字化的具体内容分为两类：一类是数字技术在农业和工业领域的融合发展及创新应用；另一类则是数字技术与服务业相融合所创造出的新业态与新模式，这便诞生了服务型数字经济。服务型数字经济又分作两方面的内容：一是数字技术与传统服务业相融合所发展出的线上线下相协同的具有转型升级内涵的数字化传统服务业；二是在数字经济深入融合下所引发的服务模式与形态的创新发展或完全区别于传统服务业的新业态（赵立斌和张莉莉，2020）。在考虑社会政治范式的情况下，数字经济较之互联网经济的内涵则更为丰富。相较于互联网经济处在传统社会政治范式框架中，数字经济则更需要与之相适应的创新社会政治范式（杨虎涛，2020）。而这也不仅需要数字化治理以匡正数字经济的发展方向，也需要数据价值化参与要素分配体系以激发数字经济的发展潜力。前者包括但不限于具有多元治理、"数字技术+治理"等典型特征的"数管融合"或数字化公共服务等内容，后者则包括但不限于数据采集、标准化、确权、定价、交易及数据保护等内容（中国信息通信研究院，2020）。

（三）数字经济既是新经济形态也是技术经济新范式

经济形态是指经济的社会形态，其与技术的社会形态相对应，是包含了产品及商品经济形态的"特殊社会"（许光伟，2014）。而要把握经济形态的更迭就要从生产工具、生产技术、生产力及相应的生产关系和上层建筑等一系列内容来考量。因此，经济形态通常被认为是对不同历史时期下由对应先进生产力所带动的一系列经济活动及其结构和特点的抽象表达（邵春堡，2022）。而技术经济范式则由具有通用性和普遍性的技术及组织原则所构成，且其不仅代表着特定技术革命在社会经济中得以最有效应用的方式，也代表着技术革命推动整体经济实现转型升级并高质量发展的最有效方法。因此，相较于技术范式而言，技术经济范式是对技术在整个经济系统中的宏观表达，其刻画着通用技术在发展过程中的总体特征与扩散进程（Perez，2003；杨虎涛，2020）。相应地，技术经济新范式则是在技术创新实现突破并具有通用性后，其与相关"技术族群"在经济系统中以革命式的大规模应用与扩散，引发由生产方式、组织模式等生产关系内容的一系列变革到最终触及社会、制度等上层建筑内容的变迁（梁正和李瑞，2020）。

数字经济要蜕变为新的经济形态便必然意味着传统经济形态的落幕。那么，传统经济形态是否已经不具备持续发展的能力？事实上，工业经济时代的每一次危机都触及工业社会生产关系乃至上层建筑中的本质问题，但由于工业经济上升期所带来的阶段性红利与工业经济下行期所采取的应对措施都在不断为工业经济"续命"，加之全球的经济发展水平差距过大，多数落后国家仍滞留在工业经济乃至农业经济阶段，这便使工业社会的本质问题被掩盖，进而造成工业经济的存续时间在客观上被延长了。20世纪中叶信息革命开始后，美西方国家也相继意识到工业社会所存在的问题，于是便掀起了"去工业化"的浪潮。但简单地"消灭"工业不仅不会彻底改变工业社会所遗留的僵化的生产体制、管理体系及相应的文化观念等形而上的内容，更会因实质上的"产业空心化"而导致经济泡沫化。于是便可以看到，近年来美西方积极地推动再工业化进程。因此，工业经济的积弊并不在于其物质生产体系，而在于其僵化的生产体制、管理体系及相应的文化观念等形而上的内容（邵春堡，2022）。与传统经济形态相比，数字经济在具体特征、运行规律、发展理念及相关理论等各个方面都呈现出较大的差异。且在新一轮科技浪潮的冲击下，数字技术的广泛应用使传统经济形态下再生产过程中的分工模式与组织方式都产生了颠覆性的改变，而数字资本所特有的生产关系与功能属性也促使着生产体制、管理体系及相应的文化观念等内容发生重大变革（师博，2022）。随着数字化的不断深入与数字经济赋能下的经济运行效率不断提高，数字经济必将颠覆传统经济形态下的发展逻辑和运行规则，并打破传统经济形态下的物理时空局限，以万物互联为基础、以数据要素为核心、以自然算法为产销方式对传统经济体系进行重塑，进而取代工业经济成为新经济形态（邵春堡，2022）。

在大数据、云计算、5G、人工智能及区块链等数字技术取得实质性突破并实现快速发展下，超级计算、生物科技、纳米科技及增材制造等众多前沿领域的颠覆性技术创新也层出不穷，且当前的前沿技术也多表现出交叉叠加、多点爆发的发展态势，由此便形成了"一主多翼"的数字技术演进格局。从发展的角度来看，新一轮科技与产业的变革都源于数字技术的突破，这便在产业领域中为降低生产成本、提高生产效率、创新生产技术创造了条件。由此，数字技术在产业领域的深度扩散将促使新一代信息技术不断重塑制造技术系统，而与当前经济社会发展相适应的新技术范式也将持续涌现。随着人力资本投入、企业战略方向调整以及产业组织形态革新，一场关于技术、管理、制度协同变革的技术经济新范式已然登上历史舞台（梁正和李瑞，2020）。

第二节　数字经济的特性

数字经济是在农业经济、工业经济的基础上凭借信息技术、数字技术逐步发展起来的新经济形态。发展数字经济的意义也不仅在于对新兴产业的培育，更是对传统产业，特别是对传统制造业的赋能与优化，这便奠定了数字经济物质性的基础。但从关键生产要素的角度来看，数字经济的关键生产要素是非实体的"数据"资源。这便与农业经济及工业经济时代由各类实物资源所组成的关键生产要素形成了区隔，由此塑造了数字经济虚拟性的特点。尽管数字经济的虚拟性与虚拟经济的适度结合对技术经济的发展会具有积极作用，但数字经济虚拟性本身容易造成资源分配上的"马太效应"与贫富差距拉大。在数字经济的虚拟性与虚拟经济无序结合而又缺乏社会—政治范式正向引导的情况下，数字经济本身的特性会致使虚拟经济本身不良的一面呈现出成倍放大的态势。

一　数字经济较之以往的变化与特点

数字经济与前两次经济形态的不同点在于，前两次经济形态的实质是物质生产体系内部的完善与更替，而数字经济则是在传统物质生产体系的基础上，借由数字技术赋能物质生产、优化产业格局、促进产业转型升级，并使其贴合消费市场需求与时代发展需要。此时，物质产出的价值更多体现在其科技及服务含量等"非物质"方面，因此，在产业结构方面会表现出第一、第二产业的经济占比逐步减小，在产业的发展轨迹上也呈现出由强化供给侧向协调供需两侧转变。从技术经济的发展角度来看，前四次技术演进深耕于物质生产体系的技术架构，而第五和第六次技术演进则侧重于信息、数字技术赋能下的经济创新发展。基于传统物质生产技术的创新发展边际已处于逐步收窄的历史阶段，并表现出稳恒态的特点。其具体表现为：基于物质生产体系的技术演进在满足社会发展的基础物质需求之后，技术创新发展相对迟滞，技术改进成为引领产业发展的主要动力并形成相对恒定的态势。因此，这并不意味着所谓基础科学特别是基础物理学的发展"停滞不前"，而在于人类物质需求的有限性和可满足性。当社会要满足高质量高层次的需求时，生产、人口和资本总量将长期维持高水平但相对恒定的发展态势。此时虽然人类的欲求是无止境的，但每个人对物质的实质消耗又相对有限。通用的物质生产技术创新不仅风险成本较高，且生产过剩更会成为拖累经济发展的关键因素。因此，技术创新便会被技术改进所取代，并呈现出基于物质生产的技术创新发展"逐步停滞"的假象。虽然同一时期，世界人口整体呈现出快速扩张的趋势，但发达国家与发展中国家在人口增长层面却有着截然不同的表现。而技术创新通常源于发达国家，且发达国家与发展中国家之间本有着相对较大的技术鸿沟。因此，发达国家的技术壁垒、产业转移与产品倾销使得发展中国家快速增长的人口因素并不影响整体稳恒态这一特点。而需求的有限性与可满足性也并不意味着社会发展会使有限需求达到完全满足的状态，资源和环境的承载上限仍会将社会发展拖回稳恒态。所以，在已有的六次技术演进中，经济形态由"物质"向"非物质"特点转化的本质是社会物质需求的转向，即在基本物质需求得到满足以后，于现有物质基础上向高质量高层次需求迈进。而第五次到第六次技术演进中的信息技术、数字技术则是"需求转向"下的产物，农业经济、工业经济时代物质生产体系的完善则是其发展的基础。

二 数字经济的二重性——物质性与虚拟性

任何阶段性事物的发展都具备连续性与变化性的双重属性（张开和李英东，2021），前者由事物的基本矛盾所决定，而后者由事物的主要矛盾所引导。这便使事物的阶段性发展始终围绕着一个相对固定的目标呈现出螺旋上升的态势。在这一发展过程中，原阶段与现阶段之间的延续性便构成了阶段性事物的连续性，而现阶段相较于原阶段的演进部分便形成了阶段性事物的变化性。从更为宏观的发展角度来看，事物的基本矛盾决定了事物的发展方向，而其主要矛盾则演化出事物在不同阶段的发展特点。因此，结合经济形态发展的历史进程可以看到，无论是农业经济、工业经济还是现在的数字经济，其本质都是一以贯之的，即解放、发展生产力并提高生产效率。在传统经济形态向数字经济发展的过程中，自动化与智能化成为实体产业的主要发展方向。由此，数字经济相对于农业经济、工业经济的连续性便在于对物质生产的持续优化，而这也是基本矛盾运动发展的结果。但现阶段，基于传统物质生产技术的创新发展边际已逐步收窄，需要跳出传统产业技术的发展路径，而这便导致了数字经济发展阶段变化性的产生。这种变化性既有数字经济不同于传统经济形态的发展内容，更有数字技术区别于传统产业技术直接作用于物质生产的具体内容，而这便是在物质需求得到阶段性满足后由主要矛盾的变化所致。因此，从整体上来看，数字经济同样具有连续性与变化性的特征，而这两种特征相较于传统经济形态来说，又集中表现为"物质性"与"虚拟性"。

数字经济的二重性，即数字经济所固有的"物质性"与"虚拟性"，源于其自身特性及其在社会经济发展中发挥作用的具体场景。从数字经济自身特性的角度来说，其是继农业经济与工业经济后的又一主要经济形态，并以互联网为载体，以数字技术为手段，通过生产要素数字化整合生产资源以保障实体产业链的通畅与高效，且维系着供需两侧的高度联动。因此，数字经济下所衍生出的数字技术本也是现代化物质生产体系中的一部分，而由数字技术所推动的产业数字化内容更是新时期下物质生产体系中的重要环节。另外，数字技术的产生根植于生产力的发展，其作用的发挥也有赖于保障互联网运作的物质设备，其数据资源更是对物质资源的数字化描述。所以，无论从数字经济的产生与用途还是从其核心生产要素来说，数字经济都是物质性的。此外，其存在与发展以对应的物质基础为转移，因而物质性也是数字经济的第一性质。但是，数字经济依赖于网络平台与网络技术，且其直接产品也非实物的特性致使数字经济具有极强的虚拟性。特别是当数字经济的虚拟性与虚拟经济相互刺激并持续无序融合的时候，经济虚拟化与"脱实向虚"的风险便会产生。因此，从数字经济的使用场景来看，当数字经济被直接用于物质生产或适度与虚拟经济有序结合的时候，因其最终都会作用于物质生产，其虚拟性的不良影响便会被极大地限缩并最终表现出数字经济的物质性；但当数字经济被滥用于金融、房地产、博彩等虚拟经济的时候，其物质性便会被极大地掩盖并表现出强烈的虚拟性。数字经济物质性与虚拟性的关系也是对立统一的矛盾关系。数字经济的物质性是其虚拟性得以存在的基础，而虚拟性则是物质性得以发展的条件。过度强调数字经济的物质性会使产业发展形成路径依赖，技术经济的发展也会受到阻碍；而过度强调数字经济的虚拟性则会带来贫富差距扩大化、产业空心化、经济泡沫化等问题。由此，数字经济便在其物质性与虚拟性之间矛盾运动的动态平衡中得以发展。

第三节 数字经济体系架构

一 数字经济的构成与演进

习近平总书记对数字经济重要论述的科学内涵概括起来主要有以下五个方面：①把握数字经济的发展趋势与规律；②掌握数字经济发展的自主权；③推动数实融合发展；④完善数字经济治理体系；⑤积极参与数字国际合作（文天平和欧阳日辉，2022）。其中习近平总书记关于推动数实融合发展的重要论述，则深刻阐释了数字经济所包括的两个方面，即数字产业化与产业数字化的内容（习近平，2022）。党的二十大报告更明确指出：要加快发展数字经济，促进数字经济与实体产业深度融合。

（一）数字经济的早期架构

数字经济的发展不仅伴随着大数据、云计算、5G、人工智能及区块链等数字技术的创新、扩散、成熟及广泛应用，更根植于数字经济与实体产业的融合与协同发展。但在数字经济发展之初，即在网络经济、互联网经济或信息经济阶段，社会各界对这种新经济形态的认知仍停留在电子商务的层面，即此时的数字经济仅包括了信息通信产业及其在贸易领域的应用部分。美国经济学家 Mesenbourg（2001）认为，数字经济可以解构为三个部分：电商基础设施，即配套的软硬件设施、互联网及运营系统等内容；电商流程，即基于前者的线上商务交流活动；电子商务，即基于前两者的线上商品贸易活动。Imlah（2013）则在 Mesenbourg 的基础上加入了数字化商品交易和基于数字化商品的网络社交及搜索的相关内容。其进一步认为，数字化商品及其网络社交与搜索的相关内容对电商基础设施、电商流程及电子商务具有相当程度的促进作用。对比 Mesenbourg 和 Imlah 关于数字经济内涵的观点可以看到，随着互联网的不断发展，数字经济的构成边界也在不断拓展。就 Mesenbourg（2001）的观点而言，其对数字经济的认识局限在"互联网+实物贸易"，并认为数字经济的发展主要服务于现实商品的流通；但就 Imlah（2013）的观点而言，其在线上商品贸易中加入了纯数字化商品贸易的内容。而 Rifkin（2014）在《零边际成本社会》一书中，进一步将线上贸易的内容拓展到了虚拟商品及服务上。由此数字经济的构成边界得以进一步拓展。事实上，从美国商务部 1999 年 6 月颁布《新兴数字经济》等报告起至 2015 年各国陆续颁布数字经济议程的这段时间，也正是数字经济概念被提出后其快速发展的阶段，且该阶段数据资源逐步成为社会经济发展的核心资源（赵立斌和张莉莉，2020）。在数字经济发展水平相对较低的历史阶段，新兴技术范式发展程度的局限仍然造成了数字经济本身内容的限缩，这便使前人对数字经济内涵的描述多数局限在信息通信产业与电子商务的范畴。

（二）数字经济体系框架在本质性认知阶段的演进

杨青峰和任锦鸾（2021）将人们对数字经济的认知历程划分为三个阶段，即 1996 年至 2006 年的现象式认知阶段、2007 年至 2016 年的特征式认知阶段与 2017 年至今的本质性认知阶段。在本质性认知阶段，随着数字经济实践的不断深入与新技术经济范式的进一步扩散，众多学者开始从技术经济范式转换的视角审视数字经济。

1. 数字经济"两化"架构阶段

Frolov（2019）认为，数字经济作为一种新范式可以在经济发展、商品质量及服务水平等多个方面发挥积极效用。师博（2022）则进一步将数字经济视为一种全新的经济形态，以探究其对经济制度、运行及发展等方面的影响和理论创新。至此便不难看出，随着数实融合加速发展，数字经济的构成内容也已然从信息通信产业和电子商务延伸到基于数字产业化所衍生的一系列经济活动以及由数字产业化所带动的产业数字化内容。中国信息通信研究院在其所发布的《中国数字经济发展报告（2017）》中，以数字技术作为新兴通用技术的视角，将数字经济划分为数字产业化及产业数字化的"两化"框架。祝合良和王春娟（2020）则在此基础上认为，数字经济主要由数字产业化与产业数字化所构成，且在数字产业化的有力支撑下，产业数字化为产业高质量发展注入了强劲动力。

2. 数字经济"三化"架构阶段

作为一种经济形态，数字经济不可避免地涉及社会政治范式方面的问题。从数字经济的技术特征和要素特征来看，过去互联网经济时代所表现出的社会治理及政策困境也在数字经济时代被进一步放大（杨虎涛，2020）。由此，数字经济便纳入了社会政治范式的相关内容。2019年4月，中国信息通信研究院在《中国数字经济发展报告（2017）》中"两化"框架的基础上加入了数字化治理的内容。鲍静和贾开（2019）则进一步提出，传统理论虽在具有技术经济范式转换内涵的视角肯定了信息技术革命对改造生产关系的积极意义，但数字治理体系与治理能力现代化更适于数字经济下生产关系"质"的转型升级。尽管现在已经明确了数字经济应囊括数字产业化、产业数字化以及数字化治理的内容，但以数字化治理为重要内容的新时期，社会政治范式对数字经济发挥积极反作用的关键节点在哪里呢？Prainsack（2020）认为，数字工具及其所带来的数据生成、存储、分析及应用的新能力对当前的政治、经济产生了深远的影响，而经济、政治和社会等因素也同样决定着数据资源的产生内容和方式、储存和使用的方式以及最终谁受益，并进而推动数字经济的发展。

3. 数字经济"四化"架构形成及其"五化"架构演进

事实上，2019年党的十九届四中全会便已将数据作为生产要素纳入分配机制当中。基于此，中国信息通信研究院在《中国数字经济发展报告（2020）》中指出，将数据价值化不仅是对传统生产要素体系的重构，更是数字经济得以发展的基础。这其中包含着两层含义：一方面，数据价值化将引发由土地、劳动力、资本及技术等所构成的传统生产要素体系的重构，进而在稳固数字产业化发展的同时，释放数字经济的发展潜力并形成倍增效应；另一方面，数据价值化是数实融合发展的关键推手，其将推动传统产业向适应数字经济时代特点的方向实现转型升级发展，并在数字产业化与产业数字化的协同发展下激发传统产业对新时代社会经济发展的巨大价值。由此，中国信息通信研究院所提出"三化"架构演进成"四化"架构。赛迪研究院（2021）和葛健等（2022）都在"四化框架"的基础上，进一步将数字经济体系的框架拓展到五个方面的内容。前者新拓展的内容是数字化基础设施，其核心原因在于数字基础设施是数字经济发展的重要基础，且数字基础设施利于优化产业结构、创新发展动能、促进转型升级，并对数字产业化、产业数字化具有重要意义（李帅峥等，2022）。后者新拓展的内容则是数字孪生。数字孪生是对物理实体的数字模拟，也是可对物理实体的运动发展进行全过程仿真模拟的技术。葛健等（2022）认为，该技术不仅是数字技术的高级阶段，也是推动产业数字化及数字化治理高质量发展的关键技术。

二 数字经济"五化"框架

数字经济的"五化"框架是在其"四化"框架的基础上，对数字经济体系框架的进一步完善。数字经济的"四化"架构是指由数字产业化、产业数字化、数字化治理及数据价值化所组成的数字经济体系架构。其中，数字产业化是整个数字经济的基础部分，其具体业态表现为ICT产业；产业数字化则是数字经济的融合部分，其由传统产业数字化所带来的提产增效部分所构成。数字产业化与产业数字化相互联系、相互促进，共同构成了数字经济体系框架中生产力的部分（中国信息通信研究院，2020）。数字化治理在数字经济中更多承担着保障职能，其不仅通过创新治理模式缩小经济社会发展差距，更以数字化服务促成多领域、多行业、多区域协同、融合发展，并在"四化"框架中构成了生产关系的部分（葛健等，2022；中国信息通信研究院，2020）。此外，数据资源作为数字经济时代的关键生产要素，其对劳动力、土地、资本等传统生产要素的价值释放具有乘数效应。数据的挖掘、汇集、分析、应用与共享不仅有利于数字技术的创新发展，更是数字产业化、产业数字化协同发展的重要推动力。由此，数据价值化在"四化"框架中发挥着激发数字经济发展潜力的作用，并构成了"四化"框架中生产要素的部分（李帅峥等，2022；中国信息通信研究院，2020）。

当前主要的数字经济"五化"框架，都基于中国信息通信研究院在《中国数字经济发展报告（2020）》中所提出的"四化"框架，并区分为由赛迪研究院（2021）所提出的"四化框架+数字化基础设施"和由葛健等（2022）所提出的"四化框架+数字孪生"。与这两者不同的是，国家统计局基于可测算目标，仅将数字经济划分为数字产业化和产业数字化（李帅峥等，2022）。从赛迪研究院的"五化"框架视角来看，其所提出的数字化基础设施遵循了"十四五"规划中的数字经济发展主要任务思路。特别是在 2022 年 1 月 12 日国务院印发的《"十四五"数字经济发展规划》中，八个方面重点任务的第一项便是优化升级数字基础设施。从葛健等（2022）的"五化"框架视角来看，其所提的数字孪生则代表了数字经济未来的发展方向。吴雁等（2021）认为，数字孪生以数字化形态对实体产业生产链、产业链乃至生命周期的全流程动态仿真，有利于稳固国家经济命脉、拉动经济发展并激发未来智能制造的发展潜力。虽然关于"五化"框架中的第五项内容至今仍有所争论，但可以明确的是，随着数字经济的进一步发展，其具体的框架内容还会持续扩充。部分学者对"五化"框架的讨论，也为将来进一步深化数字经济体系框架内容做出了有益的探索。数字经济"五化"框架如图 1-1 所示。

16 | 数字经济驱动传统产业高质量发展：理论、机理与路径

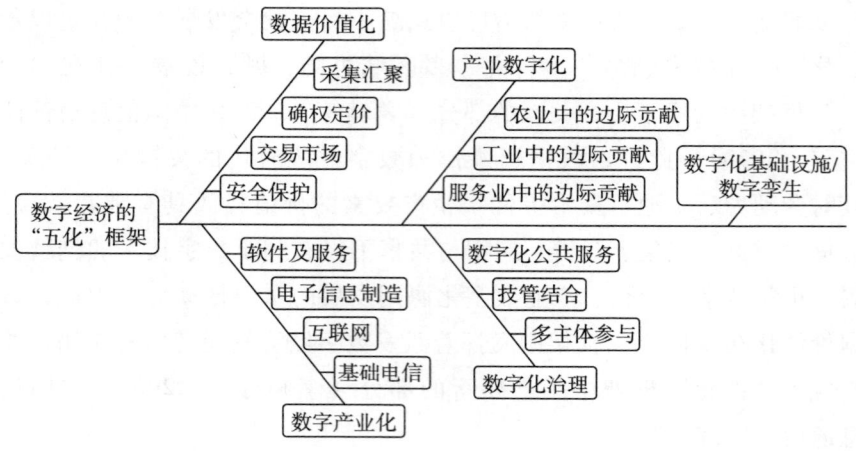

图 1-1 数字经济"五化"框架

在赛迪研究院（2021）和葛健等（2022）的"五化"框架论述中，两方关于数字产业化、产业数字化、数字化治理以及数据价值化"四化"框架内容的内涵、机理阐释与中国信息通信研究院《中国数字经济发展报告（2020）》中的论述保持一致。双方的区别也仅在于框架的第五项内容及其在整个框架中的位置和所发挥的作用。就赛迪研究院的"五化"框架而言，数字化基础设施是数字产业化与产业数字化的底层支撑，并是整个框架得以协同发展的基础，且数字化基础设施包括网络、新技术、算力以及融合基础设施等内容（李帅峥等，2022）。但在葛健等（2022）的"五化"框架中，其并没有明确指出数字孪生在框架中所处的具体位置，且只是将数字孪生描述为嵌入数字经济发展方方面面的内容。虽然数字孪生只是一项仿真技术，但其却被广泛应用到解决诸如不合理分配、低精度安全隐患预测及过度依赖个人经验等的问题中，并可给予合理的科学依据，由此产生了城市、电网、医疗等领域的数字孪生系统（葛健等，2022）。

第二章　数字经济下传统产业高质量发展的相关理论

作为物质生产体系的主体内容，传统产业及其演进仍是创造物质财富的"压舱石"。相较于美西方国家，我国的传统产业虽具有成本优势、规模优势与产业链配套优势，但随着各生产要素成本的上升，以及欧美国家"再工业化"与后发国家工业化水平的提高，我国传统产业所固有的优势正面临着巨大的挑战。因此，随着我国经济的进一步发展，实现传统产业的提效增速，以应对快速变化的国际政治经济环境与国内对"做大蛋糕"的需求便成为当前发展要务。在此情形下，关于传统产业高质量发展的研究便成为近年来的学术焦点之一。高质量发展是在经济建设向高级形态的演进中产生的，其对应着时代的发展特点与需求。从产业发展的基础层面来看，高质量发展意味着产业结构的合理化、高级化及生产要素配置与投入产出的高效率（李强，2021；刘丽和丁涛，2022），对应着产业链、价值链、创新链与生产要素组合的转型升级（蒋兴明，2014）。

第一节　长波周期下的数字经济

传统产业一般是指在工业化进程中，历经前一阶段的快速发展之后所保存下来的一系列产业（李鹏飞，2017）。在工业化的推进下，这些产业的附加值和对经济的边际贡献虽有所降低，但因其对社会发展的持续性影响，传统产业并不会从工业化进程中快速消失，其中的基础产业更对社会经济发展起着制约和决定作用（郁建兴，2021）。

从历史角度来看，随着科技的迭代更替，特定时空背景下的新产业也会成为传统产业。但这种新旧交替的转变并不是简单的淘汰或者替代关系（董树功，2013），而是在传统产业的基础上，利用新技术对传统产业进行升级或改造。新产业则实质上包含了两部分的内容：一是由新技术衍生出的新产业；二是基于传统产业与新技术的融合，传统产业形成的分支部分（刘勇，2017）。新旧产业的转变，是应经济社会发展需要在扩大再生产过程中资源配置的结果，新旧产业通过资源转移与市场共享实现协同发展（张银银和邓玲，2013）。协同的关键意义在于，在维持整体产业稳定发展的前提下，提升传统产业中基础产业对经济制约的上限，并实现新旧产业的平稳过渡以维护经济的健康可持续发展。因而，新旧产业之间会呈现出螺旋式发展关系，在不同发展阶段突出各自的比较优势（孙军，2012）。

一 长波理论中技术经济的周期变化规律

在瓦尔拉斯均衡理论和马克思经济危机理论的影响下，熊彼特在康德拉季耶夫长波理论（以下简称康氏长波理论）的基础上，对长波的成因与运行规律进行了深入探讨，并于20世纪初提出技术创新是经济周期中重构长期均衡的关键因素。技术创新的定义也不止步于技术本身的革新，其还包含了新的产品、生产方法、市场、供应链及组织形式（徐则荣和屈凯，2021）。在熊彼特对康氏长波理论的解释中，繁荣、衰退、萧条、复苏四个阶段构成了经济周期的基本轨迹，朱格拉与基钦周期是康氏长波的内在循环，外部环境的变化则成为康氏长波的影响因素。基于熊彼特的理论，架构在旧有技术基础上的经济失衡后会在技术创新的重构下恢复均衡状态，从而形成经济循环运动，并推动经济持续发展。由此产生了资本主义制度下经济的周期性，也造成了周期性经济危机。在熊彼特的基础上，以埃德温·曼斯菲尔德、道格拉斯·诺斯等为代表的熊彼特学派后继者分别在技术创新学说及制度创新学说上持续深化熊彼特学说。

从经济学的角度来看，技术的演进分为两类：创造新技术（技术创新）或对成熟技术的改造及创新应用（技术改进）。前者的经济产品通常是一种新技术，后者则是基于成熟技术的新产品（Arrow，

1962）。任何形式的技术演进本质上都蕴含着风险，其风险的大小依创新的幅度而定。技术创新虽顺应特定历史背景下的市场发展趋势，但在其诞生初期存在较大的与基于成熟技术架构的市场环境相脱节的风险成本。因此，在技术演进过程中，技术改进因其拥有成熟的技术基础与较低的风险成本而被市场更广泛地接受。这也意味着除非基于成熟技术的红利被基本耗尽，不然企业家难以有技术创新的动力。在基于成熟技术所带来的收益不能满足企业家对超额利润的追求时，资本的逐利性会促使企业家冒险进行技术创新。一旦技术创新的壁垒被攻破且新技术能为企业家带来丰厚的回报，由新技术开辟的新市场将引来更多市场主体参与其中，由此在新技术扩散过程中形成"蜂聚"效应。熊彼特提出，创新的扩散效应与"蜂聚"效应促使生产可能性边界向外扩张，进而推动了经济增长。当瓦尔拉斯均衡被打破后，"蜂聚"效应和创新驱动效能减弱是经济衰退的原因。基于此，主张技术创新学说的门斯提出，缺乏技术创新是经济萧条的关键，只有新的产业基础、部门与结构才具备引导经济走出危机的功能。熊彼特及技术创新学说后继者的创新理论，虽对经济或产业发展研究具有深远的指导意义，但其始终对技术创新这一动力的产生、获得与如何影响长期经济波动的机理缺乏有效的阐释。门斯之后，新熊彼特学派的苏特、克拉克及弗里曼等在技术创新的发生与扩散机制上对传统熊彼特学说进行了补充。从微观层面来看，多西提出的技术范式理论将技术范式与技术的经济功能相结合，通过强调市场需求与产业技术竞争对技术范式的推动作用，阐述了技术本身及其如何产生的问题；而佩雷斯的技术—经济范式理论则站在宏观层面补充论述了技术的扩散过程，使新熊彼特学派的长波理论更具有制度分析的特点。在佩雷斯的理论中，促使经济由波谷向波峰爬升的关键因素包含了技术创新与制度重组这两个方面。金融资本与产业资本对技术主导权的争夺导致技术发展波动的产生，也使旧有技术—经济范式的剩余价值未被完全榨取之前不会被取代。

二　新技术经济周期下的数字化演变

基于熊彼特及后来者对长波理论分析的经典范式，徐则荣和屈凯

(2021）依据雅各布-范杜因在《创新随时间波动》中对经济长波的划分标准和陈漓高等（2009）的研究成果，选取英美两国的数据样本对经济史上的五次长波进行了划分。如图2-1所示，从1782年开始的第一次长波至始于1948年的第四次长波，人类历经由纺织业和蒸汽机的技术创新到汽车和电子计算机的技术创新；自1991年开始，人类正式步入信息和人工智能的技术创新时代。在这一过程中，主导产业呈现出由农业至工业逐步向服务业转变的发展脉络。借由主导产业的发展脉络可以看到，前四次经济长波下的技术演进都着力于完善物质生产体系并围绕"物质生产"而发展，后续的技术演进则应是在前者的基础上通过信息技术提高"物质生产"的效率与品质。但第五次技术演进自诞生以来却带有明显的亲资本的特点。结合新自由主义的发展来看，第五次技术演进亲资本也是历史发展的必然。一方面，前四次技术演进在解放生产力的同时促使大量劳动力进入服务业，而以信息和人工智能技术为核心的技术创新更易于实现金融对实体产业的渗透并强化资本对劳动力的控制；另一方面，新自由主义与第五次技术演进之间本是"一体两面"的关系，它们都是西方进一步维持资本主义经济扩张的工具与必然选择（房宁，1999；温铁军和张俊娜，2020）。作为经济自由主义的复苏形式，新自由主义自20世纪70年代便在国际经济政策中逐步占据重要地位，到20世纪90年代新自由主义进入发展的高潮期。然而，新自由主义是西方国家主导一般产业对外转移后为推动"金融资本全球化"的产物（温铁军和张俊娜，2020），其下经济体制危机更是诱发金融与经济危机的关键（大卫·科茨，2009）。在新自由主义盛行之下，执政当局因放松对金融的管制而使金融资本大行其道。在此情形下，每一轮经济扩张都需要更大的资产泡沫做支撑；而每一轮经济的收缩也同样意味着泡沫的破裂。在资产泡沫膨胀与破裂的循环中，产业的发展潜力被一再削弱。比对第四次与第五次长波的时间节点来看，第四次长波的衰退期与新自由主义兴起以及西方国家产业对外转移的时间相重叠；而第五次长波的繁荣期与新自由主义的高潮期以及21世纪初的金融泡沫时点相重叠。2000年的"互联网泡沫"破裂虽意味着第五次长波衰退的开始，但因为旧有技术—经济范式的剩余价值仍然存在,故而直到2008年国际金融危机对金融体系造成严重冲击才使第五次长波在2009年进入衰退期。另外,从五次长波划分中对衰退期的时间段统计可以看到,目前单以信息通信产业为主导的技术创新时代已经步入萧条期,如图2-2所示。

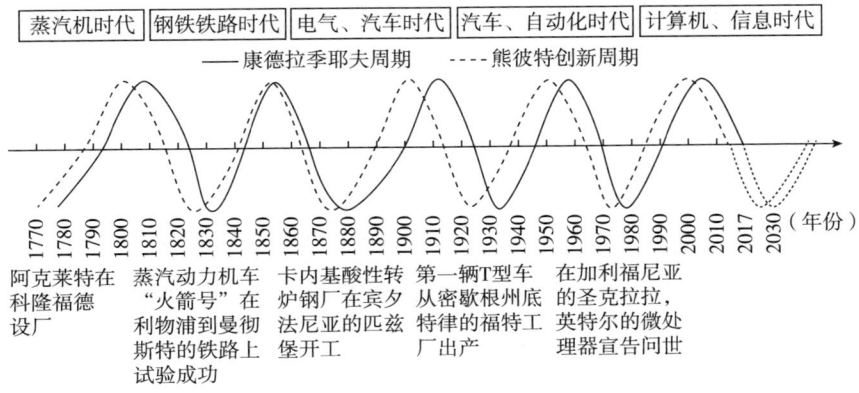

图2-1　技术演进下的长波周期

资料来源:夏敏仁和陈风(2017)。

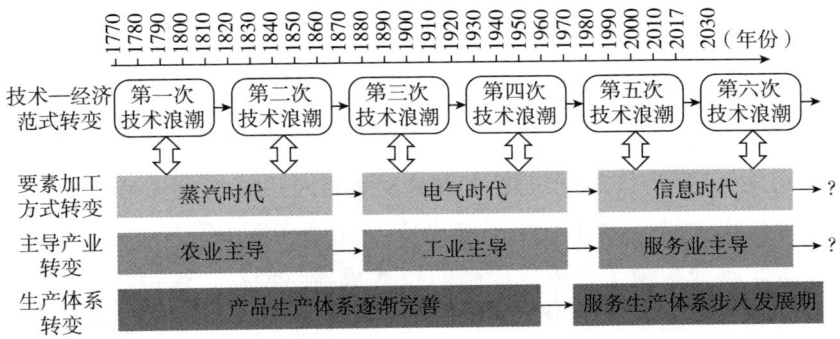

图2-2　主导产业超越康波的历程

资料来源:夏敏仁和陈风(2017)。

从历史角度来看,技术的演进具有惯性。且呈现出两次技术演进对应着一个大级别主导产业的变化(夏敏仁和陈风,2017),而上一轮主导产业与下一轮主导产业之间存在技术上的递进关系。结合工业革命的发展历史来看，第一次工业革命仍以农业为主导，此时蒸汽机的发明与改良立足于农业之上，加快了农产品的变现速度与质量，并通过铁道交通拓宽了农产品的市场。第一次工业革命中的各项技术积累，也为第二次工业革命埋下了伏笔。到第二次工业革命时，新技术范式的落脚点才由农业完全转向工业，并随着第三次技术演进的完成，工业才彻底成为经济发展的主导产业。鉴于此，第六次技术演进将仍延续以服务业为主导的基本方向。但第六次与第五次技术演进仍有本质上的区别。第五次技术演进是架构在前四次基础上的产业集群化、信息化与自动化，是以工业为主导转向以服务业为主导的历史节点，也为第六次技术演进奠定了技术与市场基础；而第六次技术演进则是架构在第五次基础上的数字产业化、产业数字化及智能化。此时"数据"作为关键性生产要素的地位将得到进一步的强化，而这也在核心生产要素层面与前两次工业革命相区分。在第六次技术演进中，服务业也将彻底成为社会体系中的主导产业。

第二节 创新驱动传统产业高质量发展

一 创新理论的发展脉络及理论特点

西方发达国家为推动传统产业现代化升级改造，在更新技术与设备、优化生产与管理、坚持产业集约化与生态化、促进新旧产业融合等方面付出大量努力并取得了突出成效（杜朝晖，2017）。这些成果的获得，本身根植于其近代以来的技术积累与创新，这也是西方国家长期领先世界的核心原因。在西方发达国家长期的产业实践下，其技术经济理论积淀深厚且开发经验丰富。创新理论则是站在技术经济的角度对技术创新与经济周期运动规律关系进行的高度总结，并对传统产业转型升级发展具有重要的指导意义。西方创新理论发展至今，已历经新熊彼特阶段、解构创新领域阶段、创新系统整合阶段与创新生态系统阶段，且在后世的不断深化中其理论内涵持续丰富（刘志迎和朱清钰，2022）。

（一）农业、工业经济时代的理论特点

20世纪初叶，两次工业革命为西方发达国家所带来的物质文明空前繁荣，其经济发展也进入鼎盛时期。虽然一战和二战将除美国外的其他国家拉入了短暂的凋敝。但在第一、第二次工业革命中所构建的技术基础使西方主要发达国家在战后快速恢复过来，并且其繁荣一直延续到20世纪70年代初的第一次中东石油危机。虽然按照经济史中五次长波的划分，1929—1948年属于第三次长波的萧条期与衰退期；但对经济而言，两次世界大战本质上化解了经济衰落带来的阵痛，并将社会对经济矛盾的注意力成功转移到了战争上。因此，20世纪前十年至20世纪40年代期间，学者理所当然地将繁荣发展的功劳归于带有"物质"特征的技术创新，于是熊彼特创新理论、要素稀缺诱导理论、技术进步论、干中学理论及技术扩散论等理论相继出现。此时的理论也简单地将技术持续创新等同于经济持续增长。

（二）石油危机冲击下的理论特点

20世纪70年代中期至20世纪80年代，随着西方国家战后红利的结束与两次全球性石油危机的冲击，由美国开始的经济滞胀逐步对全球市场经济国家造成不良影响。严峻的经济形势也迫使学者深入实际，结合不同国家、不同产业的发展状况解构技术创新，寻求创新驱动的动力来源以应对经济危机的侵蚀。在此期间，市场结构论、瓶颈诱导论、技术僵局论、技术范式—技术轨道理论、内生经济增长理论、技术与组织协同创新等理论开始主导创新理论的发展。相较于上一阶段的理论研究，本阶段仅是在上一阶段基础上进行的靶向前移，由对创新驱动的过程研究转向对创新驱动的动力研究。但相同的是，两个阶段的理论研究都架构在技术创新的"物质"特征之上。造成这一现象的原因有两方面。一方面，20世纪70年代到80年代的经济滞胀史无前例、来势迅猛，这种现象并不符合古典经济学理论。这使得当时的学者一时间难以适从。为短期内摆脱危机，只能在已有理论基础上回溯经济增长的动力。又因为此时技术创新仍被简单等同于经济增长，于是溯源创新驱动的动力变成当时理论研究的普遍选择。另一方面，直到 20 世纪 80 年代，西方社会仍以产业资本为主导（何自力，2012），社会对经济周期变化的认识仍未脱离创新驱动的"物质"性，因而两阶段的架构基础相同。

（三）信息化时代的理论特点

从 20 世纪 90 年代开始，第五次技术演进兴起，金融资本也开始逐步替代产业资本而占据主导地位。此时的创新理论也先后围绕着"产业转移"与"信息通信技术"而发生变化。由于 20 世纪 70 年代到 80 年代的经济滞胀，加之经济全球化与新兴市场国家的发展，以美国为主的西方发达国家为降低国内日益高企的产业成本将制造业向新兴市场转移。新兴市场廉价的生产要素与可观的"食利"前景也为西方主要发达国家滞胀后所遗留的过量资本提供了"泄洪口"，为西方消除经济滞胀提供了最为关键的途径。这一时期，因为新兴市场国家以牺牲本国环境与资源为代价，不仅换来了本国的发展，其更成为西方国家资本泡沫的"收纳箱"，因而两者的利益在此时是相互绑定的。所以，在 20 世纪 90 年代上半叶，西方学者针对西方发达国家与新兴市场国家之间的"协同"关系与"产业转移"后维持新兴市场国家的产业发展提出了技术模仿理论、技术追赶模式论、"雁阵"模式等理论。这一理论时期，得益于新兴市场国家对落后产业的承接，西方发达国家全力发展以信息通信产业为代表的高新技术产业。故而在 90 年代下半叶，西方学者相应提出了区域创新系统、产业创新系统、颠覆性创新、绿色创新等理论。

（四）数字化时代的理论特点

进入 21 世纪以后，随着经济全球化和信息技术的高速发展，企业迫切需要通过与外界合作来获取资源。此时的创新理论也开始向"协同创新"演进。由于 20 世纪 80 年代到 21 世纪初第三世界国家接收了大量被转移的基础制造业，国际分工进一步纵向发展；加之西方发达国家在信息通信等高新技术产业的研究上取得较大突破，信息化及数字化程度大大提高；又因为技术创新逐渐成为商业竞争的关键以及各个创新主体所占有的创新资源或多或少都存在一定的缺口，于是初步诞生了开放式创新、分布式创新等协同创新理论。其强调创新主体应积极整合内外资源并通过主体协作实现协同创新，从而适应消费市场和消费模式的变化。而随着科技经济一体化发展趋势的逐渐形成，高等教育、科学研究和产业创新之间建立网络联结的观点也得到了广泛赞同（何郁冰，2012）。数字经济下，创新主体与社会发展之间的双向作用及其所产生的影响力日益增加，不仅促成了科学发展、社会担当等新时代发展理念的产生，也使高效低耗、绿色环保及多元融合成为新时代创新活动的新要求。于是责任式创新、包容性创新、节俭创新等概念应运而生。加之数字经济所不断催生的数字产业化及市场结构调整等经济社会变化，传统产业数字化也成为当下社会焦点，而创新理论也伴随其中不断演进。

二　创新驱动传统产业高质量发展的具体内容

传统产业发展的路径基本吻合熊彼特及后来者的创新理论和创新理论下的康氏长波周期。众多学者围绕创新驱动及其相关理论，对技术创新推进我国传统产业高质量发展的有效性展开了有益的论述。并以传统产业与战略性新兴产业、高新科技产业的协同关系为切入点，详细阐述了创新驱动对传统产业转型升级的重要意义。基于我国传统产业的发展特征，相关研究明确了创新驱动对我国传统产业转型升级发展的根本性作用，且研究脉络整体呈现出由"物质层面"到"制度层面"的演进。李文军（2015）指出，经济新常态下加快战略性新兴产业的培育是促进我国传统产业转型升级发展的核心要义。综合发达国家传统产业转型升级的经验，杜朝晖（2017）提出，技术和组织创新是传统产业转型升级发展的核心动力。刘勇（2018）则在创新驱动传统产业发展之上，进一步加入了构建公平竞争环境、加大共性技术供给、消弭人才束缚并完善知识产权保护等几个方面的内容。此外，相关研究还对不同区域和行业的转型升级发展展开了异质性分析。基于耗散结构理论，徐斌（2020）通过FE、RE、SYS-GMM等定量方法对技术创新与产业转型升级之间的关系进行检验，发现研发对产业转型具有明显的引导作用。陆小莉等（2021）则基于细分行业对技术效率与产业转型升级之间的非线性关系进行了研究，结果表明，我国传统产业的转型升级呈现出"东高西低"的地区特征；技术效率对产业转型升级的影响也呈现出正向的单门槛非线性特征。

传统产业转型升级发展的动力可归纳为要素约束、产能倒逼、内需升级、创新驱动与政策引导（刘勇，2018）。再以"动力"为原点，针对传统产业增长缓慢、研发投资比例不高、内生性创新不足、行业进入壁垒低、市场可竞争特征显著等技术经济特征（李鹏飞，2017），规划出以创新驱动为导向、以通用创新技术培育与扩散为导向、以新旧产业融合发展为导向、以政策扶持为导向、以品牌建设为导向、以组织形式及商业模式创新为导向、以生态化为导向等多条发展路径。近年来，部分研究对过去推动传统产业快速增长和产业集群化发展的理论有所异议。李鹏飞（2017）指出，我国长期以来引导传统产业维持高增速、集群化发展的政策思路并不能有效解决"贫困化增长"等问题。我国大部分传统产业仍滞留在产业链的中低端且同质化严重，这些产业因恶性竞争而内耗的问题仍尚待解决，技术创新更是有心无力。在缺乏技术创新化解传统产业同质化竞争的前提下，片面要求增速的实质是放弃对发展质量和产品质量的把控，这无异于竭泽而渔。而我国传统产业集中度低也是市场的自发选择，并带有显著的技术经济发展特征。虽按照西方主要发达国家的发展经验，产业集群化发展益处明显；但集群化的嫁接却不一定给我国带来与西方相同的结果。西方主要发达国家在产业集群前已历经百年的技术沉淀，并在长时间的沉淀中形成"产学研"协同创新的模式，进而搭起了"市场+政府+中介"的集群治理框架（艾伦·格林斯潘，2019）。我国对西方技术的依赖直到近年来才有所好转，"产学研"协同模式与集群治理框架的形成更缺乏历史积累。跳过技术与市场的积累并直接嫁接西方集群化模式，在传统产业市场可竞争性较高等特点下，集中化将带来更严重的产业低效恶性竞争。基于此，创新驱动下新旧产业协同、融合发展成为理论探讨的主流。

随着新自由主义下西方经济发展的弊端逐步显露，部分学者开始在马克思主义的基础上从政治与体制层面对熊彼特创新理论与传统产业转型升级有了更深刻的探讨。从"剑桥资本争论"中，马克思、庞巴维克与熊彼特之间的观点差异可以看到，熊彼特的创新理论更注重生产资料对经济发展的推动作用,却忽略了生产资料背后的契约与货币—生产资料的转换过程(陈勇勤和张俊夫,2018)。这种忽视也导致了熊彼特及其支持者的理论缺乏对技术制度偏向性的深入探讨。综合伦德瓦尔、多西与佩蕾丝的理论观点,杨虎涛(2020)提出,第五次技术演进下的金融危机并不缘于技术进步乏力,而是由社会政治与技术经济的错配造成的。相较于前四次技术演进,第五次技术演进中的信息通信技术则是金融市场的必要技术手段,且被资本所垄断的关键生产要素也变成了非物质实体的"数据"。数据资源虽因服务于传统产业而产生价值,但数据垄断却导致了数字产品或服务的价值远超使用这些数字产品或服务的传统产业所产出的实物产品价值,从而使第五次演进中的创新技术与金融的关联进一步强化。第五次技术演进中的传统产业发展虽有受益于新技术,但新自由主义更为新产业的泡沫化提供了"温床"。在这一过程中,新旧产业的替代由产业资本主导转变为金融资本主导。这使传统产业正常的生存空间也被泡沫化的信息技术产业所挤压。因而,只有当社会—政治范式对技术—经济范式具有显著的正向引导与修正作用时,技术—经济范式才有释放发展潜力的可能,技术红利才能促使传统产业发挥其应有的经济价值。

第三节 数字经济驱动传统产业高质量发展的机理

随着数字经济的进一步发展,创新理论中的创新技术逐步与数字技术相重合,此时的创新驱动也为数字经济驱动所诠释。从技术经济角度来看,数字经济与农业经济、工业经济的底层区别在于技术及设施。后者的技术与设施侧重于对物质生产体系的完善,而前者则是架构在后者基础上对后者的"减耗增效"。技术与设施的不同,造就了不同技术经济背景下关键生产要素的变化,且数字经济时代的生产要素呈现出生产要素数字化与数字生产要素化的特点。这与产业数字化、数字产业化相对应,既表明在数字经济时代传统产业的生产要素为数字技术所改造,并借由信息技术与传统产业深度融合,为传统产业的转型升级发展赋能赋值;也表明新时代下关键生产要素由不可复制的自然及社会资源向可海量重复利用的数据资源进行转变。虽然关键生产要素会随着技术的演进而发生变化,物质性生产要素则围绕关键生产要素不断重构,并在重构过程中通过对产业结构的影响左右着经济的发展;但源于世界的物质性,关键生产要素的变化并不影响物质性生产要素在构建人类社会中的基石作用。在生产要素数字化与数字生产要素化的基础上,架构在传统产业基础上的社会需求、商业模式、产业结构、组织结构等方面内容也会依次产生变化。数字经济的发展,内含了数字产业化和产业数字化两方面的内容。对于传统产业而言,前者是后者的技术创新来源,后者则是前者落在实处的展现(余江等,2020)。在数字技术对传统产业的持续改造和不断融合过程中,基于数字生产要素化的经济形态所催生出的新模式、新业态、新产品将促使传统产业生产要素数字化,而生产要素的数字化则从底层逻辑上由外而内重塑传统产业的发展(赵立斌和张莉莉,2020)。经济基础决定上层建筑,上层建筑反作用于经济基础。在数字产业化、产业数字化重构社会发展基础之后,对应的上层建筑也必然随之变化,并与数字化经济基础相匹配。良好的数字治理不论在原则、领域还是方式上都将展现出普惠、共享的特点,并与数字经济相契合共同推动数字产业化、产业数字化向着更好的方向发展,由此传统产业得以实现高质量发展。

一 数字经济促进传统产业结构优化

(一)产业结构合理化是产业结构优化的基础

任何时候产业结构都不存在终极形式,其总是伴随着技术经济的发展而不断变化。因此,优化产业结构的实质在于为使基于旧有技术经济背景下的产业适应新技术经济背景下的市场需求、社会需求及经济发展需求,而对产业各组成部分进行优化设计,并使重组效果无限趋近新时期技术经济的需求。数字经济下的传统产业结构优化,其本质是产业数字化,是基于数字技术的赋能促使传统产业在前述设计重组中的结果更符合数字经济时代要求。

但传统产业结构优化却不是借助数字技术进行的简单优化组合，特别是对后发国家而言，其需要在产业结构优化过程中考虑是各部分的优化设计应优先契合新时期技术经济的发展趋势，还是借助新技术优先满足产业内各部分投入产出比例的动态协调问题，即传统产业结构高级化优先还是合理化优先。林兰等（2003）基于纽约产业结构高级化的经验，提出城市发展应重点支持生产性服务业，并强化竞争优势对比较成本优势的替代以推动产业结构高级化，促进城市产业国际竞争力的提高。李江帆（2005）则进一步将产业结构高级化与第三产业现代化联系起来，指出随着产业结构的高级化发展，第三产业的现代化发展水平与人均 GDP 之间呈幂函数型相关关系。与此同时，靖学青（2005）通过对长三角地区的实证研究认为，产业结构高级化不仅与经济增长和发展水平呈正相关关系，其更与经济发展紧密联系并相互促进。然而，随着研究的深入，现实情况表明，虽然产业结构合理化抑或高级化对经济增长的促进作用都有阶段性，但高级化却是造成经济波动的重要原因且其现阶段对经济的贡献远低于产业结构合理化（干春晖等，2011）。在我国产业结构高级化过程中，不仅生产要素的重置效率不足与错配会抑制生产效率的提升，而且产业服务化也会因为阻断故有的产业链而导致生产效率的下降（江永红和陈舁楠，2018；陆江源等，2018）。

针对我国学界对产业结构优化认知的前后不一致，结合产业结构高级化、合理化与全要素生产率的"U"形关系理论（孙学涛等，2018）或许可以做出解释。"U"形关系理论指出，产业结构合理化与全要素生产率呈"U"形关系，但高级化则和全要素生产率呈倒"U"形关系。对比世界银行数据库中的 2000—2020 年中国 GDP 年增长率数据可以看到，在 2007 年以前我国 GDP 增长率处于上升期时，此时产业结构高级化恰对推动全要素生产率的提高具有显著的正向作用，而产业结构合理化对全要素生产率提高的作用则相对较弱；但随着我国 GDP 增长率的下降，情况则相反（赵培和申洋，2020）。数字经济对传统产业结构优化的底层逻辑也在于结构合理化，并在合理化的基础上实现传统产业结构高级化，进而全面促成传统产业的结构优化。

（二）数字经济对产业结构优化的促进作用

从产业结构演进角度来说，我国传统产业内在结构的演变虽符合产业高级化的一般规律，但仍表现出供给结构欠佳且供需结构不平衡的问题，而这主要体现在三个方面（涂圣伟，2018）。其一，低层次有余，高层次不足。虽然我国传统产业的规模庞大且产业链相对健全，但高技术、高品质、高复杂性且高附加值的部分较少。这使得我国传统产业一方面产能过剩且内卷现象严重，另一方面则对高层次需求供给不足并长期依赖进口。其二，第二、第三产业结构失衡，存在"逆库兹涅茨"趋势。服务业对工业主导产业地位的替代原本应基于高新产业技术与现代服务业的充分发展，但我国的替代却发生在充分发展之前。这使相对落后的服务业难以支撑工业的现代化改造，相对落后的工业也无法满足现代服务业的发展需求，最终导致服务业比重的上升并没有带来我国经济效率的提高。其三，实体经济与虚拟经济结构失衡，"脱实向虚"风险增加。虚拟经济本是市场经济高级化的产物，其终极目的也在于服务实体经济的发展。但第五次技术演进下的信息通信技术本身具有"亲资本"的特点，再加上我国传统产业增长乏力、高新产业发展不全和西方多轮资本扩张等因素的共同刺激，我国经济陷入虚实失衡的窘境且有"脱实向虚"的风险。

当基于旧有技术经济背景下的社会需求无法从旧有产业中获得满足时，其将催生技术演进并形成新产业。而新产业不仅因为新技术创造了新的供给，也会在满足上一阶段的社会需求后刺激新需求的产生。此时新需求与新供给的先后交替出现，共同推动了经济的持续发展。数字经济时代，新的社会需求促使数据和数字技术的商品化与产业化（祝合良和王春娟，2020），而数字产业化则通过数字与信息通信技术的扩散引领传统产业的结构优化（陈晓东，2021）。一方面，在传统产业内部，数字与信息通信技术为改造升级传统产业技术，或开辟对传统产业技术的创新使用提供了新方法、新途径与新思路；另一方面，随着产业技术的提升，传统产业的生产效率、营商模式及产业上下游结构等方面均会在不同程度有所改变，加之新的技术经济背景下市场需求的转向，传统产业结构会逐步发生变化。在传统产业外部，新技术经济背景下的市场变化倒逼传统产业不得不在现有技术基础上对数字与信息通信技术开展应用，并依据新的市场需求对内部各部分进行优化重构，以契合新技术经济背景下的发展要求。

二 数字经济赋能传统产业效率提升

（一）数字经济下通过产业结构优化提升产业效率

根据"结构红利"假说，数字经济提升产业效率的作用源于数字经济赋能传统产业结构优化，并在提升投入产出效率、资源配置效率、治理效率等方面发挥积极作用，以综合提高传统产业全要素生产效率。虽然早期国内外围绕"结构红利"假说的实证研究也表明：完全市场下，不同生产部门间的边际产出差异促使生产要素由生产效率低或生产效率增长率低的生产部门流向生产效率高或生产效率增长率高的生产部门后，边际产出的动态平衡将使全要素生产率得到提升；但自信息时代开始之后的实证结果却越发表现出，产业结构的改变不仅对提高全要素生产率的作用并不显著，而且还存在阶段性结构红利的特点，在工业内部甚至存在"结构负利"的问题。对此，郭进和杨建文（2014）认为，只有当劳动生产效率较低时，产业结构的变化才对全要素生产率的提高具有积极作用，其他时候则依靠科技进步与经济的内生增长。

那么，产业结构优化是否并不对生产效率的提高具有普遍意义呢？结合上文中关于产业结构高级化和合理化的论述可以看到，实际上产业结构合理化对生产效率的提高具有显著的推动作用，而产业结构的高级化对提高生产效率的作用不足，甚至会有阶段性掣肘的情况。但因为新旧产业之间代际差距问题，新技术经济背景下的传统产业在发展不充分的情况下直接向新兴产业转换，本身会导致产业结构失衡与"逆库兹涅茨"趋势，进而阻碍生产效率的提高。综合起来看，产业结构合理化和基于合理化基础上的高级化对提升生产效率是有意义的。全要素生产效率只是生产效率中的一个部分，产业结构的变迁虽对全要素生产效率作用有限，但并不影响其对整体生产效率的显著作用。综上，数字经济对传统产业效率的提升包含了三个阶段的内容：第一阶段，数字经济下的科技创新拉动经济内生增长并进一步刺激全要素生产效率的提高；第二阶段，为适应全要素生产效率的提升，传统产业内部开始动态协调各部分投入产出比例即进行产业结构合理化；第三阶段，为适应新技术经济背景下的发展要求，在产业结构合理化基础上的产业高级化将促使传统产业的生产效率得到有效的提高。

（二）数字经济下通过摆脱路径依赖提升产业效率

基于路径依赖理论，我国传统产业发展过程中对旧有技术范式与制度范式的路径依赖，导致了我国传统产业的低效锁定问题。再结合熊彼特创新理论，从技术经济角度来看，除非被绑定在旧有技术—经济范式上的产业红利被基本耗尽或被技术演进所突破，不然低效锁定将出现自我强化局面。数字经济的出现则为这一困局的化解带来了可行方案。首先在技术层面，虽然数字经济所催生的新技术对促进传统产业基于产业自身的产品及技术升级收效甚微（肖利平，2018），但数字技术与传统产业的融合，从生产要素配置、打破技术壁垒、消除制度障碍及匹配消费升级诉求等多个方面缓解了路径依赖问题，并进一步消弭了传统产业因此而产生的低效问题（黄蕊等，2020）。从实际角度来说，数字经济的赋能在于帮助传统产业暂时绕开产业技术步入瓶颈期的硬性问题，并从除产业技术外的其他环节入手，在现有技术框架下依据市场的变化对产业结构进行合理化重构。当其他环节被打通后，市场与资本的引导不仅会为产业技术的演进提供新的思路与方向，也会在物资层面对生产技术升级提供支持。其次在理念层面，基于传统生产模式下的发展理念本质上是适应过去的产业发展的，但随着新技术的登场，过去的发展理念正在丧失对产业发展的指导意义。在传统产业处于规模经济的条件下，生产方式和技术的改变都带来较大的风险成本，这使生产部门不会轻易做出改变，进而在观念与实践中先后形成对旧有技术—经济范式的黏性。然而这种黏性来源于传统经济下的产业链上下游之间对于具有稀缺性与不可复制性的关键生产要素的争夺。关键生产要素的相对恒定，使配置的多寡直接影响到不同主体之间对市场利益的瓜分，因而不同主体之间实则是零和博弈的关系（陈诗一和刘文杰，2021）。而数字经济下，"数据资源"并不具有稀缺性和不可复制性，因而为不同市场主体之间的协同合作提供了机会。这也在一定程度上避免了产业内卷所造成的低效。最后在制度层面，历经传统生产方式与组织形式的积淀，相应生产制度与管理制度也会随之固化，而路径依赖会使既得利益者有更强烈的意愿去维护这一套制度（李娜，2014）。但数字经济的优势在于，它不仅为传统产业在技术与理念上提供瓦解路径依赖的新途径，随着数字治理的创新发展，也在制度管理层面重塑传统经济下的生产与管理制度。

三 数字经济驱动传统产业创新发展

（一）制度创新

不同于农业经济时代和工业经济时代需要通过建立一套等级分明、管理严密、规模庞大的理性化官僚制度和一体化发展模式来保障生产的高效性与经济性，数字经济因改变了过去信息不透明、不对称、流动性差的问题而使组织形式更为扁平化、分散化、网络化、模块化（赵立斌和张莉莉，2020），从而为传统产业新业态、新模式的出现奠定了基础。在新的组织、管理制度之下，数据作为新经济模式下关键生产要素，以其独有的特性通过更有力的配置作用促使传统关键生产要素的重构组合效能最大化。而不同行业的不同的重构方式与比例则为传统产业带来了有别于传统模式下的发展路径。

（二）技术创新

国外相关研究主要集中在对信息通信技术驱动产业创新发展的业态分析。其研究表明，信息通信技术下的产品创新主要源于技术供给侧（数字产业化部分）的创新。而信息通信技术创新所驱动的其他领域创新部分（产业数字化部分）则囊括了更广泛的内容，其不仅涵盖了信息通信技术需求侧的数字创新，且信息通信技术下的产品创新也越来越多地出现在非信息通信技术领域，并最终与非信息通信技术产品相融合成为其重要的组成部分以提高性能和产出效率（Ch Reimshach-Kounatze，2016）。由此可见，信息通信技术的技术创新与其产品创新之间的联动强化了对传统产业创新发展的促进作用：颠覆性的信息通信技术创新（数字化创新）因取代传统的信息通信技术，而使信息通信技术产品创新在整个经济中蔓延，并影响生产流程、行业进入以及开创性产品和应用程序的推出。在信息通信技术创新推动产业创新发展的基础上，不仅产业的生产力、竞争力、交易成本等内容均得到改善，并且加强了与产业链中不同利益相关者的协同关联。在信息环节被打通之下，数字化的信息通信技术促进了产品差异化，且加强了客户关系和供应链管理，并加快跨不同地理位置进入市场的时间。此外，信息通信技术的创新使传统知识及劳动密集型产业得以智能化、自动化。所有这些最终都将驱动传统产业创新发展。

（三）机理创新

国内不仅在国外研究基础上从细分行业探讨数字经济对传统产业发展的驱动作用，更从理论层面给出了这种作用的理论阐释。从产业创新的内生机理来看，赵立斌和张莉莉（2020）指出，数字经济时代的维达多定律使市场追随者倒逼先行者不断进行产品创新，而两者的竞逐进一步推动产业持续创新发展。数字经济下，由于数据的可复制性、可重复利用性以及其边际成本递减和边际收益递增的关系，市场的先行者能从市场中获得较大的先发优势。但也正由于数据的这些特性，每个不同时期的同一数据类型都有着不同的具体内容，且这些数据内容是相对对称、透明且具有较强流动性的。这迫使市场先行者也需要不断重新获取数据，通过持续创新以维持自身的领先地位，由此给予了市场先行者与追随者相对公平的发展机会。在这一过程中，一旦市场先行者放弃革新并陷入创新停滞，那么市场追随者将取代先行者进入市场头部。在技术—经济新范式理论的基础上，余江等（2020）进一步提出数字产业化与产业数字化是相互强化的过程。一方面，新兴数字化技术不断冲击传统市场体系，从而触发产业生态与组织业务流程的转变。在此情形下，传统产业不得不做出针对性与适应性调整，以应对市场的变化。另一方面，传统产业中的不同行业对数字化有着不同的要求，同一行业的不同场景对数字化的要求也不尽相同。因此，需要数字技术不断推陈出新以适应技术需求侧的变化与演进。在数字技术与传统产业的相互作用下，传统产业得以实现持续性转型创新发展。从整体来看，祝合良等（2020）基于熊彼特创新理论提出：创新是构建新的生产函数，即在数字经济的大背景下，数字技术、互联网技术、数字化平台等内容与传统生产体系的深度融合，改变了过去组织、生产、营销、消费等各环节的权重系数和连接方式，进而使产业增值实现"由点及面"的演进，并创造出新的规模经济。基于互联网平台的发展，传统产业链与消费市场的互动逐步加强。同时，产业自身技术的革新"瓶颈"迫使生产部门不得不借由互联网平台"转移矛盾"，因此由对产业链前端资本和技术的关注也在向挖掘消费需求移动。在这一过程中，消费者价值导向成为产业发展规划重要的出发点。

第四节　数字经济驱动传统产业高质量发展的现有路径

根据对相关文献的梳理，目前数字经济赋能传统产业的实现路径主要有两种模式：一种是以美国为主的"互联网+制造业"模式，即"数字经济搭台，传统产业唱戏"；另一种则是以德国为主的"制造业+互联网"模式，即"传统产业搭台，数字经济唱戏"（赵立斌和张莉莉，2020）。这两种路径模式既源于两国不同的产业发展背景，也给两国带来了完全不同的发展结果。对美国而言，"互联网+制造业"模式成为其加剧"产业空心化"的重要推手；而对德国来说，"制造业+互联网"模式则成为其固化"传统路径依赖"的重要因素。基于此，本节立足于发展结果视角，在前人研究的基础上展开对两种路径模式的探讨。

一　"互联网+制造业"——美式路径

无论是数字经济的概念还是与数字经济相关的技术都最先发源于美国。基于其强大的技术实力，美国不仅垄断着数字经济的关键技术，更与英、德等国一道以数字经济占国民经济比重超60%成为世界范围内数字经济的第一梯队。从数字经济的规模来看，2020年美国更以近13.6万亿美元的数字经济规模蝉联世界数字经济榜首，相形之下我国同年GDP也仅有14.72万亿美元（梅宏，2022）。从美国对数字经济的政策制定和发展思路来看，其优先布局数字经济关键领域的政策与思路也是一以贯之的。从20世纪90年代的克林顿政府至当前的拜登政府，从 1993 年信息高速公路计划到 2021 年美国创新与竞争法案，美国在资金投入、项目及战略规划、机构设置及人才培养与引进等几个方面着力研发以巩固数字技术优势，并进一步强化数字技术向实体产业转化，发展先进制造业（中国信息通信研究院，2021）。实际上，美国发展数字经济的具体举措对我国具有较强的借鉴意义。到目前为止，我国数字经济的发展仍面临着数字化顶层设计有待加强、数字产业化及产业数字化程度不高、数字产业与公共服务体系不完善且缺乏相应人才等诸多问题（祝合良和王春娟，2020）。不过，虽然美国发展数字经济的举措值得我国借鉴，但近年来美国因此导致的资产严重泡沫化却值得我国警醒。

如前文所述，第五次技术演进发生在 20 世纪八九十年代，这一时期受经济滞胀与国内生产成本上涨的影响，美国陆续将其制造业迁往海外，并由此造成了实质上的"产业空心化"。美国以"互联网+制造业"的思路发展数字经济，一方面导致制造业外流，另一方面为资本全球化扩张大开方便之门。可以看到的是，当这一时期由经济滞胀所积累的天量货币需要输出时，新自由主义与信息通信技术便蓬勃发展起来。而与新自由主义和信息通信技术同步发展起来的还有美国所主导的经济全球化。在这一过程中，美国凭借资金和技术的优势强势推广其"华盛顿共识"。虽然经济全球化为第三世界国家的脱贫带来了机遇，但这些国家的民族产业也在全球化浪潮中逐一倒下。美国借助资本与信息技术，不仅从第三世界国家获得了廉价的物质商品，更从这些国家掠夺了宝贵的资源。那美国是否在这一过程中真实受益呢？答案是肯定的，至少这一过程帮助美国摆脱了经济滞胀的困扰。但这一经济全球化过程也为美国经济泡沫化、贫富差距扩大等问题埋下了伏笔。在 2008 年后，美国由主导经济全球化逐步转变为主导逆经济全球化。罗皓文等（2021）将其归因于美西方内部利益分配不均以及国内的贫富差距拉大。但实际上，这其中还包含了西方虚拟化金融资本扩张乏力的因素。温铁军和张俊娜（2022）提出，当前的问题不是全球经济增长乏力，而是西方虚拟化金融资本扩张乏力。因为当资产价格上涨到一定程度时，其边际增长的幅度将逐步递减，而通过资本全球化扩张不仅收益会逐步下降且自身泡沫化、贫富差距问题严重（向松祚，2015）。在资本全球扩张难以为继时，制造业与资本的回流便成为必然选择。

很明显的是，美国的数字经济已与其金融体系深度绑定。那么，这为美国社会带来了什么呢？20世纪80年代以来，美国政府在新自由主义的影响下，其一面放松对金融资本的管制，另一面则削弱政府对市场的影响，由此美国精英阶层被赋予了更多的权力与财富。在此情形下，这些精英阶层试图以价格和利益为核心的市场逻辑支配一切社会关系，进而使得社会危机愈演愈烈。在2008年国际金融危机发生后，过剩的金融资本虽推动了数字技术在社会层面的广泛应用，但其更为以价格和利益为核心的市场逻辑披上了数字创新的外衣，以构造出更加脱离管控的"数字自由市场"。在这一过程中，美国中等收入阶层"空洞化"也进一步加剧（刘典，2021；边卫红，2018）。

前人在美国金融及经济危机周期的研究中，曾多次强调金融监管强弱、信贷松紧、经贸政策等因素对危机的作用。特别是利率的异常波动，更是危机来临的预兆。然而，真正造成利率波动，使政府及央行交替采用收紧或放松银根方式调节经济的正是社会财富分配失衡。社会大生产过程中，生产力的进步以及生产方式和制度的改变，使得发展资源不可避免地会向小部分人集中，特别是在资本主义体制下，当自由竞争资本主义过渡到金融资本主义之后，社会底层人民可获得的资源少之又少。然而，此时生产力的提升并不会停下，在更广大普通人收入有限，不足以支撑消费的时候，销售市场缩减，由此造成生产过剩。大量商品挤压，会促使资本家削减开支以弥补成本，于是失业率开始上升。失去工作的人们在没有后继收入的情况下，将更节制消费。之后，便开始陷入商品及资产贬值、企业破产、失业扩大、收入进一步减缩的通缩旋涡直到彻底陷入经济萧条。在经济大萧条中，利率政策基本失效，核心问题在于资本与资源的高度集中，迫使处于社会相对底层的人民逐步丧失参与商贸循环的能力。在通缩前，经济繁荣期的各种信贷确实起到了刺激消费和经济的作用，但是这也仅是对经济进入下行阶段的暂时支撑。在社会资源及财富分配不均没有得到妥善解决之前，资本家通过信贷透支整个社会的消费能力后，经济下行乃至萧条将加速到来。Ray Dalio 在《原则——应对变化中的世界秩序》一书中提到：强劲的发展和卓越的教育为美国带来了持续创新、科技先进、军力鼎盛及贸易领先等优势，而这一切都为美国获得世界金融中心的地位奠定了基础；可时至当下，美国除了科技创新与金融外，其他的优势都在下降。

二 "制造业+互联网"——德式路径

总体来说，在数字经济赋能的实现路径上德国与美国的规划相反，这基于其强大的工业制造能力。德国的"工业 4.0"战略试图发挥传统制造业优势，并叠加数字经济的技术优势，促使其制造业得以高质量发展。从成果来看，2020 年德国数字经济规模占我国同年数字经济规模的 50%左右，在全球主要国家中位列第三（中国信息通信研究院，2021）。与此同时，德国汽车制造企业如博世和宝马集团成功实现数字化改造（赵立斌和张莉莉，2020）。数字经济浪潮下，德国强势捍卫自己的"数字主权"，坚持实业立国并深化数字经济反垄断监管，这种做法值得我国借鉴。但现实中，德国的"数字主权"现况却不尽如人意。德国企业不仅普遍依赖中美两国的软件与数据服务，其数字基础设施建设也明显落后于中美（胡琨和肖馨怡，2021）。

在信息技术应用方面，德国在国际排名中仅处于中间位置，在欧盟内部德国也排名靠后。在欧盟数字经济和社会指数（DESI）中，德国排名第 12 位；在数字技术与经济融合度方面其更是排到了第 18 位。2018 年数字经济监测报告显示，德国在数字化方面没有明显的优势，且信息技术出口明显疲软。而由 KFW Research 进行的一项研究报告也表明，德国在信息技术方面是相对落后的。因此，信息技术与制造业的真正融合对德国来说具有一定的挑战性。作为通用技术，信息技术对其他经济部门和技术领域，如汽车、生产技术以及气候和环境技术也发挥着越来越重要的作用。德国对外国生产者的依赖已然成为相当严重的问题。信息技术在经济中的渗透率相对较低的一个原因是，中小企业在数字化方面的支出相对较低。平均而言，2019 年，德国一家从事数字化活动的中型公司只投资大约 2.1 万欧元用于数字化。2021年，德国的中型企业也只筹集了近180亿美元用于数字化改造。这一数字多年来几乎保持不变，仅占房地产、机械和设备等有形资产投资（2230亿欧元）的一小部分。因此，德国中小型企业的数字化是以相当小的步伐进行的（Zimmermann，2022）。

相较于美国大力发展数字经济，德国对传统制造业的改变更为谨慎。尽管德国在"制造业立国"方面取得了成功并避免了美式"产业空心化"的问题，但在新时期下，德国的这种"谨慎"仍然有诸多值得反思之处。首先，德国传统产业的数字化进程滞缓源于对传统路径的依赖并缺乏足够的内生驱动力。作为老牌制造业强国，德国传统制造型企业更加看重前四次技术演进中所产生的物质生产体系及其带来的巨大收益，因此德国传统制造业对第五、第六次技术演进所强调的信息化及数字化等"非物质"理念相对陌生，并存在着一定的抵触心理。其次，认知的局限性使德国社会更为忌惮数字化所存在的隐私安全问题（郑启南，2022）。这种社会整体观念不仅影响了数字化建设的整体规模，也在一定程度上阻滞了数字化的发展进程。在此情形下，尽管德国仍对数字化有所需求，但其却实质上丧失了对本土数字市场的主导权，这也对德国数字技术及人才的储备造成了负面影响，进而抬高了德国本土数字化的发展成本。最后，德国数字产业相对滞缓的发展造成其数字市场逐步被跨国数字企业所蚕食。受数字全球化的影响，少数跨国数字巨头对德国数字市场的挤占致使德国数字产业的生存空间被迫压缩。此时，虽然存在部分德国企业看好数字化所带来的效益，但现阶段高度集中的本土数字市场环境正在不断压低绝大多数企业的数字产业化能力，因此多数德国企业会被动选择依赖他国数字信息成果并缺乏自主研发。这种状况也将进一步反作用于德国国内的数字投资市场。尽管德国强劲的工业制造能力促使其数字投资市场具有高度的战略性，且其本土化数字产业的上升空间也创造着富有价值的并购机会，但大部分传统产业仍对投资和并购持保守观望态度，即便股价下跌甚至企业破产也并没能吸引大多数投资者付诸实际行动（郑启南，2022）。

第三章 全球数字经济发展现状及经验启示

随着互联网、大数据、人工智能等现代信息技术不断取得突破，数字经济蓬勃发展，各国利益更加紧密相连。世界各国都在寻找数字经济新的发展机遇，积极推进数字经济的发展。中国应在数字经济的发展中发挥积极作用，积极探索数字经济新的发展路径；在数字经济的发展过程中，应充分利用互联网的优势，加强数据资源的共享，发挥数字经济对实体经济的支撑作用；在互联网经济发展中发挥积极作用，加大政府的扶持力度，鼓励和引导互联网企业发展，提升行业的竞争力和市场竞争力。数字经济已成为推动经济复苏、重塑国家新优势的重要抓手。各国应该集思广益、增进共识，通过深化务实合作，以共进为动力、以共赢为目标，共同推动全球数字化发展，充分释放数字经济发展红利，构建可持续的数字世界，推动世界各国共同搭乘互联网和数字经济发展的快车，让互联网发展成果更好地造福世界各国人民。

第一节 全球数字经济发展综况

一 全球数字经济发展格局

随着数字产业化与产业数字化的进程逐步推进，全球经济数字化程度持续提高，而以"数字"为核心的技术—经济新范式也成为拉动经济增长、解决经济问题的关键。其不仅在全球经济中的核心地位不断增强，也为传统产业的发展注入了活力。因此，在当前国际局势下，各国对新一轮科技革命高地的争夺中，数字技术成为全球的关注热点。随着各国数字经济战略的陆续出台与相关合作框架、内容及形式的演进，第六次技术浪潮下的数字经济发展格局已具雏形（宗良等，2022）。

（一）经济发展新动能

1. 数字经济引领稳定发展

如同农业与工业经济时代一样，新时期技术—经济新范式的扩散已成为扭转经济发展困局的重要环节。且从可得数据中也可窥见，数字经济不仅占GDP比重持续上升，规模持续扩大，且其在疫情中的稳定增长也十分亮眼。中国信息通信研究院《全球数字经济白皮书（2021）》统计显示，经测算的全球47个国家在2020年的数字经济占GDP比重达43.7%，实现从2018年开始的连续三年上涨；而数字经济增加值规模也创下32.6万亿美元的新高，同比增长了3%。这相较于同一时期-3.6%的全球GDP负增速，表明数字经济在应对经济下行、稳定经济发展及抵御疫情冲击等方面均有较强的能力。

2. 数字经济引领融合发展

鉴于第一、第二次工业革命的成果直接作用于物质生产体系，且"数字"的价值仍依附于其所服务的物质生产部门的价值创造，因此现阶段数字经济的发展仍需依靠产业数字化的推动。2020年产业数字化在数字经济中的比重达84.4%，其中第一、第二及第三产业的数字经济增加值在其对应产业中的占比分别为8%、24.1%及43.9%。由此第三产业引领产业数字化发展的趋势明显。这缘于第三产业相较于一般物质生产部门其服务性更为突出，因而其与数字经济的特性也更为契合。而随着物质文明的持续繁荣，市场需求的持续转型升级与旧有技术—经济范式的没落也将促使物质生产部门提升自己与消费市场的贴合程度并提高服务水平。因此，第一、第二产业与第三产业在一定程度上的耦合是顺应当前产业发展趋势的必然，而耦合的关键点便是数字经济。在传统产销框架中，产业链上信息流的交互往往伴随着迟滞问题，且信息在传递过程中的扭曲或异化也将影响产业接收市场反馈的有效性。加之产业内及产业间的"信息孤岛"问题，这些都将阻碍信息的有效传递，并造成产业发展对市场需求的错位，进而导致资源的低效配置乃至错配，以致最终形成产业与市场相对割裂的格局。而数字技术的关键作用，不仅在于推动传统产业的数字化转型，更是将这些传统产业有机地联系起来并架起传统产业与市场间有效沟通的桥梁。

3. 数字经济引领创新发展

数字经济时代的创新发展可以被分为两个层面——开创型创新与改造型创新。开创型创新是在数字产业化过程中所诞生的新兴组织根据市场需求的变化或通过颠覆传统商业逻辑与模式而形成的全新的商业逻辑与模式；改造型创新则是在产业数字化过程中，传统产业因面临新兴组织的潜在竞争或转型升级的需要而借助数字技术对已有商业逻辑及模式进行改造，进而重塑的新业态（余江等，2020）。

对于开创型创新而言，虽然其新模式、新业态及新产品都较之以往呈现出较大差异，但无论是其产生还是发展，本质上都是对市场需求变化的创新性有效回应。从产生角度来说，相较于传统创新下需要大量实物投入以支撑规模效应所形成的高成本不同，数字经济中部分开创型创新的数字产品因数据的非排他性与可再现性特征，能实现重复利用并可再生，且在这一过程中绕开了实物资源的稀缺性问题。因而虽然数据在资源化阶段会有一定的成本，可随着数据资源的扩散及大量重复利用，其价值在被放大的同时，其边际成本相较于其所创造的价值会呈现出下降态势直至可忽略不计。因此，相较于传统创新，数字经济下的开创型创新在投入层面有效地降低了新兴组织的进入门槛，便利了初创新兴组织展开轻资产、低投入的数字化创新。从发展角度来说，传统经济模式下的产业对市场反馈的感知根植于供给方的规模经济，并有赖于产业链上的信息交互；而数字经济模式下的产业对市场反馈的感知则不仅来源于供给方，也来源于数字技术对需求方信息的整备与分析。这便绕开了只有达到规模经济才能实现资源优化配置以至降低生产成本的传统经济模式。面对大量异质性用户与难以预知的市场发展趋势，数字技术赋能产品与服务的主动适应性为创新发展提供了便利。数字经济下，海量市场数据的挖掘与分析为创新主体直观展示了市场动态,在此基础上供需双方的信息即时交互,更为实现资源有效配置并控制生产成本降低了门槛。在这一过程中,创新主体借助数字经济的优势可创造性地对已有资源进行重构与组合,并革新现有产品与服务。此外,数字化创新"轻资产、低投入"的特点避免了"船大难掉头"的窘境,更凸显了数字经济在促进创新发展方面的优势(赵立斌和张莉莉,2020;余江等,2020)。

对于改造型创新来说,数字化创新与传统产业发展之间相辅相成。一方面,数字技术的进步会对传统市场体系与业态造成冲击与分化,在此基础上的数字化生产部门又会对传统生产部门形成相对竞争优势。由此迫使传统产业整体上会对数字经济的影响做出针对性与适应性的调整。另一方面,在数字经济下的技术—经济新范式演进过程中,传统产业内对数字化的异质性需求又会促使数字技术的更新迭代,进而推动数字经济的创新发展。于是在数字化创新与传统产业的相互影响下,以数字化创新为起点的传统产业创新发展路径便逐步形成(余江等,2020)。站在数字化创新推动传统产业发展的角度来看,这是产业数字化过程中的数字技术扩散阶段。该阶段内新兴数字技术逐步向传统产业进行渗透融合,并渐进形成全生产链的数字化与智能化格局。该格局下,传统产业得以摆脱传统经济模式的束缚,可以更加直观地感知市场反馈,进而实现更有效的资源配置并提高生产效率,从而获得更高质量的发展。在这一过程中,数字技术的使用也可为传统产业创新发展路径,进而丰富传统产业转型升级的路径选择。站在传统产业发展反作用于数字化创新的角度来看,这是产业数字化过程中的技术范式完善阶段。数字技术与传统产业融合发展下的技术—经济新范式,并不是在传统产业首次向数字化创新反作用时便形成的,更准确地来说只要数字技术仍在发展运动中,那么新范式便仍处在一个逐步完善的过程之中,直到新技术范式对推动产业发展的边际作用结束。这也意味着新一轮技术革新的开始。在反作用过程中,产业内的异质性需求会促使数字技术持续丰富自身的内容与功能,进而实现数字技术的迭代更新。与此同时,演进后的数字技术对创新发展的作用力也会得以提升,并强化数字经济对传统产业创新发展的引领能力。

(二) 国际数字鸿沟加剧

虽然当前国际经济环境复杂严峻，整体下行压力增大；但全球数字经济依然保持较快增长，为经济复苏带来了希望。数字经济各领域的稳步推进，新兴产业的快速发展以及传统产业数字化程度的提升，也为将来全球经济的触底反弹构筑了基础。但在这一过程中，各国因科技及经济发展水平的悬殊而造成的数字技术与数字基础设施的差距，却在不断拉大彼此间的数字鸿沟。而这不仅会加剧各国的贫富差距，也无益于世界经济的平稳发展。据2020—2021年中国信息通信研究院（2021）对中、美、英、日及印度等47个国家的数字经济发展情况进行的量化统计，虽然近年来全球经济数字化发展如火如荼，且全球数字经济总体规模也持续增长，但不同收入及发展程度国家间的数字经济发展差距却有持续扩大的趋势。

1. 数字化发展的"南北差距"

据中国信息通信研究院《全球数字经济白皮书（2021）》对全球2019—2020年的数字经济统计，当前全球数字经济的发展势头整体上呈现出发达国家与高收入国家的数字化发展水平优于发展中国家与中高收入及以下国家的趋势（见表1）。结合数字经济对国民经济的渗透情况来看，发达国家与高收入国家依靠数字经济实现创新驱动发展的韧性也更为凸显。

表3-1　　　2019—2020年不同组别国家数字化发展程度　　　单位：%

年份	产业类别	按发展程度分组		按收入水平分组		
		发达国家	发展中国家	高收入国家	中高收入国家	中低收入国家
2020	数字经济占比	54.3	27.6	50.7	31.7	17.8
	产业数字化占比	86.4	78.3	86.1	79.4	70.1
	数字经济增速	3.0	3.1	2.8	4.7	-5.9
	GDP增速	-2.3	-3.7	-2.6	-2.6	-7.0

续表

年份	产业类别	按发展程度分组		按收入水平分组		
		发达国家	发展中国家	高收入国家	中高收入国家	中低收入国家
2019	数字经济占比	51.3	26.8	47.9	30.8	17.6
	产业数字化占比	86.3	78.6	85.9	80.0	70.1
	数字经济增速	4.5	7.9	4.5	8.7	8.5
	GDP 增速	1.7	3.2	1.4	4.0	6.0

资料来源：中国信息通信研究院（2021）。

表3-1中数字经济占比为数字经济规模占GDP的比重，而产业数字化占比则为产业数字化规模占数字经济规模的比重。按发展程度的分组来看，2019年发达国家数字经济占比对发展中国家保持着一倍左右的领先态势，至2020年这一差距又扩大了2.2个百分点。与此同时，两者产业数字化占比则表现出反向变化，与2019年相比，2020年发达国家的产业数字化占比提升了0.1个百分点，而发展中国家则下滑了0.3个百分点。按收入水平的分组看，虽然高、中高及中低收入国家2020年数字经济占比分别提升了2.8个、0.9个及0.2个百分点，但分组中，仅有高收入国家的产业数字化占比实现了0.2个百分点的提升，而中高收入国家更出现了0.6个百分点的下降。如前文所述，当前全球数字经济的发展依然有赖于产业数字化的推动。在发达国家的产业科技与经济基础都很雄厚的情况下，其本身具有实现产业数字化的数字基建优势与持续发展动能。相较于2020年欧洲超过97%的4G网络覆盖率，非洲部分国家互联网使用率也仅为约10%，即便是南非共和国也仅达到50%；而相较于2020年德国提前实现了5G对50%人口的覆盖，亚太、拉美地区的5G整体覆盖率也仅达到15%和3.2%，撒哈拉以南非洲地区更为0%（宗良、刘晨等，2022）。受制于相对落后且薄弱的经济与产业基础，后发国家虽在发展之初会出现边际递增的光景，但其较低的发展上限最终限制数字经济的发展。受疫情影响，2020年发达国家或高收入国家数字经济增速下滑1—2个百分点，发展中国家2020年的增速不及2019年的一半，

中高收入国家数字经济的增速在 2020 年也几近腰斩，中低收入国家更陷入负增速的困境。

表 3-2　　2019—2020 年不同组别国家产业数字化程度　　单位：%

年份	产业类别	按发展程度分组		按收入水平分组		
		发达国家	发展中国家	高收入国家	中高收入国家	中低收入国家
2020	第一产业	14.0	6.4	12.5	7.9	3.3
	第二产业	31.2	13.3	28.8	16.7	6.4
	第三产业	51.6	28.7	48.4	33.9	19.5
2019	第一产业	13.3	5.9	11.9	7.3	3.2
	第二产业	33.0	15.7	30.5	17.5	7.9
	第三产业	46.7	25.2	43.7	30.3	16.4

资料来源：中国信息通信研究院（2021）。

在发达国家及高收入国家与其他类型国家间存在较大的科技与经济鸿沟的同时，也呈现出发达国家及高收入国家的产业数字化程度和数字经济发展韧性优于其他类型国家的特点。如表 3-2 所示，按发展程度的分组来看，2019—2020 年发达国家三次产业的数字化程度均为发展中国家的两倍左右。特别是在亟须科技与经济实力支撑的第一、第二产业上，发达国家的这一优势突破了 2 倍。到 2020 年，发达国家第二产业数字化程度更达到发展中国家的 2.35 倍。与此同时，第一产业和第三产业的数字化程度上，发达国家与发展中国家的差距也进一步拉大。2019 年发达国家第一产业与第三产业数字化程度分别高出发展中国家 7.4 个百分点和 21.5 个百分点，到 2020 年这一差距扩大到 7.6 个百分点和 22.9 个百分点。第一产业与第二产业作为国家得以持续发展的物质基石，其发展水平直接关乎国家的发展上限。结合表 3-1 中发达国家与发展中国家的数字经济增速及 GDP 增速可以看到，2019 年发展中国家在两个增速上均大幅领先于发达国家。但在疫情冲击下，2020 年发达国家的数字经济增速及 GDP 增速仅分别下降1.5个百分点和4个百分点，数字经济降速幅度仅占GDP降速幅度的37.5%；而发展中国家对应数字则分别为4.8个百分点、6.9个百分点和69.6个百分点。尽管同一时期发展中国家第三产业数字化程度提升了3.5个百分点，但由于其落后且薄弱的物质产业基础难以响应第三产业数字化所带来的引领作用，发展中国家更难以将此转化为稳定经济发展的推动力。

再按收入水平的分组来看，到2020年，高收入国家三次产业数字化程度仍依次高出中高收入国家4.6个百分点、12.1个百分点和14.5个百分点；其更高出中低收入国家9.2个百分点、22.4个百分点和28.9个百分点。与此同时，高收入国家三次产业数字化程度依次是中高收入国家的1.58倍、1.72倍及1.43倍；是中低收入国家的3.79倍、4.5倍及2.48倍。特别对于中低收入国家而言，虽然2019—2020年其与高收入国家在第二产业数字化程度上的差距从22.6个百分点缩减至22.4个百分点，但高收入国家第二产业数字化程度却从发展中国家的3.86倍提升至4.5倍。而在第一产业方面两者的差距更是进一步拉大。再结合表3-1中按收入水平分组的各类型国家的数字经济增速及GDP增速可以看到，虽然2019年中高收入及以下国家在两个增速上也较大幅度地高于高收入国家，但在疫情冲击下高收入国家数字经济增速仅下滑了1.7个百分点，GDP增速也仅下滑4个百分点，数字经济降速幅度只占GDP降速幅度的42.5%；而中高收入国家与中低收入国家对应数字则分别为4个百分点、6.6个百分点、60.6%和14个百分点、13个百分点、107.7%。因此相较而言，高收入国家的数字经济发展韧性更强，而中低收入国家的数字经济更为薄弱。

不过值得一提的是，虽然高收入国家无论在数字化程度还是数字经济发展韧性上都优于中高收入国家，但两者间的差距正逐步缩小。一方面来说，2019—2020年，不仅高收入国家三次产业的数字化程度对中高收入国家的倍数在减少，两者之间第一产业及第二产业数字化程度的差值也在减小；从另一方面来说，尽管受疫情冲击，但中高收入国家的数字经济增速依然保持了对高收入国家近2倍的态势。但两者在第三产业数字化程度上的差距相对扩大，则意味着双方在数字技术研发及数字产业化方面仍存在距离。在数字经济下，既有数字技术虽对中高收入国家第一产业与第二产业的数字化及长远发展有所裨益，但由于其对数字经济核心或前沿技术掌握不足，中高收入国家数字经济的发展受到制约。

2. 数字经济规模的"南北差距"

从整体来看，2019—2020年全球数字经济规模呈现扩大态势。特别是2020年新冠疫情全球肆虐，全球经济受创，诸多传统经济运行模式也停摆，而数字经济却及时为全球经济分担了下行压力。2020年全球经济增长率为-3.3%，2021年全球经济增长率却逆势上升至5.8%，创下自布雷顿森林体系瓦解以来最高的经济增速。中国信息通信研究院统计表明，2020年47国数字经济整体增长率实现同比3%的名义增长，较平均GDP同比名义增长率高出5.8%，成为托底全球经济的关键力量。

站在整体视角，全球数字经济规模仍处于持续扩张阶段，但细化到不同类型国家中来看，发达国家与发展中国家、高收入国家与中高收入及以下国家间存在相对较大的发展差距。如图3-1所示，按发展程度分组来看，2019年发达国家数字经济增加值规模达到23.5万亿美元，占47国整体规模的73.9%，是发展中国家数字经济增加值规模的2.84倍；发展中国家数字经济增加值规模为8.3万亿美元，仅占整体规模的26.1%。2020年，发达国家的数字经济增加值规模进一步扩张至24.4万亿美元，发展中国家却出现了下跌，仅实现8.2万亿美元，两者的差距进一步拉大。再结合表3-2中按发展程度分组的数据可以看到，2020年发达国家与发展中国家三次产业的数字化程度差距较2019年又依次扩大了0.2个、0.6个及1.4个百分点。由表3-1可以看到，发展中国家的数字经济增速始终强于发达国家，但以第三产业为代表的两者在数字经济规模上的差距仍表明了两者间在数字经济发展上"质"的落差。再按收入水平的分组来看，2019—2020年高收入国家的数字经济规模对中高收入及以下国家保持了绝对的优势。2019—2020年，高收入国家数字经济增加值规模由24.5万亿美元提升至 25.3 万亿美元，占 47 国数字经济总量的比例也从 76.9% 提升至 77.5%。与此同时，2020 年中高收入国家与中低收入国家对数字经济总量的占比则分别收于 20.3% 和 2.2%，各自下跌了 0.5 个及 0.1 个百分点。

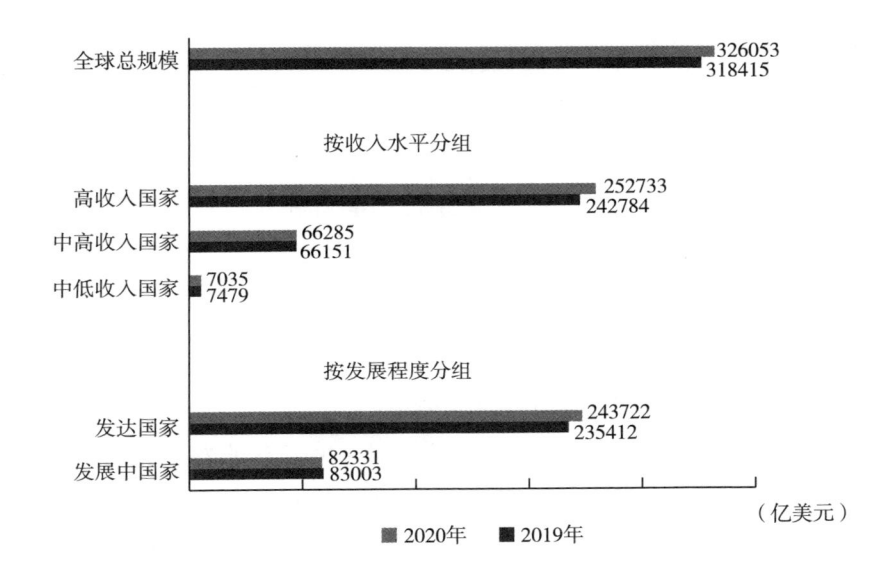

图 3-1　2019—2020 年全球及不同组别国家数字经济规模

资料来源：中国信息通信研究院（2021）。

如图 3-2 所示，2019—2020 年 47 国数字经济占比的平均水平由 41.5% 提升到了 43.7%，这表明在传统生产模式的价值创造处于边际递减的当下，数字经济在推动国民经济持续增长中的核心地位正不断强化。发达国家与发展中国家、高收入国家与中高收入及以下国家各自的数字经济占比都呈现出持续的上升态势，也从侧面印证了这一点。其中发达国家与高收入国家数字经济占比都跨过了 50%，并结合其在疫情冲击下所表现出的经济韧性来看，数字经济对各国具有极大的重要性。但当前各不同类型国家间在数字化与数字经济上仍存在较大的发展差距，甚至因而形成了数字鸿沟，进一步拉开各国的经济发展水平和贫富差距。

图 3-2 2019—2020 年全球及不同组别国家数字经济占比

分组	2020年	2019年
世界平均水平	43.7	41.5
按收入水平分组		
高收入国家	50.7	47.9
中高收入国家	31.7	30.8
中低收入国家	17.8	17.6
按发展程度分组		
发达国家	54.3	51.3
发展中国家	27.6	26.8

（%）

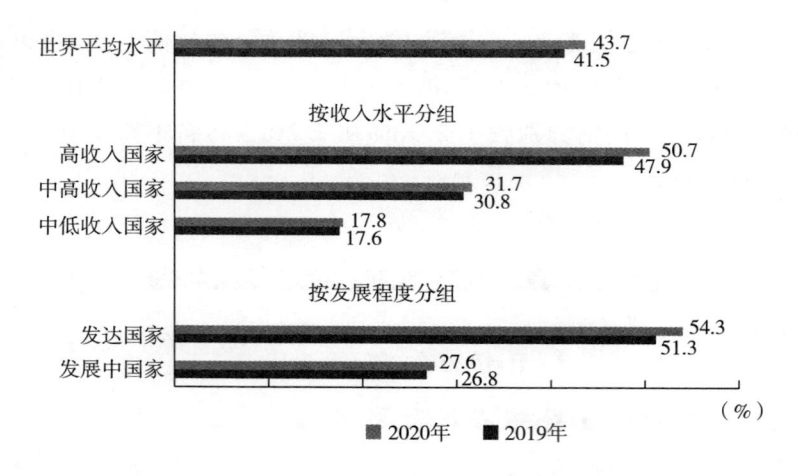

图 3-2 2019—2020 年全球及不同组别国家数字经济占比

资料来源：中国信息通信研究院（2021）。

（三）全球数字风险呈上升态势

虽然数字经济的快速发展给世界各国带来了新的发展机遇，但新经济模式也给传统经济模式下的监管方式与体系提出了挑战。技术—经济新范式对传统范式的冲击所引发的一系列不确定性也成为新时期下数字风险的潜在诱因。尽管各国为应对数字风险都出台了相应的解决办法，但对不确定性来源与机制认识的局限性及阶段性仍会导致这种不确定性的加深。随着各国经济联系的不断深化，全球产业链与产业结构的日趋复杂，以及不同产业间相互渗透融合的程度持续提高，数字风险问题也将呈现出持续性与复杂化的特点并深刻附着在全球数字化趋势当中。在此期间，数字风险随着数字化趋势的增强而不断提升，并顺着全球价值链广泛蔓延开来（宋宪萍，2022）。当前数字风险的表现形式虽有很多，如数字鸿沟、数字霸权及数字垄断等，但总归起来，最突出的无外乎个人、企业与国家间以及国际的数字权益冲突（薛晓源和刘兴华，2022；蔡翠红和王远志，2020）。

1. 个人的数字权益成为被侵害的重灾区

一般来说，现代社会应公正保障普通公民合理合法的正当权益。但在已有的数字治理实践中，个人与企业、国家间的数字权益边界却难以有效地区分并得到妥善保障。面对企业和国家的强势地位，个人的相对弱势便成为其在数字经济中长期处于受害一方的主要原因。

首先，企业与个人不对等的市场地位造成个人数字权益难以保全。在市场中企业方往往处于强势地位，通过相对隐蔽的条件设置或"霸王条款"收集消费者数据，更有甚者在消费者不知情的情况下擅自转移消费者数据。企业方则通过自身的数据优势以自身利益为转移对消费者信息肆意处理，甚至滥用其所掌握的个人数据以谋求不正当利益（蔡翠红和王远志，2020）。时至2020年，谷歌再次因非法追踪、非法监控等侵害用户隐私权的行为，分别于同年2月、3月及5月受到来自美国联邦贸易委员会、瑞典数据保护局、奥地利维权机构以及亚利桑那州的起诉或处罚。①但这些起诉或处罚并没有遏制谷歌侵犯个人隐私的步伐。2022年1月，谷歌因对用户进行定位跟踪并从用户数据中获利的行为遭美国四个州及特区的起诉。该次诉讼中还表明，谷歌不仅欺骗用户说更改账户或设备设置便能保护隐私，而且还透露出谷歌这种行为至少延续了八年之久。②与此同时，脸书也多次因非法收集及泄露用户信息而受到惩处。而在国内，2022年7月滴滴因非法收集用户信息并存在危害国家安全的数据处理行为而被国家网信办依法惩处，且在网络安全审查阶段，滴滴公司还存在阳奉阴违及恶意对抗监管等违法违规问题。③

国家与个人不协调的权利划分造成个人数字权益难以保全。通常来说，国家基于安全或治理的需要难免会对个人信息进行收集与分析。国家调阅信息的行为往往更为隐蔽，个人即便对国家的调阅行为有所了解，但基于国家利益的需要，也不得不让渡部分权利。然而在调阅过程中，频繁的信息流动容易造成个人信息中隐私部分的泄露问题。因此，在这种不对称的权利划分下，特别是当出现未经同意强征

---

① 资料来源：《谷歌再被罚50亿美元，大数据时代用户隐私谁来保护？》，新浪财经，http://finance.sina.com.cn/stock/relnews/us/2020-06-04/doc-iircuyvi6697567.shtml。

② 资料来源：《因侵犯用户隐私谷歌被多州起诉》，《北京商报》，http://m.bbtnews.com.cn/article/255934l。

③ 资料来源：《国家网信办：滴滴存在严重影响国家安全的数据处理活动》，人民网，http://finance.people.com.cn/n1/2022/0721/c1004-32482059.html。

个人信息的时候，也极易造成国家与个人数据权利的对立（蔡翠红和王远志，2020）。自电话诞生后，美国政府就开始了对普通公民电话元数据的监控。尽管1978年的《涉外情报监控法》暂时将其拉回到法制的正轨，但随着"9·11"事件的爆发，美国情报部门便进一步扩大了对公民数据的监控范围。在此之后通过的《爱国者法案》更赋予了美国政府擅自大规模监听普通民众的权力（吴常青，2017）。虽然参与《爱国者法案》裁决的杰拉德·林奇法官表示，该法案不能被解读为美国政府可随意监听当地民众的正常通话，但直到"棱镜门"事件被曝光后，《爱国者法案》的第215条才被予以废止。尽管美国政府在侵犯公民信息权利上已劣迹斑斑，而且其本身也受到了来自社会各阶层的诸多批评，但美国政府不仅没有偃旗息鼓的迹象，反而持续支持其相关情报部门扩大监控窃密的范围与力度。美国《纽约时报》报道，美国入境和海关执法局经常践踏法律和道德底线，并肆意收集公民信息。该执法局不仅已收集到美国约75%的成人驾照数据并利用人脸识别技术至少扫描了30%的成人驾照，且还在近13年内花费约28亿美元以实施对个人数据信息的监控、收集与共享。另外，该执法局绕开相关法律法规与立法人员的监管，通过跟私人数据中介的勾连，秘密获得了美国50个州逾2.18亿条公共事务客户信息，其中包括但不限于通话、就业、位置及医保记录等信息。

2. 寡头垄断风险与国家、企业间的数字权益失衡

在具有较强的市场竞争力下，数字行业内的头部企业会对业内其他企业的市场、人才乃至数据等资源产生强劲的"虹吸效应"；而数字经济所存在的梅特卡夫法则现象则会进一步促使市场结构更为集中，并形成"赢者通吃"的垄断局面。尽管数字垄断工具在运营方面具有较高的效率，但其对国家和个人的隐蔽性仍会从根本上伤及两者的权益（王世强，2021）。数字垄断的背后是资本的无序扩张，且两者存在着相互强化的内在特征。若放任数字垄断与资本无序扩张发展成市场垄断与资本垄断并立的局面，则不但会造成金融垄断的问题，甚至会导致寡头垄断的产生。此时，不仅市场功能面临失效，要素流动及配置、技术进步及创新乃至社会流动性也将因此蒙尘，更会对国

家政治及经济生活造成深刻危害（徐琤，2022）。当前数字经济下的寡头垄断风险也不再局限于数字行业内部，头部数字企业无序的跨界跨国扩张也逐步将这一垄断问题扩散至其他产业和其他国家，致使寡头垄断风险在世界范围内持续蔓延。在这一过程中，跨国企业与主权国家间数字权益矛盾也在逐步激化。

由于国家缺乏对企业方数字资源的直接掌控，且二者间就数字权利来说大多时候也没有良好的沟通渠道，于是在这种既定的落差下，国家、企业间难免出现数字权益的失衡。这种失衡一方面表现为国家对企业如同个人一样的数字权益侵占，而另一方面则表现为企业对国家数字权益的侵害。对于非数字企业而言，其因自身数据信息存在偏差或因不正当利益而有意造成自身数据信息的偏差，都会对国家正当的数字权益构成损害，例如在传统产业间广泛存在的业务及财务数据错漏、隐瞒、篡改及造假等问题。另就数字企业而言，其一方面存在与非数字企业相类似的问题，另一方面则存在数字企业为维护自身市场支配地位积极规避甚至对抗国家反垄断法律法规及监管的问题。特别对于互联网巨头而言，其不仅占有国家缺乏实际控制的关键或具有战略意义的重要数据，且"大而不倒"的市场地位也阻滞国家通过更有力的方式获取这部分数据并使其有效作用于经济数字化；数字政治化的风险更会造成业内巨头中的跨国企业将重要数据移至海外，进而严重挫伤国家的数字主权。在此情形下，政府难以就国家及个人的数字权益进行有效保护。这不仅影响了数字治理效力，也扩大了国家安全的隐患（薛晓源和刘兴华，2022；蔡翠红和王远志，2020）。

3. 国际数字权益冲突

国际数字权益冲突源于国家间广泛存在的数字鸿沟问题，并由个别国家对"霸权"的迷思所诱发。其主要表现为两种形式：一是先进国家通过跨国企业或技术手段窃夺其他国家的信息及数据资源，即数字主权问题；二是先进国家间在争夺新技术高地的过程中所逐步产生的数字博弈、数字冷战等问题。随着数字经济下的国家竞争日趋白热化及各国间数字经济的发展差距逐渐拉大，前述问题将向着少数国家的数字霸权方向发展。此时，尽管数字经济赋予了所有国家新的发展机遇，但在数字经济及数字技术的巨大差距下，不仅落后国家将被迫和工业经济时代一样再度依附于先进国家，而且这时先进国家对落后国家各项资源及发展前景的褫夺也将更为彻底，因为在"数字"的渗透下落后国家的方方面面将完全展现在先进国家的面前。落后国家数据主权的丧失和先进国家间数字权力的角力，将导致更不公平的全球利益分配格局并激化着世界各国间的矛盾（薛晓源和刘兴华，2022）。另外，站在历史角度来看，每次技术—经济新范式的发展与壮大只会在国际相对和谐的合作与竞争环境下产生。当其限于一隅或在初期阶段就出现垄断时，则不仅会使技术—经济新范式逐步失去深化发展的可能，更存在当其处于"瓶颈"期时便发展固化甚至被旧范式所反噬的风险。

联合国贸发会《数字经济报告（2019）》显示：全球数字财富高度集中在中美两国的少数平台手中。联合国秘书长古特雷斯指出：在当前发展轨迹下，这种高度的集中将加剧全球的不平等。就我国而言，早在 2016 年的 G20 峰会上，习近平主席便和各与会国领导人商定并通过了首个全球数字经济合作倡议，更在 2021 年正式申请加入《数字经济伙伴关系协定》。为应对全球数字治理领域中的突出挑战，我国正以积极开放的姿态参与国际数字经济合作，并为帮助发展中国家跨越"数字鸿沟"，推动全球数字治理体系向着公平化、合理化方向发展而获得诸国的赞许。但反观美国的作为却令人咋舌。据斯诺登公开的机密文件，美国国安局不仅监控着 35 个外国领导的电话，而且还在世界范围内海量追踪窃夺个人手机信息高达每天 50 亿条。受到波及的国家也不仅包括美国的传统盟友，还包括巴西、印度等国。可在"棱镜门"事件后，美国也没有收敛其网络攻击他国的野蛮行径。2022 年 3 月，360 政企安全集团首次揭露了美国国安局借由量子攻击平台持续无差别、无节制地攻击并劫持全球网络信息的行径。在此过程中，几乎所有网络信息及数据都成为美国的窃夺对象，这使全球数亿公民在美国面前近乎"赤裸"。而美国网络攻击的对象不仅是中国、俄罗斯等所谓的"对手"，也包括了与其合作的国家；不仅针对他国平民，更针对他国政府。据丹麦媒体爆料，美国国安局对其欧洲盟友领导人及高级官员的监听范围相当广泛，甚至包括网上聊天信息。德国《明镜》也曾报道，美国对欧盟办公室设施及网络进行过窃听与渗透。进入 2022 年 8 月后，拜登政府签署通过的《芯片和科学法案》，则不仅意在围堵中国芯片业和数字经济的发展，更要迫使多国选边站队并造成全球数字经济更为割裂、更为垄断的格局。

诚然在数字权力激烈的碰撞下各国的数字权益已越发处于失衡状态，且数字权力的角力也属于数字全球化过程中的系统风险（薛晓源和刘兴华，2022）。但这并不意味着由数字权力角力所导致的数字权益失衡风险不能够避免。在这方面，中国对数字经济所秉持的包容开放、合作共赢的态度和实践都树立了标杆。正如联合国贸发会《数字经济报告（2021）》中所指出的：强调自由市场的美国正限制着国外数字型企业进入其市场，并禁止其国内数据的外流；但中国却在一定程度上创造了数据流动的风口。

二　全球数字经济竞争格局

发展数字经济是抢占国力竞争制高点的战略选择（张立，2022）。当前世界各国不仅面临着经济深度衰退与疫情普遍多发的挑战，其矛盾与冲突也在近年来呈现出激化态势。因此，在全球政治版图深刻变化的当下，实现技术—经济新范式的有效运转则成为各国维护自身持续发展的关键手段。相较于后发国家及地区而言，发达国家及地区凭借自身技术、经济优势较早谋划了对数字技术和产业的布局，并通过前瞻性战略持续推进数字应用与治理，率先抢抓数字经济发展机遇。随着发达国家及地区数字技术与经济模式的扩散，发展中国家及地区也逐步加入数字经济的竞争当中。此时，数字经济作为主导技术及产业发展的新高地、争夺国际政治话语权的新领域，正推动并重塑全球竞争格局。

（一）数字经济的竞争特点

与农业经济、工业经济相区别，数字经济是在物质生产体系相对完善的基础上通过"非物质"技术对物质生产体系进行的优化。数字经济下的竞争也表现出与以往不同的特点。

1. 以数据为竞争基础

在农业、工业经济时代，经济社会发展的关键是对土地、矿产、林木等自然资源的开发与争夺。这一方面缘于当时社会的生产力水平较低且物质基础相对薄弱，只得将自然资源改造成能满足社会经济存续发展的生产及消费资料；另一方面则缘于传统生产模式下生产效能与市场变化的信息交互相对匮乏。物质生产部门不得不形成规模效应来组织生产并感知市场的持续变化，进而使自然资源变得更为稀缺。物质生产技术的改良或创新，虽可以通过提高资源的开发及利用效率暂缓资源的供需矛盾，但随着生产力的进一步发展，自然资源的阶段性短缺或非可再生性将迫使经济社会陷入更加激烈的无序竞争当中。而在竞争中逐步形成的对自然资源的垄断虽可在一段时间内平抑无序乱象，但垄断的弊端叠加产业技术的持续突破，最终会使经济社会重回无序竞争状态。

虽然自然资源的稀缺性难以在短时间内通过技术手段得到缓解，但对自然资源的高效利用和配置却可以通过技术手段得以实现。数字经济下，在全生产链各环节的投入产出情况都可实现有效量化的基础上，各环节间的高效信息协同便是对生产效能信息屏障的突破。这将不仅有利于物质生产部门对其全生产链的把控程度得到有效提升，更可以相对降低生产部门的生产损耗并实现对既得资源的精准配置。数字技术也推动着物质生产部门与市场的协同发展。大数据的普及与应用可有效对庞大的异质性消费群体进行画像和分类。这些信息向生产部门的传递，不仅有助于其找准市场定位和用户群体，也有助于其即时把握市场方向，更避免了传统模式下生产部门因必须规模化才能对市场实现有效感知而导致的资源损耗。总体来说，数字经济颠覆了经济社会的传统运行模式，也正是在这种颠覆中为生产部门降低了对自然资源的多余损耗，并相对有效地缓解了自然资源的供需矛盾，进而对平抑无序竞争发挥着更加积极的作用。尽管在数字化过程中较低的生产力水平仍会导致更多资源损耗，但同一生产力水平下数字化生产部门仍较非数字化部门有着更多的发展主动权。

要发展全生产链的信息协同，并实现物质生产部门与市场有效联动，关键在于大量真实信息的有效传递。而数据作为信息的载体，也会成为新经济模式下各物质生产部门相互竞争的基础。数据的真实性及有效性直接影响到信息的真实有效性；数据的交互效率直接影响到生产部门的资源配置效率；而数据的丰富程度则直接影响到生产部门对当前市场的感知水平和对未来市场的预判能力。因此，在数字经济中，虽然对自然资源的开发与争夺仍会延续，但在对"效率"的追求下，对自然资源无序竞争的传统模式会逐步淡出历史舞台，取而代之的是基于"数据"的对自然资源的高效利用和相对有序的竞争。在这一过程中，对数据的开发和利用成为各物质生产部门摆脱过去熵增式发展螺旋并实现高质量发展的基础。因而对于各物质生产部门而言，不仅其全生产链的数据资源，而且全产业链的数据资源都将是其未来竞争的焦点。

2. 以平台为竞争媒介

数据的价值并不由其以单一个体的形式表现出来，而是在其实现资源化后借由其所服务的物质生产部门的价值创造所展现出来。因而对于数据而言，只有当其大量汇聚并实现资源化后才具备创造价值的基础。而集中数据并使其资源化的场合便是数字化平台。数字化平台既可以存在于企业内部，也可以存在于企业之间。企业内部的数字化平台将企业内各生产、销售及管理环节的数据信息与外部合作企业的相关数据信息相互连接并形成一个数据湖，通过对全生产链及产业链信息的全面系统整合，帮助企业决策者对企业内外部情况形成全景式且精细化的感知。企业通过建立一体化数字化平台底座，可强化其对内外部数据的挖掘、整备、分析、应用及治理能力，促进数据价值对各生产及管理环节的切实赋能，为企业的产品研发、生产、销售及运营管理提供科学决策及高效执行，进而实现"数据—信息—知识—智慧"的价值跃迁。各企业通过数字化平台所实现的具有智能化、可视化及自适应化等特征的高度信息化生产链与管理流程，为企业形成"生产协同，产销联动"的高质量发展格局并有效抵御市场波动奠定了基础（中国信息通信研究院，2021）。

若将数字化平台置于各企业外部，便形成了企业间的数字化平台，即数字平台，而互联网是其主要载体。数字平台是凭借信息及数字技术将多边市场中相互依存的市场主体通过数据交互整合到一起的具有一定规模的线上服务企业；其以数据采集及资源化为基础功能，并发挥着组织协调、资源配置、数据治理及交易规则的制定与执行等多种作用（刘戒骄，2022）。数字平台是数字产业化的重要组成部分，其相较于企业内部的数字化平台，具有更强的通用性和更广泛的影响，在经济社会中也更为多见。在生活中，因为产业互联网平台跟民众生活的直接联系较少，所以数字平台更多地以消费互联网平台的形式出现在大众视野。尽管同属互联网平台且都具备双边市场的特点，但产业互联网平台与消费互联网平台的差异同样显著。产业互联网平台的主要业务在于辅助产业数字化，并通过产业创新发展中的价值创造获取收益；而消费互联网平台则主要为商品或服务的供需双方提供沟通媒介，并通过流量变现等方式获得利润（黄奇帆，2020）。因而对于各市场经营主体而言，消费互联网平台是其在数字经济时代实现变现的重要渠道，也是其不断拓展市场份额的"角斗场"。

随着互联网平台的蓬勃发展，线上交易将逐步成为替代线下交易的主要贸易手段。原因有两方面：一方面，相较于传统交易模式，线上交易减少了中间环节的成本，从而促使买卖双方都可从中获利；另一方面，线上交易突破了时空限制，使买卖双方不仅跨越了时间的局限，也摆脱了产销间的地域约束，从而实现了参与主体的多元化并拓宽了市场范围。如图3-3所示，2015年至2021年，全球线上零售在零售总额中的占比由7.4%持续上升至19.6%。在全球数字经济的持续推动下，至2025年这一比例预计可达到全球零售总额的近1/4。因此，虽然数字经济下各市场经营主体的竞争目标仍延续了农业、工业经济时代的"占领更多的市场份额"，但竞争的媒介已然发生改变。过去是以传统销售渠道为纽带，而如今则更多以平台为竞争媒介。

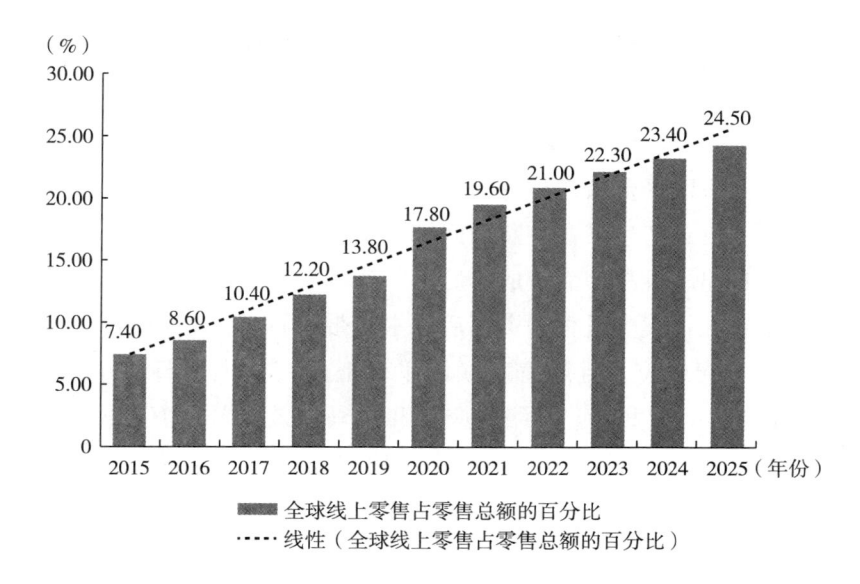

第三章　全球数字经济发展现状及经验启示

图3-3　2015—2025年全球线上零售占零售总额的百分比

资料来源：STATISTA数据库。

3. 以跨界布局为竞争趋势

实际上任何具有一定规模的企业，在时机成熟的前提下都会实施跨界布局的战略。而业务的多元化则不仅可为其带来更为可观的市场规模和持续发展的动力，也为企业分散市场风险或实现转型发展提供了保障。对于数字产业而言，跨界布局更是其深度挖掘数据价值并实现自身价值最大化的重要举措。当数据资源仅被第三方数字平台用于产业数字化改造或充当互联网消费的中介工具时，因数据资源的用途被相对限缩，其价值也不可能得到有效的发掘。此时，数据资源的价值被锚定在产业数字化后的价值创造和基于平台的资源分配。当数字平台基于自身发展战略驱使数据资源和数字技术向非数字产业扩散时，不仅原非数字产业间将出现基于数字平台的本产业经营主体参与竞争，且在数字经济下也将促使非数字产业数字化或从其他领域积极提高自身的生产经营效率及服务水平。此时，数据资源的深层价值便会得到有效的开发，而"鲶鱼效应"也推动着非数字产业新业态的生成。

因此，在不违背反垄断法律框架下的企业间横向、纵向及混合并购或布局并不会对社会经济的平稳运行造成不良影响，相反，这种市场行为有助于提高市场整体的资源利用效率和经营效率。但在数字经济下，各互联网平台依托自身的"数据"优势对非数字产业展开的跨界扩张则不仅易产生平台垄断的问题，也给过去相对静态且单向的反垄断监管提出了挑战。而造成前后不一致的关键在于，数字经济下的互联网平台在汇集大量数据资源后，本身带有资源配置功能并具有一定的市场支配地位，且随着互联网平台上的交易内容日益丰富，由"长尾效应"所引发的"网络效应"和"马太效应"使互联网平台在实现跨界"布局"后，并不能厘清这种"布局"与其资源配置功能的联系，而更多的互联网平台的跨界布局实质上就是一种变相的垄断行为。从现实角度来看，长期以来互联网企业间存在的平台垄断、跨界垄断、算法共谋、算法歧视及掠夺性定价等问题所激起的社会层面的广泛关注与争论（熊鸿儒，2019），不仅从侧面反映了当前互联网平台所存在问题的尖锐性，也印证了平台跨界垄断的迅猛趋势。信息或数字技术本身具有较为强烈的"亲资本"的特点，因而在数字产业内部易形成相对集中的产业格局。当这种产业格局向其他非数字产业蔓延又不加以控制时，虽在短期内依旧能够发挥改善市场业态的作用，但长期内基于互联网平台所形成的市场垄断则不仅不利于市场公平竞争格局的形成，也会掠夺消费者的正当权益，更将阻滞社会经济的发展。结合我国市场监管总局依据新版反垄断法所推出的相应法规可以看到，国家层面已将平台方利用自身市场支配地位进行"自我优惠"的情形定为垄断行为。联合国贸发会则在《数字经济报告（2021）》中指出：就建立于数据基础之上的经济体而言，数据资源的高度集中也是导致市场失灵的重要原因。

虽然现阶段互联网平台跨界布局的诸多行为存在反竞争的嫌疑，但基于数字经济的发展需要以及数据价值和平台自身价值最大化的需求而进行的跨界布局新业态仍将成为互联网平台的发展趋势。根据2022年5月工信部所发布的《2022年新增跨行业跨领域工业互联网平台清单公示》，2022年我国又新增14家跨行业跨领域布局的工业互联网企业，这其中也不乏百度、京东及阿里巴巴等传统消费互联网巨头的身影。数字经济下，由产业数字化特别是传统制造业数字化所带来的巨大时代红利，不仅吸引着一众数字平台企业积极参与平台竞争以掌控市场的主动权，也刺激着部分制造业企业如华为、中华电力及富士康等通过主动数字化以加入平台竞争当中。在符合反垄断法律框架下的互联网平台跨界布局中，不同产业间的相互渗透与相互融合本质上是产业创新发展的重要表现，也是深度挖掘数字产业及传统产业新商业价值的重要选择。特别是"众创"与"共享"的新业态在数字产业与传统产业间的广泛扩散，更是搭起了两个产业协同发展的桥梁。可以预见的是，有序的"跨界布局"将成为各互联网平台相互竞争的新常态模式。

4. 以寡头为竞争主体

虽然数据资源的特性便利了初创新兴组织展开轻资产、低投入的数字化创新，并进而降低了新兴组织进入数字产业的门槛；但数字技术及对应资源"亲资本"的特点，依然会助推行业内相对集中的产业格局出现。这便使数字市场虽会呈现出"百家争鸣"的局面，但在资本的加持下，头部企业的持续扩张最终会使市场的竞争主要集中在少数几个产业巨头之间。在数据资源与数字技术逐步向少数头部企业汇聚的同时，"马太效应"会促使这一趋势得到进一步的强化。

中国信息通信研究院《我国互联网上市企业运行情况》报告数据显示，2019年第二季度至2022年第一季度在全球互联网企业市值TOP30中，中国企业的市值占比平均为24.73%，最高达到30.8%，最低为18.65%；而美国对应数值则分别为72.41%、77.72%和67.1%；中国的最高值及最低值与美国的最低值及最高值成对出现。2019年联合国报告称：全球数字财富由中美两国的少数平台所掌握。该报告同时指出，中美两国在全球区块链技术、物联网支出及云计算市场的占比均保持着较高的比例，分别达到75%、50%及75%。中美两国位列全球前70名的数字平台企业市值占70家企业总市值的90%

以上，其中 7 家"超级平台"① 更是占据 70 大数字平台企业总市值的 2/3。在中国，前十大互联网企业的市值在全行业总市值中的占比长期维持在 80%左右。从营收角度来看，虽然我国前 10 名互联网企业 2021 年第二季度在全行业中的营收占比仅为 64.2%，但同一时期的阿里巴巴、京东、腾讯及美团的营收同比增速都维持了强势增长；2019 年第二季度至 2022 年第一季度，我国前 10 名互联网企业的营收总额在全行业营收总额中的占比仅有两个季度低于 80%，2022 年第一季度的营收占比更高达 89%，表现出较高的行业集中度。② 在美国，谷歌、脸书及亚马逊在相应市场的集中程度也表现突出，2021 年这 3 家企业分别在搜索引擎市场、社交网络市场及电商市场中的占比超过 90%、60%及 50%。同年，脸书、苹果、亚马逊、微软及谷歌的股价不仅没有受到疫情影响，反而逆势上扬，5 家企业的市值占到标普 500 成分股总市值的 1/4。2019 年，英国竞争和市场管理局指出，仅谷歌和脸书两家公司就已占该国 80%的广告收入。

尽管当前主要国家都在通过完善相关法律法规和强化监管力度等方式对可能或已经出现的数字平台寡头垄断进行遏制，但目前数字平台的竞争仍以各互联网巨头间的博弈为主。诸多中小型数字企业面对互联网巨头的"虹吸效应"，其市场、人才乃至数据等资源都会主动或被动流向互联网巨头。在一轮监管后，虽然当前寡头垄断的趋势被有效抑制，可数字经济下新技术范式亲资本的特性以及资本的逐利性依然会促使市场、人才及数据等资源通过不同于以往的渠道或方式向行业巨头集中。数字市场中的主要竞争始终以寡头为主体。

（二）数字经济的竞争格局

1. 数字经济重塑国际竞争关系

以互联网为基础的数字经济不仅提供了更为便捷的服务，更革命性地改变了原有的生产方式，释放出巨大的经济动能。因此，数字技术正改变原有的生产和消费模式，推动全球化进入以数据流动传播信

---

① 七家超级平台按市值分别为微软、苹果、亚马逊、谷歌、脸书、腾讯和阿里巴巴。
② 资料来源：中国信息通信研究院《2019 年二季度至 2022 年一季度我国互联网上市企业运行情况》。

息、观念和创新为特色的新时代。

（1）重塑跨国公司和非跨国公司的竞争优势。20世纪80年代以来，跨国企业通过将其自身的资金和技术优势与发展中国家廉价的劳动力、丰裕的资源相结合，促进了世界经济的迅速发展。在数字经济来临之际，电子商务平台成为一种媒介，使企业与消费者之间的联系更加紧密、更加高效。企业已经不需要依靠大量的资金和大规模的生产来占据国际市场。很多非跨国企业，甚至是中小型企业，都可以利用自己庞大的客户基础，来参加国际市场的竞争。数字贸易为更多的公司进入国际市场提供了新的发展空间。企业的大量进入，使国际市场上的竞争更加激烈。很多创业企业充分发挥了后发优势，把云计算等业务作为自己的发展工具，同时也在全球建立了合作伙伴和客户系统，以此来增强企业的核心竞争能力。大量的企业加入国际市场，将会打破现有的竞争格局，从而给企业带来巨大的成本压力，同时也给企业的经营模式造成严峻的挑战。因此，数字经济改变了企业微观层面的竞争秩序，加速国家竞争格局的调整。

（2）重塑发达经济体和发展中经济体的竞争优势。在全球范围内，数字化技术和人工智能技术的发展，导致了世界范围内的要素价格变动，从而导致了世界范围内国家间的比较优势地位的改变。在上次的全球化浪潮中，发达国家的跨国公司和发展中国家的低成本劳动力是全球一体化的重要推动力。在全球数字化的今天，随着自动化、人工智能的不断发展，发展中国家廉价的劳动力优势在世界范围内的竞争中已经失去了作用，发达国家的主要投资对象也不再是廉价的劳动力，消费市场已成为一个重要的投资考量。

更重要的是，数字经济时代带给许多新兴经济体"弯道超车"的机会。以互联网为基础的信息科技高速发展，使信息传播速度实现质的飞跃，传播成本也大幅削减。与以往的工业革命相比，信息技术革命大大缩短了发展中国家和发达国家获取新技术和信息的时间间隔。发展中经济体，尤其是新兴经济体，已不再满足于中低端的制造业，在推动高科技发展的同时，积极探索数字经济的创新和发展。

2. 发达经济体参与竞争的举措

在数字经济时代来临之际，全球都在加速发展数字战略。发达国家在数字经济中寻求竞争优势，采取双边或地区合作，占领数字共同市场，利用技术垄断和封锁来维持其在数字技术领域的领先地位。

（1）抢占国际数字市场。欧美西方发达国家，为适应国内互联网行业的发展需要，不断开拓海外市场，以扩大需求，促进本国企业和数字经济的发展。美、欧、日等发达国家和地区，在双边贸易协议中加入了数字贸易规则，力求构建一个共同的数字经济市场，从而有效地扩大数字经济。此外，发达国家通过参与数字基础设施建设来交换发展中国家的数字经济市场，并在其中积极地发展数字技术和数字工业。在此过程中，美、欧、日等发达国家和地区不但将数字技术标准输出，更重要的是帮助各自的互联网企业率先进入发展中经济体，抢占国际数字市场。

（2）极力维持数字科技优势地位。数字科技的发展能够拓宽数字经济边界，为数字经济发展提供更多动力。研究显示，数字技术在发达国家和发展中国家都扮演着重要角色。数字科技已经崛起成为经济增长、国家安全和国际竞争力的关键决定性因素。所以，对数字技术的争夺已经成为发达国家在数字经济中寻求竞争优势的一个重要因素。面对中国这样的新兴经济大国，美国联合欧盟、日本等盟友，以国家安全为借口，对中国等新兴经济体实施了数字高技术的封锁，并限制其发展，从而保持其在高技术上的竞争优势。

（3）争夺数字贸易规则制定主导权。随着数字贸易成为引领国际贸易规则制定新方向的重要议题，争夺数字贸易规则制定的主导权成为西方国家数字战略的重中之重。从世界贸易组织（WTO）多边贸易体制改革到二十国集团（G20）政策协调平台，从达沃斯世界经济论坛到经济合作与发展组织，数字贸易规则都是焦点议题，西方国家积极协调立场，试图推行符合其诉求的数字贸易规则。

三 全球数字经济政策动向

面对数字经济创新发展所带来的挑战，各国应及时探索出新的国际规则，构建良好的发展环境，共同把握数字经济带来的机遇，达成加快发展数字经济的全球共识。

（一）数字基建与基建数字化

发展5G、工业互联网、物联网、数据中心等为代表的数字基础设施，是未来各国建设新型基础设施的方向，为数字经济发展提供基本推动力。

一是推动普及信息化建设。加强宽带网络建设，完善区域通信、因特网、卫星导航等关键信息基础设施建设，促进互联互通，拓宽宽带网络的覆盖面，提升服务水平和质量。"一带一路"国家在空间信息走廊建设中的成功经验对各国具有重要的参考价值。鼓励投资国家和国际数字互联基础设施，推动国家、地区和国际性的投资。

二是加快传统基础设施数字化转型。推广部署工业互联网，构建工业互联网基础设施，培育资源配置平台，建立安全保障体系。围绕智能城市科技研发、应用创新、基础环境等展开政策规划与部署，建立产、学、研、用多方协作的创新网络与产业联盟，推动智慧城市技术服务，推动智慧城市发展；携手打造"全球智能都市联盟"。

三是积极推进社会基础设施智能化发展。推进学校、医院、养老院等公共服务机构资源数字化，大力发展在线课堂、互联网医院、智慧图书馆等，建设智慧学校、智慧医院等。

（二）数字化转型与融合创新

数字经济在驱动传统产业转型升级、培育新的经济增长点方面具有重要作用。各国应深化数字技术与制造、服务等重点领域深度融合，不断提高数字技术支撑经济社会发展的能力和水平。

一是促进传统产业数字化转型。促进农业生产、运营、管理的数字化，以及农产品配送的网络化转型。鼓励数字技术与制造业融合，推进工业互联网、智能制造等发展，建设一个更加连接、网络化、智能化的制造业体系。促进智慧物流、在线旅游、移动支付、数字创意和分享经济等服务业新模式的持续发展。利用数字技术改善文化教育、健康医疗、环境保护、城市规划和其他公共服务，推广远程医疗、远程教育等数字化新应用。

二是培育数字经济新模式新业态。推进以网络为基础的技术开发与革新，培育个性化定制、按需制造、产业链协同制造等新业态，发展平台经济、共享经济、产业链金融等新兴经济形式。推动国际贸易的合作，加强国际贸易中的金融支付、仓储物流和技术服务等领域融合协作。

三是推进政府治理数字化。推动数字技术与政府建设深度融合，提升政务服务智慧化水平，打破部门间信息孤岛，实现数据交换和实时共享，增加网上政务办理业务，优化办理流程。利用现代信息技术提升治理效能，强化大数据、人工智能、区块链等现代信息技术在治理中的应用，降低治理成本，提高治理效率。

（三）数字治理与多边合作

数字经济创新发展对现有国际规则体系带来新的挑战，国际规则亟待重塑。各国应在充分尊重各自主权与发展利益的基础上，共同协商构建相关技术产品和服务的国际标准。

一是探索数据跨境安全有序流动的国际规则。针对隐私保护、数据安全、数据确权、数字税收、数据法治等，加强交流与合作，增进共识和信任，共同推动制定切实可行的国际规则，让数据流动更好地促进技术进步，服务数字经济发展。

二是加强网络安全国际合作。借助多双边合作框架，推动各国在网络安全标准制定、技术研发、产品研制等方面开展合作，组织开展研讨会、展览展示会、人才培训会等多种形式的交流活动。加强在线交易方面的国际合作，共同打击网络犯罪和保护数字经济环境。综合提高信息基础设施、网络数据、个人信息等安全保障能力，加强信息融合领域的安全防范，积极应对网络安全风险。

三是要研究符合发展中国家利益与需求的法律制度。推动数字经济在多边和区域层面上的国际合作，促进数字经济的国际规则建设，促进数字经济的发展。

（四）数字经济普惠与共享模式创建

良好的发展环境是数字经济快速发展的重要助力。各国应扩大开放、深化合作，提升数字经济的可及性，推动数字经济朝开放包容方向发展。

一是持续扩大国际合作。打造互信互利、包容、创新、共赢的数字经济合作伙伴关系，加强在数字技术防疫抗疫、数字基础设施、产业数字化转型、智慧城市、网络空间和网络安全等领域的合作。

二是推动发展中国家间互利共赢。依托全球南南合作平台，提升发展中国家采用数字技术满足自身发展需求的能力，开展基建援助，分享经验，分享知识；通过各种形式的组织，如企业、智库、民间组织等，积极参加并促进数字领域的国际合作与发展。

三是建立多层次交流机制。促进政府、企业、科研机构、行业组织等各方沟通交流、分享观点，推动数字经济合作。加强国家间政策制定和立法经验交流，分享最佳实践。推动联合国贸易和发展会议、联合国工业发展组织、经济合作与发展组织、国际电信联盟和其他国际组织，在促进数字经济国际合作中发挥重要作用。

（五）体系框架与衡量标准统一

对数字经济进行准确和有效的衡量，对于把握和应对数字经济带来的增长机遇和发展挑战至关重要。

一是探索形成衡量数字经济的统一框架。明确数字经济体系框架是衡量数字经济的首要前提。2016年G20杭州峰会通过的《二十国集团数字经济发展与合作倡议》首次提出并通过数字经济定义。在2016年G20峰会形成的数字经济定义基础上，2020年峰会推动形成衡量数字经济的共同框架，指出数字经济包括所有依赖数字投入或通过使用数字投入而得到显著加强的经济活动，包括数字技术、新型基础设施、数字服务和数据；涵盖经济活动中使用这些数字投入的所有生产者和消费者，包括政府。

二是分享衡量数字经济的最佳做法和经验。各国政府、研究机构、高校、企业等已针对如何衡量数字经济开展诸多实践探索，应充分借助联合国、G20、OECD等合作框架，促进成员方间开展衡量数字经济的知识分享，深入研讨衡量数字经济的典型优秀做法及案例，为各国开展数字经济测度实践提供借鉴。

三是研究制定统一的数字经济衡量方法。支持各国统一衡量数字经济的认识，加强多边合作，探索建设衡量数字经济的基础数据库，并向参与国开放。制定衡量数字经济路线图，推动形成统一的衡量数字经济的方法。

第二节　全球主要国家数字经济政策布局特点

自美国20世纪90年代实行电子商务以来，数字经济发展迅猛，展现出蓬勃的生命力，为全球人民创造了巨大的财富。目前，受新冠疫情影响，全球经济发展受到了巨大阻力，而数字经济的出现为世界各国经济复苏注入了一针强心剂。随着全球经济信息化，以数字经济为代表的新型全球化正在加速发展，世界各大发达国家和经济体都越发重视数字经济带来的经济发展红利，纷纷将其作为抓手着力振兴本国经济，数字经济成为各国拉动经济增长的重要驱动力（王雨青，2021）。

一　美国

数字经济是人类历史上技术最密集的经济形态，数字技术的创新能力对一国数字经济的长期增长、稳定增长，特别是全球竞争力的塑造，具有决定性意义。美国是数字革命的重要发源地，诞生了世界上第一台电子计算机和第一台个人电脑，发明了阿帕网，率先提出数字地球、人工智能、电子商务、大数据、云计算、共享经济、工业互联网等理念，发展数字经济具备先发技术、产业、人才等优势。

（一）前瞻部署顶层战略，率先布局数字经济关键领域

美国数字经济发展理念一以贯之。20世纪90年代，克林顿政府高度重视并大力推动信息基础设施建设和数字技术发展，率先提出了"信息高速公路"和"数字地球"的概念。1998年7月，美国商务部发布《浮现中的数字经济》报告，从此美国正式揭开了数字经济发展大幕。进入21世纪以来，美国先后布局云计算、大数据、先进制造、5G、量子通信等前沿领域，通过系统性的顶层规划设计，助推数字经济发展。在人工智能领域，2016年奥巴马政府发布第一版《国家人工智能研发战略计划》，2019年特朗普政府发布更新版的国家人工智

能战略，对发展重点领域进行了全面更新。在大数据领域，为应对大数据革命带来的机遇，美国于 2012 年发布《大数据研究与发展计划》，随后接连发布《美国开放数据行动计划》《联邦大数据研究和发展战略规划》《澄清域外合法使用数据法案》《联邦数据战略 2020 年行动计划》等。疫情发生以来，美国持续强化国家战略，2021 年接连发布《临时国家安全战略指南》《2021 年战略竞争法案》《2021 美国创新与竞争法案》等，不断提升其数字经济发展实力。

（二）重视先进技术研发，巩固数字技术创新优势

美国政府非常注重前沿性、前瞻性研究，通过资金投入、项目计划、战略合作、机构设置、人才吸引等方式，积极推进芯片、人工智能、5G 通信及下一代通信、先进计算机等数字技术研发。

在资金投入方面，2015—2020 财年，美国国防部共申请 22.4 亿美元预算经费用于人工智能技术科研活动，2021 财年预算中向人工智能、5G、微电子等关键领域投入 70 亿美元研究经费；2021 年 6 月参议院投票通过《2021 美国创新和竞争法案》，承诺在 5 年内投入约 2500 亿美元用于芯片、人工智能、量子计算、半导体等关键科技研究领域，此前 3 月公布的 2 万亿美元基建计划中也包含 1800 亿美元用以支持关键领域技术投资。

在项目计划方面，美国国防部为促进电子行业创新发展，于 2018 年推出"电子复兴计划"，之后又推出针对数字芯片科技的 ERI 计划和 JUMP 计划，太赫兹通信和传感融合研究中心等机构抓紧推动 6G 通信项目。

在战略合作方面，美国与英国签署人工智能研发合作宣言，促进两国在人工智能发展方面的合作；与希腊签订科技合作协定，着手在数字基础设施、云技能教育等方面推动两国科技合作；与日本签署《量子合作东京声明》，旨在促进两国量子信息科学和技术（QIST）发展；与波兰等国签订 5G 协议，以推动本国 5G 电信基础设施发展等。

在机构设置方面，美国白宫 2021 年 1 月成立国家人工智能倡议办公室，专门负责监督和实施国家 AI 战略，并作为联邦政府在 AI 研

究和决策过程中与政府、私营部门、学术界和其他利益相关者进行协调和协作的中心枢纽。

在人才吸引方面,美国国会正推动国防部改善其专业量子计算领域的劳动力供给质量,《量子网络基础设施和劳动力发展法案》为国防部和私营部门更好地吸收量子相关学位的毕业生建立渠道。

(三) 发展先进制造,推动实体经济数字化转型

美国将先进制造视为国家的优先事项之一,先后发布《先进制造伙伴计划》《先进制造业美国领导力战略》等,提出依托新一代信息技术等加快发展技术密集型的先进制造业,保证先进制造业作为美国经济实力引擎和国家安全支柱的地位。

经过多年探索,美国先进制造业发展取得显著成效。一是建设一批先进制造创新中心。从2012年开始,美国发布国家制造业创新网络计划,提升本国制造业创新能力。2012年8月成立第一家制造业创新研究所——增材制造业创新研究所(现已更名为美国制造,America Makes)。随后五年,美国陆续组建了14个制造技术创新中心,覆盖了先进制造所涉及的芯片、柔性电子、生物制药、机器人等各个领域。二是开展数字化转型探索。GE以工业数据为核心,通过GE Proficy软件整合IT行业最新的先进技术,将工厂设备数据与企业业务数据进行整合,进行数据挖掘、采集、分析、展示和优化,帮助企业应对生产领域各种难题。PTC面向平台需求端,将ThingWorx工业物联网与Vuforia增强现实(AR)平台整合到智能工厂架构中,缓解制造业客户日益增长的宏观经济压力和成本压力,开拓新的工作方式加速数字化转型。

二 德国

德国是国际公认的制造业强国,始终秉承制造业立国理念,坚定不移地推动以工业为基础的经济发展模式。德国在机械制造、电子技术工业及化工等领域积累形成的生产优势是其经济创新的核心。为进一步推动德国工业创新发展,德国发布"工业4.0"战略,发挥传统制造业优势,促进新的产业变革。

（一）强化政策布局，推动制造业数字化转型

数字化是实现"工业 4.0"的基础条件。德国工业 4.0 战略的一项重点内容就是由联邦教育和研究部（BMBF）、联邦经济和能源部（BMWi）牵头的工业数字化转型，尤其是制造业数字化转型。2006年，德国政府首次提出高科技战略计划，重点革新科研政策，涵盖健康、通信及交通、前沿科技三大领域，并首次提出产业集群战略。2013 年，联邦政府提出了"平台工业 4.0"，通过建设网络平台实现德国工业数字化，并试图缩小研究与应用、政策与现实之间的差距。2016 年，BMWi 发布《2025 年数字战略》，提出德国在短期内应通过挖掘数字化创新潜力促进经济增长和就业，长远则致力于打造一个数字化的未来社会。2018 年联邦政府发布了《德国高科技战略（2025）》，提出 2025 年将研发投资成本扩大到 GDP 的 3.5%，并将数字化转型作为科技创新发展战略的核心。

2020 年以来，德国加快"数字化"议题讨论。2020 年 5 月，德国总理默克尔指出，欧盟应重视数字主权，减少数字化对外依赖程度。10 月，德国在担任欧盟理事会轮值主席时再次明确，推广宽带网络和 5G 技术，建设"千兆社会"。2021 年 2 月，德法在共同制定新的《欧洲新工业战略》时强调，要加强和深化内部市场，改善自由市场机制，最重要的是加强工业和数字主权。6 月，德国投资 3.5 亿欧元启动信息技术安全研发框架计划，资助信息技术安全领域的研发工作，扩大在该领域的技术主权。

（二）依托传统制造优势，打造高端制造强国

传统制造优势为高端制造发展奠定坚实基础。在制造业领域，德国擅长将创新融合到各种零件、装置和设备中，通过设备和生产系统的不断升级，将知识固化在设备上。在通用装备制造方面，关注精密机床、模具设计等基础件的技术研发；在专用装备制造方面，关注驱动系统、传输系统等核心领域的技术研发。长期的生产实践为德国发展高端制造提供了雄厚的知识积淀和坚实的技术基础。

强化研发投入提升高端制造技术创新水平。《联邦研究与创新报告（2020）》显示，2018 年德国政府和经济界在研发领域投入约

1050亿欧元，占GDP比重已达3.13%，2025年科研投入占比将提高至3.5%。德国全社会的研发总投入占欧盟（含英国）的31%，欧盟10家最具创新力企业中有6家源自德国。在研发投入作用下，德国每百万居民拥有世界市场上具有重要地位的专利数量位居世界前列，德国技术密集型商品占全球贸易份额的11.5%。在全球创新指数以及欧委会创新联盟记分牌排名中，德国跻身世界创新强国前列。

中小企业成为制造业数字化转型重要推动力量。富有活力的中小企业是德国经济的重要支柱，占据德国企业总数的99.7%，公司净产值占全国的一半，且中小企业承担了德国就业人数的60%。德国中小企业拥有自己多项专利和较高比例的技术人员。

德国高端制造发展成效显著。德国计算机、电子和光学产品制造业发达，"萨克森硅谷"区域已成为全球五大半导体产业群之一，50%的欧洲产芯片来自德国东部，尤其是萨克森州的德累斯顿地区。同时，德国工业4.0稳步推进，在塑造德国创新体系、革新产业结构、促进新型和尖端产业发展方面发挥了重要作用。如博世瞄准未来出行的蓝图，深耕电气化、自动化和互联化交通领域，从零部件智能化制造到系统化集成，目前正大力研发燃料电池动力总成等技术。

三 英国

英国是第一次工业革命的发源地，享有"现代工业的摇篮""世界工厂"和"日不落帝国"之美誉。数字革命浪潮来临之时，英国紧抓机遇，积极打造"世界数字之都"，全面布局数字经济发展，强化数字政府建设，持续提升英国数字经济全球影响力。

（一）系统性完善数字经济政策布局

英国多个部门联合打造数字经济政策网络。在战略布局上，制定数字经济发展的整体性战略。英国先后推出了《数字英国》《数字经济法案》《数字经济战略（2015—2018）》《英国数字战略（2017）》《国家数据战略（2020）》等战略计划，对全面推进数字化转型做出全面而周密的部署。如《英国数字战略（2017）》从连接性、数字技能、数字经济等方面提出打造"数字英国"构想，目标是将数字部门的经济贡献值从2015年的1180亿英镑提高到2025年的2000亿英镑，提升英国在数字时代的整体实力，打造世界一流的数字经济。

在规则制定上，英国政府坚持发展与规范并重。数据保护方面，从2018年起，英国开始严格执行《通用数据保护条例》，并修订《数据保护法》和《数字经济法案》，进一步保护数据隐私、完善数据权利；为了构建良好的数据伦理体系，英国在2018年发布了《数据伦理框架》，从公共利益、有限与等比例原则、数据问责等八方面勾勒数据治理中的伦理体系。网络与信息安全方面，英国发布了《消费者物联网安全行为准则》和《在线危害白皮书》，力争创造稳健、透明的数字基础设施体系，同时营造健康、民主的数字氛围。数字服务税方面，英国政府为应对数字经济所带来的税收挑战，于2020年4月开始对搜索引擎、社交媒体平台和在线市场等领域征收数字服务税，征税适用于全球数字服务收入超过5亿英镑和英国数字服务收入超过2500万英镑的公司，税点为2%。竞争监管方面，英国政府发布数字市场竞争新规则，成立数字市场部，平衡大型数字市场科技公司与内容提供商、广告商的关系，防止数字科技巨头利用市场主导地位扼杀竞争和创新，促进国内数字信息产业发展。

（二）数字政府建设脱颖而出

英国是最早推进政府数字化的国家之一，在2012年就推行了《政府数字战略》，并发布《政府数字包容战略》、"数字政府即平台"以及《政府转型战略（2017—2020）》《数字服务标准》等，通过ICT或数据驱动政府转型与创新，应对数字政府建设中面临的基础设施、业务流程、领导战略、人才招揽等问题，持续推进政府数字化转型。

打造政府一体化数字平台，提供跨部门服务。英国将GOV.UK网站作为政府各部门信息和服务的统一入口，形成一体化的包括数字平台设计系统（GOV.UKDesignSystem）、数字平台通知系统（GOV.UKNotify）、数字平台支付系统（GOV.UKPay）、数字平台网站托管（GOV.UKPaaS）等在内的数字化政务平台，为个人、企业和政府部门提供便捷、高效的跨部门服务。其中，数字平台支付系统自2016年9月至2021年7月共实现交易量1820万次，处理金额11亿英镑。此外，新西兰和以色列在政府数字化建设中，也使用了GOV.UK 的源代码为国民提供网络服务。制定数字服务标准，提升数字服务质量。英国 GDS 发布了包含 18 项指标的数字服务标准，强调关注用户需求、使用敏捷方法、开源和开放标准、性能测量和测试四方面内容。

（三）数字政府带动其他领域数字化加速拓展

疫情加速英国数字政府一体化进程。尤其是在增加新的服务项目方面，政府已启动 90 大类数字化服务。同时，受疫情带来的封锁、隔离等影响，英国国民也增加对政府数字化平台的使用，采用数字身份、通用福利系统、电子支付的人数大幅增加。

制造业数字化转型成效显现。英国制造业的数字技术采用率不断增加，增材制造采用率约为 28%，机器人采用率约为 22%，工业物联网采用率约为 12%，增强现实和虚拟现实采用率约为 7%，人工智能和机器学习采用率约为 5%。具体来看，医疗保健领域的葛兰素史克应用 4IR 技术，使用高级分析、图像识别和自动化实现了两位数增长，其洁具厂被世界经济论坛认定为"灯塔"制造商；可口可乐公司位于爱尔兰的旗舰生产基地启动全面的数字和分析转型，已实现两位数增长，通过创造合适的容量、能力和敏捷性来支持更广泛的饮料组合。

零售业数字革命加速演进。英国网上零售持续发展，在 2020 年迎来快速增长期。根据英国国家统计局数据，2018 年 1 月—2020 年 1 月英国网上零售占总零售比重稳中有升，从 17.0% 缓慢攀升至 19.5%；自 2020 年 2 月起，该比重迅速增加；在 2021 年 1 月达到最高点 35.2%。与此同时，倾向于网上购物的英国消费者比重增加，达到 46%。英国皇家邮政的数据显示，仅在第一次封锁期间（2020 年 3 月至 7 月），就有 1.6 万家电商企业成立，是初创企业增幅最高的行业。在 2021 年 1 月 5 日开始的第三次封锁期间，英国电商进一步发展，英国零售商协会 2 月 9 日公布的数据显示，2021 年 1 月英国的网上非食品销售增长 83%，达到有史以来最高增幅。

网络游戏产业快速发展。当前，英国游戏业总产值已超过英国整个娱乐市场的一半，整体游戏市场份额位列欧洲第二。英国娱乐零售商协会（ERA）的报告显示，2020年英国游戏市场销量总额超过40亿英镑，游戏销售额在实体和线上分别增长了4.6%和16.3%。2020年，英国共售出316万台游戏机，增长29.4%；手柄、耳机等配件销售超过960万个，增长16.4%；网络游戏同比增长16.3%，整体市场份额达到了36亿英镑。

第三节 全球数字经济发展趋势及经验启示

当前，数字经济是全球经济发展与创新的新兴动力，也是各国政府高度重视并展开激烈国际竞争的关键领域（王喆，2021）。然而，由于数据安全问题的日益突出和复杂的国际形势，各国在信息安全管理方面的竞争越来越激烈，从而引发了全球数据安全治理的问题。虽然各国政府已经意识到数据安全治理的重要性，但目前还没有形成一套完整的管理体系。全球数据安全治理仅仅由单边、双边和多边框架以及贸易规则拼凑而成，相关治理议题在公民个人、社会、经济以及国家安全等多个层面相继涌现（阙天舒，2020）。

一 全球数字经济发展趋势

在全球数字化经济快速发展的今天，数据对于国家的经济发展具有举足轻重的作用，同时它也是最脆弱的资源且伴随着数据安全的威胁。日益严峻的数据安全风险与变幻莫测的国际形势交织叠加，各国都认识到了数据资源的巨大战略意义，并将其应用到"国家安全""国家竞争力"等方面（阙天舒和王子玥，2022）。在这种形势下，数据安全治理已成为全球竞争的新战场，各国参与到数据安全治理中来，也是保障本国内部安全、增强国际竞争能力的重要因素。

（一）数字治理规则重构

全球数字治理将迎来规则重构关键期。新科技革命拓展了人类思想及行动的新疆域，数字技术、数字经济、数字全球化等领域产生大量规则空白，与全球治理面临的新挑战、新问题相互叠加，制度供给短缺现象愈加突出。在新冠疫情、经济衰退、贸易摩擦等全球外部环境剧烈变动的情况下，新规则新方略的构建需求更为紧迫。全球主要国家和地区先后步入数字化转型阶段，纷纷出台数字政策，引领国家对内扶持产业发展，对外争取更大市场，规则输出意愿增强。当前，以货物贸易电子化、数字鸿沟为代表的治理规则日趋成熟；以数据跨境流动、个人信息保护、计算设施本地化、数字知识产权、平台治理与中介责任、数字税、人工智能治理为代表的相关规则正在竞争中构筑；以数字货币治理为代表的规则正初露头角。未来国家间在数字治理规则上的竞争将继续强化，全球数字治理将迎来规则重构关键期。

（二）多边治理仍需探索

多边治理仍将在探索中缓慢前行。面对"百年未有之大变局"，国家间博弈格局正在经历深刻变革，数字安全、平台垄断、技术壁垒等新问题新挑战日益增多，电子商务、数字贸易等多边议题谈判进程缓慢，国家间立场难以调和，多边组织频频经历"退群"，使传统多边机制面临危机，有效性受损。未来全球数字治理多边机制仍将继续面对有效性与普遍性的取舍，开放合作与安全保守的选择，国际共识与单边利益的失衡等问题，这对数字治理国际格局产生重要影响。

（三）双多边机制持续涌现

双多边机制仍将是治理规则塑造的最活跃平台。与多边主义遭受多重压力进展缓慢相比，双边和区域机制将继续保持活跃，在跨境数据流动、减少技术壁垒、促进数字贸易等方面产生实际推动作用，并将个人信息保护、数字知识产权保护等"边境后"规则纳入全球数字治理。在重塑全球数字治理的关键时期，主要国家都在积极构建并推广本国制度模板，力促具体规则形成。美国通过国际协议、自贸区等机制积极扩大各自影响圈，推动自身成为全球数字贸易规则的主导者；欧盟数据保护制度全球领先，GDPR 将持续发挥对其他国家的制度辐射和影响作用；东盟 "10+5" RECP 的达成将促成全球涵盖人口最多、最具潜力的自贸区，其规则影响力势必随之增强。未来，承载数字治理规则的双诸边贸易协议将持续涌现，治理碎片化恐仍是未来全球数字治理面临的巨大挑战。

（四）合作治理力度加大

私营部门和政府间合作有望进一步深化。新冠疫情及其应对使社会更加清楚地看到，以大型互联网企业为代表的平台掌握着海量数据、先进技术和种类丰富的数字服务，对履行社会职责、提供公共产品、防范公共风险等社会治理活动都将发挥着举足轻重的作用。作为连接产业链和用户等多方主体的纽带，平台和企业依托日益强大的影响力，部分承担起居中解决争议的角色。以国家为主体的传统多边机制面临危机，推动全球治理规则取得进展的努力受阻，而标准组织、研究机构、企业平台等私营部门却可以灵活游走于国际机制间，推动大数据、人工智能、区块链、物联网等新兴领域标准和规则密集出台。可以预见，未来各国政府将进一步加大与私营部门合作治理力度，持续深化对公私合作治理规律的认识，积极探索行动原则、合作规则、责任分担、技术支撑等新机制新规制，更好地应对数字治理要求。

二　对中国数字经济发展的经验启示

目前，世界各国的经济治理体制改革面临着新旧动能转换和日益激烈的规则竞争等问题。发达国家为了获得数字经济的竞争优势，常常会采取各种措施来加强国际竞争与摩擦，而大多数发展中国家，特别是新兴国家，则为了本国经济的稳定与发展，希望维持世界经济治理机制的相对稳定（陈东晓和叶玉，2017）。中国作为世界经济治理改革的主要参与者，已不再是被动地接受、追随，而是积极投身于世界经济治理，成为推动、引领、践行者、探索者和倡导者（马述忠和郭雪瑶，2021）。通过强化数字技术的研究与开发，促进数字经济的发展，促进与其他发展中经济体的数字经济合作，缩小与西方国家的差异，促进数字经济在国际竞争中的健康发展。通过以上主流数字经济体的发展可以得到以下主要经验启示。

（一）从国家战略的高度着眼于国内现实推动数字化

"智能制造"是新一轮信息技术与传统制造业深度融合的关键，也是世界产业重新崛起的一个重要方向（梁正和李瑞，2020）。各大经济体都加大了对智能制造的策略，通过技术创新，不断提升自身的工业实力，增强自身的国际竞争力。基于产业基础、经济发展水平、社会和文化体制的不同，各国实施"智能制造"的道路也不尽相同。

美国注重发挥互联网、信息、通信、软件等优势，以"自上而下"的国家战略对制造业转型升级。美国政府在2019年公布了《未来工业发展规划》，美国"先进制造"发展战略的核心目标是：发展新技术、新产品、新工业、新就业、国防工业和保障供应链的弹性。德国是传统工业国家，其"工业4.0"战略的核心在于其在制造业和研发方面的强大实力。与美国利用互联网控制制造的战略不同，德国希望利用信息物理技术，将智能工厂的生产设施升级，"自下而上"地进行制造业的革新，以最大限度地利用新一代信息技术对经济发展的潜能，保持其经济活力，通过与传统竞争优势相衔接确保工业长期领先地位。日本政府也表示，应在认清本国制造业的优势下，深入探讨制定适合日本实际需要的转型策略，充分发挥自身优势。所以，中国也必须在中国数字经济发展的现实基础上，全面把握"中国制造"的优势和劣势，积极推动实施数字经济战略。

（二）推动各行业数字化进程应以"业"为导向

数字经济对传统制造业的发展具有重要意义。数字技术能够提高企业的生产效率，缓解市场供求不平衡，促进企业的转型和提升，从而带动整个产业链的升级发展。一方面，在数字化技术的推动下，产业链的分工边界不断扩大，交易成本的降低，价值分配的转移，需求的变化都为制造业转型升级提供了动力。另一方面，数字经济从数据驱动、创新驱动、需求驱动和供应驱动四个方面为制造业进行了创新驱动，并着重于引导制造业与互联网、新技术的融合，为制造业的转型注入新的活力。

但是，不同的产业都有其自身的特点，因此，在推动产业数字化的过程中，必须充分考虑产业的特点和需求，并通过政策支持、经济激励等手段来推动产业的发展。比如石化行业作为典型的流程型制造行业，环节复杂，安全防范生产设备要求高，设备精确度高，管理困难，未来则更加追求产品向数控化和智能化方向发展；食品行业的典型特征是消费者的定制化、安全和健康需求，未来发展则更加侧重于建立完善的质量可追溯体系；服装行业越来越重视个性化特征，今后将会更加注重对顾客多样化、定制化的服饰需求的动态把握，并根据数字化供应链在后端支持日益多样化、个性化的产品结构，为客户提供精确的服务，抢占价值链的制高点。因此，企业在面临转型时，也要结合自身的发展趋势，利用数字经济技术有侧重地发展。

（三）企业领袖引领数字化变革

新冠疫情在对经济增长、就业、全球贸易等造成重大负面冲击的同时，也给企业数字化转型带来了历史性的加速发展机遇。人们日益数字化的生活方式，导致了消费者偏好的改变，企业开始或主动或被动地步入数字化转型的历程。在这场新冠肺炎病毒的冲击下，许多企业已经完成了数字化转型，并在疫情的推动下加速了内容营销、直播等数字化业务的发展。但是，在当前的数字化转型中，只有少数企业转型成效显著，并且大多都是主动进行数字化转型的企业，它们未来将会成为数字经济发展的领军人物。

无论是 GM、Toyota、BMW、NIKE、Nestlé，还是娃哈哈和万事利都是行业中具有成长性、盈利性、持久性和前瞻性的领先的商业领袖。在影响数字转换的要素上，它们具有领先于其他竞争对手的生产技术水平，并且内部信息系统已经建立并投入运行。就娃哈哈和万事利来说，万事利公司在产品设计中主要是运用人工智能技术，属于生产前端的部分；娃哈哈则是智能化生产线，属于生产过程的部分（金珺等，2020）。娃哈哈的内部管理，要远超万事利，其内部管理体系都是自己建的，且经过了一段时间的完善；万事利与中国电信、金蝶合作，共同构建了万事利集团的内部情报系统。总之，各企业的自身因素都会对企业的数字化转型产生不同的影响，因此，企业必须根据自己的实际情况进行相应的调整，这样可以不断满足消费者的多元化、个性化需求，增强企业的竞争力，同时也可以给业界的其他公司树立一个榜样，让一大批跟风的人被淘汰，让整个产业充满了生机，在这个数字化时代，发挥出最大的作用。

（四）进一步推进企业的数字化转型

随着大数据、云计算、区块链、量子技术等数字化技术的不断普及和应用，各国的数字经济得到了快速的发展。大数据、云计算、人工智能、区块链等底层数字化技术的运用，将会使企业之间的价值供应竞争更加激烈，同时也给企业带来了更多的挑战。新一代数字技术不但在宏观上促进了经济的发展，成为经济增长的新动力，而且在微观上，也可以促进企业的数字化转型，从而为我国的经济高质量发展提供新的机会。

数字化转型是企业进化的过程，也是对企业更好地适应社会发展的一次重塑。首先，利用物联网、云计算等技术对生产流程进行优化，使企业从单一生产到网络化演变，最终形成一批智能车间、智能工厂，并持续提升产品品质和经营效率。其次，要把各个生产环节连接起来，推动其网络化协作，建立一个高效的生产管理系统；加快建立全流程、全产业链、全生命周期的工业数据链，推动设备、生产线数字化，使生产设备数字化率、研发工具数字化率、关键工序数字化率得到进一步提高（李辉，2020）。最后，要把数字化转型作为重点，牢牢把握产业生态链这条主线，实现数字化产品、数字化服务、数字化流程"三位一体"。

第四节　做强做优做大我国数字经济的关键举措

数字经济对国家发展的重要支撑作用已逐步成为全社会的共识，而随着中央及各地方政府"十四五"数字经济发展规划的相继落地，"数字"也将成为未来经济架构中最为核心的一环。然而，要实现数字经济的健康可持续发展并增强我国的数字竞争力仍面临着诸多现实障碍，如技术创新能力较弱、核心技术储备不足、产业长期处于中低端环节、数字产业化及产业数字化的质量和水平偏低等问题，始终使我国在国际竞争中处于相对被动的局面。因此，在新形势下，我国需在核心技术研发、要素流通渠道、产业融合发展、完善数字治理及构建现代化数字市场体系等几个方面发力，为实现我国数字经济高质量发展奠定基础。

一 技术攻关是基础

新中国成立之前，帝国主义的剥削及侵略使我国的科技水平长期处于世界洼地。新中国成立之后，在中央领导班子的接力推动下我国科技发展已取得了举世瞩目的成就。尽管当前我国在核心技术层面与西方发达国家仍存在较大差距，但在部分尖端领域我国业已追平甚至超过了传统科技强国。在这一过程中，我国社会在思想意识上整体形成了科技进步与经济发展相结合、科技活动与以人为本相结合、自主创新与持续发展相结合等重要认识，在实践过程中也实现了现代科技体系的构建并基本完成了科技管理体系的市场化转型（徐冠华，2019）。这一切也都为我国科技的持续发展和数字经济的健康繁荣奠定了基础。截至2021年年末，我国数字经济规模较"十三五"初期扩张了1倍有余，数字产业化及产业数字化规模在GDP中的占比也分别提高至7.3%和32.5%，部分省市的数字经济GDP占比甚至超过50%并成为拉动区域经济增长的中坚力量。与此同时，我国不仅数字经济规模仅次于美国，而且在全球互联网平台的激烈竞争中，我国互联网企业也跻身世界头部位置。因此，我国已被美西方视为在数字技术领域的核心竞争对手。美国企图通过各种手段围堵我国数字技术的发展。

从目前情况来看，尽管我国已在数字技术的诸多方面取得了一定成就，但在数字技术的核心层面仍与西方国家之间存在较大的差距。特别是在高端芯片及其制造工艺、基础工业软件及计算机操作系统等关键领域，仍有被西方"卡脖子"的风险。从世界范围来看，数字技术水平的高低直接影响数字经济的发展质量和发展水平，而数字经济落后的本质是数字技术的落后。因此，在数字技术落后的情况下，再庞大的市场规模也只是"为他人作嫁衣"。所以，面对日趋严峻的竞争局势，我国应牢牢把握"技术"抓手，积极展开技术自主攻关并强化自主创新能力。一方面要有针对性地加强对高端芯片及其制造工艺、基础工业软件及计算机操作系统等关键领域的核心技术研发，并就神经芯片、量子通信等前沿部分进行积极布局；另一方面我国仍需稳步推进基础科学发展。基础科学是各类技术得以生存发展的基础，在没有基础科学的有力支撑下，再先进的技术也不能适应本土化的发展。

二 要素流动是前提

数字经济下数据资源是数字产业化和产业数字化得以实现运转的关键生产要素，而其他生产要素的运转则有赖于数据资源与数字技术相结合下的配置功能。要实现数字资源有效作用于经济运转，其前提仍在于这种生产要素能够自由有序地在市场中流通。鉴于此，做好数字要素市场培育、完善数字要素市场规则、约束数字市场经营主体行为、探索数字要素交易新模式并建立健全数字要素定价机制显得尤为重要。在这一过程中，不仅要做好数据安全工作，保障各市场主体的信息安全；还须防止数字垄断的形成，保障数字要素的供给与流动。因此，在当前数字经济的发展初期阶段，我国仍需强化政府引导并完善法制框架，从顶层设计的角度严厉打压不法数字交易行为，积极推进数据分级分类管理制度，创设高信誉度数据流通框架，进而塑造安全有序的数字市场环境，并最终实现数字要素的高效流通（中国信息通信研究院，2022）。

三 数字应用是关键

数字经济是通过不断推动数字产业化、产业数字化以及社会生产变革与消费变革，从而促进经济增长的一种经济形态。数字应用则是以数据为基本要素，依托数字基础设施并配合数字技术赋能产业高质量发展的一种模式，是数字经济发挥效用的主要手段。因此，数字应用是数字经济促进经济发展的关键。现阶段，我国数字应用仍受到数字经济发展不平衡的负面影响。虽然我国已具备"数字大国"的实力且数字经济规模庞大，但离数字经济强国仍有相当大的差距。尽管我国数字基础设施实现了较大规模的投放，但东西部地区间数字基建差距的问题普遍存在。加之各区域间所存在的数字鸿沟，我国数字经济发展不平衡的问题变得更为突出。这将会大大降低数字技术乃至数据要素对于数字经济的贡献率，进而使数字经济逐渐失去最基本的发展动能。由此，数字应用的整体滞缓将最终导致我国数字经济渐渐呈现颓势，并在大国博弈中失去竞争机会，进而使国民经济再次受制于人。因此，数字应用不单是强调对传统制造业企业的数字化改造，更是着眼于提升数字基础设施的素质及普及水平并弥合东西部差距。一方面，通过对数字基建的不断完善和创新发展，提高数字技术的运行效率，优化智能化基础设施的基本性能，使之能够与我国数字经济高速发展、企业数字化、产业转型升级相互协调；另一方面，创造数字经济"西进"的条件，引导东西部地区实现协同发展，进而更好、更全面地发挥数字应用的关键作用，提高数字经济的发展上限。

四 产业升级是核心

产业升级是指产业由低层次向高层次的转换过程，其不仅包括产业运营过程中"量"的增长，也包括产业发展过程中"质"的飞跃（马云俊，2010），在现阶段突出表现为产业数字化的内容。当前，关键领域核心技术的缺失是阻碍我国顺利、高效实现产业升级的主要因素。受到改革开放初期"两头在外"以及全球分工等客观历史因素的影响，我国在经济上虽然取得了卓越的成就，但也导致了我国在产业核心技术层面相对落后的局面。而技术因素将直接影响产业的发展质量。从发展的角度来看，技术短板不仅导致了我国大多数传统产业的利润率相对较低，且在产业结构中也拉大了低层次与高层次产业之间的跨度。在此情况下，我国产业升级的客观成本及技术难度较大，而这也降低了产业内部对于技术创新的主观能动性，从而使技术创新逐步陷入发展困境，并形成恶性循环。

数字经济则为突破"传统物质技术"困境并实现跨越式发展提供了便利。脱离了物质生产体系的数字经济本身不具备发展的潜力，因此产业数字化不仅在于帮助我国传统产业"脱困"，也是数字经济实现高质量发展的必然选择。所以，当前数字经济的发展重点仍应聚焦于实体产业升级的内容。在产业数字化过程中，一方面需补齐短板，通过追平在基础零件、关键基础材料、先进关键工艺及产业核心技术等领域与西方发达国家的差距，从技术层面打破产业升级的困境（中国信息通信研究院，2022）；另一方面需锻造长板，以数字化、智能化等相关领域的研发项目为载体，拓宽高端人才的引进渠道与方式，扩大数字领域人才的引入与培养力度（郭东杰等，2022），推动技术创新体系向着现代化、数字化发展。不断补齐技术短板将有利于提高产业效能，提高产业产出总量以及优化产业结构，进而加速实现产业升级。

五　数字治理是保障

数字治理是我国数字经济健康、高效发展的重要保障。尽管针对平台垄断、大数据"杀熟"和个人信息窃夺等滥用行为的法律法规已相继出台，但我国数字贸易规制发展滞后，且依然缺乏科学、系统、规范的法律制度和政策措施（李忠民等，2014）。随着数字经济发展的不断深入、社会覆盖面不断拓广，各种数字乱象也在逐渐显现。但数字经济相关法律法规的欠缺、行业标准的模糊、治理手段的匮乏，导致了数字乱象从产生、发展到最后的解决都需要耗费更多的成本，并且解决的效果仍缺乏全局性和经济性；加之数字经济蕴含巨大的发展潜力，相应的数字乱象及其后果将对国民经济产生巨大的影响，甚至对社会转型治理、现行法律制度构成潜在威胁和挑战。因此，迫切需要制定管理数字产品和服务市场准入的现代框架，为推进数字贸易协定谈判，参与国际数字贸易规则奠定基础（李忠民等，2014）。在此基础上，进一步结合国情和现阶段数字经济发展状况，推动数字经济高效治理体系的形成。

六　市场构建是要点

数字经济市场的合理构建将有助于释放数字化生产力、推动技术发展并抢占科技制高点，因此对于数字经济市场的构建将是我国现阶段数字经济发展的要点。当前，我国数字经济市场构建的短板表现为数据要素市场结构壁垒林立、市场监管不适配（熊伟等，2022）。市场结构壁垒的存在，将会阻滞数据等生产要素的流动，加大行政部门之间的统筹协调难度，降低治理效率并加剧行业发展不均衡的现象，甚至会催生出行业垄断等恶性市场竞争的现象。由于数据要素市场重构了参与主体之间的关系结构，原有竞争规则与竞争方式也将随之改变，由此便引发了传统监管模式的"不适应"问题（熊伟等，2022）。这将导致在数字经济市场构建的过程中，传统市场监管模块难以适应数字经济市场的运行模式，进而与数字市场的发展"脱节"。由此难以对数字经济市场形成有效监管，并且使数字经济市场的发展难以得到传统市场管理体系提供的多元化、协同化的帮助。这将在一定程度上降低数字经济市场的构建速度，并造成后期数字经济市场与传统产业市场相互融合、协同发展的障碍。因此，构建数字经济市场需要打破数据壁垒，促进数据共享，营造数据高效流通的市场环境，并且在此基础上更新市场监管模块，使传统的市场监管能与数字经济市场的构建同步、同频。

第五节　中国选择实现路径时所需关注的问题

一方面，传统产业对国家在经济发展和国际竞争中赢得主动具有极为重要的影响。数字经济的根本意义也在于作为手段及工具辅助传统产业实现二次发展。因此，想要在数字经济时代有所作为，仍须以实体经济为出发点，并结合本国传统产业的发展状况及他国数字经济的发展经验。另一方面，过度依赖于实体产业的传统发展路径同样不能引领经济的健康发展，且在路径依赖过程中所形成的数字鸿沟更会拉大与先进国家的发展差距。因此，从本国国情出发，兼顾"数实平衡"才能实现数字经济赋能传统产业的价值，并有效发挥数字技术对传统产业的支撑和改造作用。

（一）主动把握历史机遇，着力推动数字产业化与产业数字化协同发展

结合熊彼特周期来看，当前全球围绕着数字权力展开角力的本质是各主要国家在第五次技术演进迈入"瓶颈"期后对技术—经济新范式主导权的争夺。在新时期下，这种主导权也成为各国实现本土产业高质量发展的关键。产业高质量发展意味着产业在向更高级形态的迈进过程中，往更宽领域与更深层次的实现与升华（涂圣伟，2018）。其伴随着产业与新技术的持续融合以及产业结构与导向的不断调整，是我国构建社会主义现代化经济体系的基石，也是我国在全球经济颓

靡的大环境下保持经济健康可持续的关键。我国历史上的落后主要缘于错失历次工业革命的历史机遇而导致的产业落后（徐则荣和屈凯，2021）。但与以往不同的是，在信息和人工智能的技术创新时代我国一直处于追赶状态，甚至部分领域已经走到了世界前列，而这为我国在下一轮技术演进中拔得头筹奠定了基础。当前世界范围内第五次技术演进步入萧条期，意味着技术创新对技术演进的推动作用在不断减弱，此时的经济也会陷入颓靡。但这一情况对我国而言却不一定是坏事，相反，这一情形给予了我国通过技术改进迎头赶上甚至问鼎全球科技高地的窗口期。前四次技术演进的历史经验表明，技术创新能力决定了世界经济中心的偏移，而前沿技术的掌握程度意味着是否能在下一轮长波上升中占据主导地位。换言之，一旦我国在第六次技术演进中失利，那么相对落后的产业发展水平将迫使我国持续受西方的技术挟制，现代化社会主义经济体系也会受到西方资本的侵袭，而经济健康可持续发展更无从谈起。

（二）避免"拿来主义"并警惕"西方中心论"的错误思想

中国数字经济的发展与西方主要发达国家相比呈现出两个同阶段的不同特征。在第五次技术演进时期，中国本质上是落后于其他西方主要发达国家的。在传统经济形态时期我国对西方的发展模式存在"拿来主义"的问题。时至今日，随着中国经济建设的不断发展，数字经济的持续普及和相应基础设施建设的逐步完善，虽然相较于西方主要发达国家，中国在核心技术层面仍有较大差距，但在其他方面与这些国家的差距已越来越小。因此，对西方主要发达国家在发展数字经济方面的借鉴便更不能"听其言而不观其行"。习近平总书记在2021年"两会"期间看望全国政协医药卫生教育界委员时提道：中国可以平视这个世界了。这里对世界的"平视"也可以延伸至对西方主要发达国家在数字经济的发展经验借鉴上。平视并不等于说要俯视甚至蔑视西方在数字经济方面的成果，因为我国仍要清醒地认识到本国与西方主要发达国家之间在科学、技术、经济等领域的巨大差距；但平视更不等于妄自菲薄并对西方仰视，以至于我们对西方在数字经济的发展理念上亦步亦趋。对西方的借鉴要架构在中国与他国在现实层面的差距，即以结果为导向做到扬长避短。

（三）选择适合国情的数字经济发展模式成为当下数字经济发展的重中之重

根据国家网信办《数字中国发展报告（2021年）》，当前我国不仅实现了数字基建的规模化，在数字创新领域也取得了较大突破，更建立了庞大的数字市场，并拥有为数众多的线上消费群体。这一切都为我国数字经济的进一步纵向发展奠定了基础。但由于对数字经济认知的阶段性与局限性，数字技术及人才也储备不足，且缺乏相应的有效投资，中国尚未完全具备采用美国模式发展数字经济的条件和基础。另外，中国在尖端制造业方面与欧美等国也存在不小的差距。因此，在立足国情的基础上，中国可折中吸收美国模式经验并借鉴德国模式的优点。在保障实体产业的发展活力下，引导数字产业向适应传统产业转型升级的方向发展。

（四）重视数字经济所造成的社会问题，强化数字治理体系，并及时修正数字经济所带来的消极影响

现阶段，美国模式下的数字经济已然对社会产生了越来越大的负面影响。尽管数字技术的广泛应用能带来可观的高额附加值，但其"亲资本"的特性也是造成贫富差距、金融泛化与经济泡沫化的重要推手。数字经济在向经济社会各个方面的无序扩张过程中，也导致了数据安全、数字化不平等及数字垄断等社会、经济问题的加剧。Ray Dalit在其所著的《原则——应对变化中的世界秩序》一书中提道：在一个周期中，生产率的提高会增加社会经济发展的不稳定因素，故这些问题的出现是社会生产力发展的正常现象；但平稳、准确地解决这些问题是所有决策者共同追求的。因此，有必要不断强化数字经济治理体系，合理发展不同领域的数字市场，优化布局和管理数字投资及其发展态势，及时感知市场异常并做出有效反应。

（五）完善数字基建、拓宽数字市场、落实政策保障并推动数字技术的本土化研发与应用是稳固我国数字竞争力的必要条件

相较于美国模式，德国模式下的数字经济则从另一个层面揭示了数字经济的发展要义：摆脱对传统路径的依赖，保障本土数字经济的

发展空间并激发数字经济的发展活力是一个国家面向未来的必然选择。不仅一国数字经济的发展上限深度依赖于本国的数字基建、数字市场及相关政策扶持，而且无论是数据资源的开发与流动还是数字技术的演进与创新也都有赖于此。从现阶段来看，尽管中国数字基础设施和数字经济规模都实现了跨越式发展，但区域及产业间广泛存在的发展不平衡问题仍制约着相关政策的落实效果，也为数字经济的可持续发展埋下了隐患。另外，中国在发展数字经济的软硬件设施方面仍与西方发达国家存在一定差距，特别是高端芯片及其制造工艺、基础工业软件及计算机操作系统等领域。因此，中国应在数字经济普惠包容的基础上促进国内数字经济协同发展；在数字产业化过程中实现数字科技的突破发展；在产业数字化过程中实现制造业的高级化发展。在这一过程中，坚持独立自主的数字创新和数字赋能模式，将为中国参与全球数字竞争积攒优势。

第四章　数字经济的技术创新

数字经济的飞速发展离不开技术创新的支撑。随着网络以及信息技术的普及，数字经济逐渐走入人们的视野，并对人们的日常生活产生了较大影响。计算机网络与数字技术的蓬勃发展，推动数字经济浪潮汹涌而至，数字经济逐渐成为全球经济增长的主要动力。数字经济的发展为各行各业打开一扇新的大门，成为带动传统经济转型升级的重要途径和驱动力量，创造了无限的机会和挑战。大数据、云计算、区块链、人工智能等新兴数字技术快速占领高地，在各经济领域得到广泛的扩散和应用。数字技术革命被称为第四次工业革命，深刻影响着经济社会的发展。面对如此重大的变革，迫切需要洞烛先机，分别从全球、国家、产业、企业等不同层面把握数字经济的趋势及其影响。中国作为全球数字科技大国，拥有巨大潜力，未来值得期待。数字化的伟力正在颠覆现状，各行各业的价值链都将迎来收入和利润池的显著变革，并催生出大量充满活力的数字企业，从而不断增强中国经济的国际竞争力。本章重点研究数字经济的技术创新，包括大数据技术、云计算技术、5G 技术、人工智能技术、区块链技术。

第一节　大数据技术

大数据（Big Data）是指无法在一定时间范围内用常规软件工具进行捕捉、管理和处理的数据集合，是需要新处理模式才能释放更强的决策力、洞察发现力和流程优化能力的海量、高增长和多样化的信息资产。大数据的特征主要有"5V"，即大量（Volume）、高速（Velocity）、多样（Variety）、低价值密度（Value）和真实性（Veracity）。

一 大数据发展简介

"大数据"一词最早见于1980年美国著名未来学家阿尔文·托夫勒（Alvin Tofler）的《第三次浪潮》（*The Third Wave*）一书，其将大数据称为"第三次浪潮的华彩乐章"。大数据包括结构化、半结构化和非结构化数据，而近年来，随着移动互联网的快速发展，非结构化数据越来越成为大数据的主要部分（易高峰，2018）。

大数据的特殊之处并非在于数据量，而在于如何对这些数据进行专业化处理，从中获得能够支撑决策的关键信息。它有别于传统的抽样分析，大数据分析是对海量的数据全部进行分析和处理。

大数据的发展和应用，与云计算有着密不可分的关系。正是云计算强大的计算资源支持，才使得对大数据的分析挖掘成为可能。同时，大数据也是云计算不断发展的必然产物。对海量数据资源的收集、管理、处理和应用的需要，推动着大数据技术的不断发展完善。

二 大数据的概念与分类

对于大数据，麦肯锡全球研究所给出的定义是：一种规模大到在获取、存储、管理、分析方面大大超出了传统数据库软件工具能力范围的数据集合。这一概念主要包含了两方面的含义。

第一，符合大数据标准的数据集的大小会随着时间的推移而发生一定的变化，不是保持不变的。

第二，符合大数据标准的数据集在不同的部门中是存在差异的。

大数据的出现彻底打破了各个利益主体之间的信息不对称问题，从而使各个利益主体之间相互联系起来更加方便，也更加具有效率。

大数据包括以下类型：

第一，传统企业数据：传统企业数据包括传统的ERP数据、库存数据以及账目数据等。

第二，机器和传感器数据：机器和传感器数据包括呼叫记录、智能仪表、工业设备传感器、设备日志以及交易数据等。

第三，社交数据：社交数据包括用户行为记录、反馈数据等。

三 大数据的技术概览

大数据需要使用特殊的技术进行处理,才能挖掘其中的价值。适用于大数据的技术,包括大规模并行处理(MPP)数据库、数据挖掘、分布式文件系统、分布式数据库、云计算平台、互联网和可扩展的存储系统等。

从大数据处理的生命周期来看,大数据的技术体系大致分为采集与预处理、存储与管理、计算模式与系统、分析与挖掘、数据可视化分析以及数据隐私与安全等几大方面。

具体来看,作为大数据应用的第一步,数据的采集和预处理即对多样来源的数据进行统一的采集,并通过预处理和集成操作等,为后续的使用提供高质量的数据集资源。目前常用的数据采集方式,或数据的抽取和集成方式主要有四种类型:基于搜索引擎方法、基于数据流引擎方法、基于数据库引擎或中间件方法以及基于物化或 ETL 引擎方法(高玲,2022)。

数据的存储和管理与数据的应用密切相关。大数据因其自身独有的特点,给存储系统也带来了不同的挑战,其存储规模巨大,管理复杂,需要兼顾不同的数据类型,对数据支持和服务的种类和要求都更高,因此需要专门的技术体系予以支撑。目前应用较多的数据存储和管理技术包括分布式文件系统、分布式数据库以及访问接口和查询语言等。

通常,大数据处理的主要数据特征和计算特征维度包括:数据结构特征、数据获取方式、数据处理类型、实时性或响应性能、迭代计算、数据关联性和并行计算体系结构特征等。

数据可视化技术是指运用图形学的理论和图像处理技术,将各种数据转化为屏幕上显示出的图标或图像,并进行人机交互处理的技术和方法。数据可视化技术主要由数据预处理、映射、绘制和显示等技术构成。数据可视化技术可以帮助用户快速进行数据的筛选,进而更便捷地从复杂数据中得到新发现。尤其在大数据环境下,对庞大数据量的分析处理,远非通常人力可企及。通过数据可视化技术,对大数据进行有效的简化和提炼,能够更好地满足用户对大数据的使用需求(袁国宝,2020)。

随着大数据技术的不断发展，安全和隐私问题也越来越受到公众重视，大数据的数据安全和隐私相关技术也不断得到进步和发展。但相较于传统情况，大数据环境下，数据安全及隐私所面临的问题更加严重和突出，数据的应用在法律法规层面仍有诸多的不确定性，技术的进步使得数据的泄露和滥用造成的风险都更加显著。因此，在这个领域技术仍有巨大的发展需求和发展空间。

四 大数据的技术框架

在互联网领域，数据无处不在。从数据在信息系统中的生命周期看，大数据从数据源开始，经过分析、挖掘到最终获得价值，一般需要经过六个主要环节，包括数据收集、数据存储、资源管理与服务协调、计算引擎、数据分析和数据可视化，每个环节都面临不同程度的技术挑战。

（一）数据收集层

数据收集层由直接跟数据源对接的模块构成，负责将数据源中的数据近实时或实时收集到一起。数据源具有以下几个特点。

第一，任何能够产生数据的系统均可以称为数据源，比如 Web 服务器、数据库、传感器、手环、视频摄像头等。

第二，数据源通常分布在不同机器或设备上，并通过网络连接在一起。

第三，数据的格式是多种多样的，既有像用户基本信息这样的关系型数据，也有如图片、音频和视频等非关系型数据。

第四，数据源如同"水龙头"一样，会源源不断地产生"流水"（数据），而数据收集系统应实时或近实时地将数据发送到后端，以便及时对数据进行分析。

由于数据源具有以上特点，将分散的数据源中的数据收集到一起通常是一件非常困难的事情。一个适用于大数据领域的收集系统，一般具备以下几个特点。

第一，可靠性。数据在传输过程中不能够丢失（有些应用可容忍少量数据丢失）。

第二，扩展性。能够灵活适配不同的数据源，并能接入大量数据源而不会产生系统"瓶颈"。

第三，安全性。对于一些敏感数据，应有机制保证数据收集过程中不会产生安全隐患。

第四，低延迟。数据源产生的数据量往往非常庞大，收集系统应该能够在较低延迟的前提下将数据传输到后端存储系统中。

为了让后端获取全面的数据，以便进行关联分析和挖掘，通常我们建议将数据收集到一个中央化的存储系统中。

(二) 数据存储层

数据存储层主要负责海量结构化与非结构化数据的存储。在大数据时代，由于数据收集系统会将各类数据源源不断地发到中央存储系统中，这对数据存储层的扩展性、容错性及存储模型等有较高要求。

1. 容错性

考虑到成本等因素，大数据系统最初就假设构建在廉价机器上，这就要求系统本身有良好的容错机制，以确保在机器出现故障时不会导致数据丢失。

2. 扩展性

在实际应用中，数据量会不断增加，现有集群的存储能力很快将达到上限，此时需要增加新的机器扩充存储能力，这就要求存储系统本身具备非常好的线性扩展能力。

3. 存储模型

由于数据具有多样性，数据存储层应支持多种数据模型，确保结构化和非结构化的数据能够很容易地保存下来。

(三) 资源管理与服务协调层

随着互联网的高速发展，各类新型应用和服务不断出现。在一个公司内部，既存在运行时间较短的批处理作业，也存在运行时间很长的服务，为了防止不同应用之间相互干扰，传统做法是将每类应用单独部署到独立的服务器上。该方案简单易操作，但存在资源利用率低、运维成本高和数据共享困难等问题。为了解决这些问题，公司开始尝试将所有这些应用部署到一个公共的集群中，让它们共享集群的资源，并对资源进行统一使用，同时采用轻量级隔离方案对各个应用进行隔离，因此便诞生了轻量级弹性资源管理平台，相较于"一种应用一个集群"的模式，引入资源统一管理层可以带来众多好处，例如：运维成本低、资源利用率高、数据共享。

在构建分布式大数据系统时，会面临很多共同的问题，包括服务命名、分布式队列、分布式锁、发布订阅功能等，为了避免重复开发这些功能，通常会构建统一的服务协调组件，该组件包含了开发分布式系统过程中通用的功能。

（四）计算引擎层

计算引擎发展到今天，已经朝着"小而美"的方向前进，即针对不同应用场景，单独构建一个计算引擎，每种计算引擎只专注于解决某一类问题，进而形成了多样化的计算引擎。计算引擎层是大数据技术中最活跃的一层，直到今天，仍不断有新的计算引擎被提出。总体上讲，可按照对时间性能的要求，将计算引擎分为三类。

1. 交互式处理

该类计算引擎对时间要求比较高，一般要求处理时间为秒级别，这类系统需要跟人进行交互，因此会提供类 SQL 的语言便于用户使用，典型的应用有数据查询、参数化报表生成等。

2. 批处理

该类计算引擎对时间要求最低，一般处理时间为分钟到小时级别，甚至天级别，它追求的是高吞吐率，即单位时间内处理的数据量尽可能大，典型的应用有搜索引擎构建索引、批量数据分析等。

3. 实时处理

该类计算引擎对时间要求最高，一般处理延迟在秒级别以内，典型的应用有广告系统、舆情监测等，因此数据可视化是极具意义的。

五　大数据产业发展规模

（一）全球大数据行业市场规模

从产品和服务来看，大数据市场产品和服务包括三个主要部分，即大数据硬件、大数据软件和大数据专业服务。数据显示，全球大数据市场规模由 2016 年的 280 亿美元增长至 2021 年的 649 亿美元，年复合增长率为 18.31%。中商产业研究院预测，2022 年全球大数据行业市场规模将达到 718 亿美元（见图 4-1）。

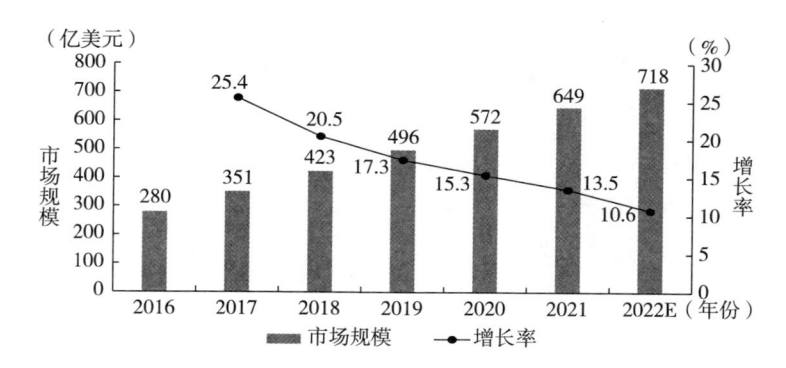

图 4-1　2016—2022 年全球大数据市场规模预测趋势

资料来源：中商产业研究院（2022）。

注：年份后面的"E"表示预测值，下同。

随着硬件成本的下降以及软件附加值的提升，预计未来全球大数据市场中硬件及服务收入贡献占比将逐渐减少，软件将超过服务和硬件，成为全球大数据市场最主要的收入来源。2016—2021 年全球大数据软件市场规模的年复合增长率为 24.88%，超过硬件和服务收入增速（见图 4-2）。

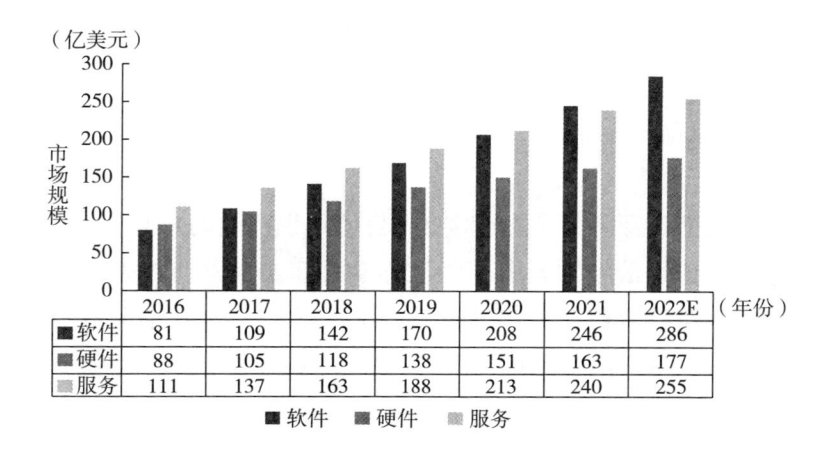

年份	2016	2017	2018	2019	2020	2021	2022E
软件	81	109	142	170	208	246	286
硬件	88	105	118	138	151	163	177
服务	111	137	163	188	213	240	255

图 4-2　2016—2022 年全球大数据细分市场规模预测趋势

资料来源：中商产业研究院（2022）。

（二）中国大数据行业市场规模

我国是数据资源大国，大力发展大数据技术，有利于将我国数据资源优势转化为国家竞争优势，实现数据规模、质量和应用水平同步提升。中国大数据市场规模增速远高于全球整体市场规模增速。2021年，中国大数据市场规模达到849亿元，2016—2021年复合增长率达到25.11%。中商产业研究院预测，2022年中国大数据行业市场规模将达到1049亿元（见图4-3）。

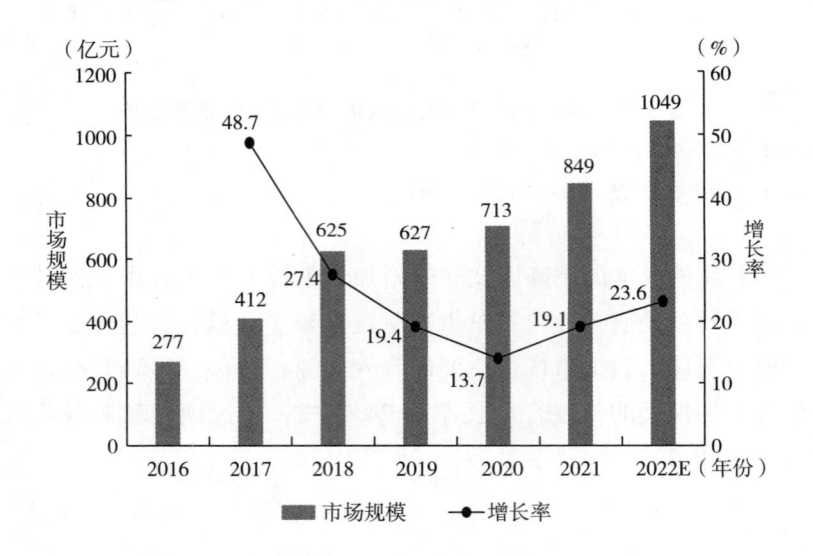

图4-3　2016—2022年中国大数据市场规模预测趋势

资料来源：中商产业研究院（2022）。

随着政府部门和大型企业对数据价值重视程度的提高，以及大数据软件采购预算的增加，中国大数据软件市场持续保持高速增长态势，整体软件市场规模在2021年达到234亿元，2016年至2021年复合增长率为29.60%，大数据软件将在未来占据更高市场份额（见图4-4）。

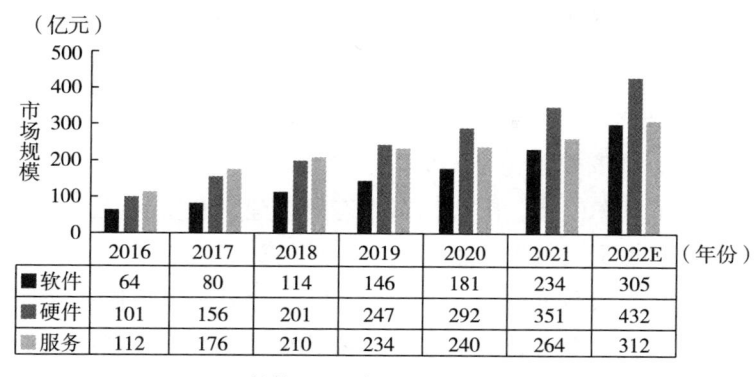

第四章　数字经济的技术创新

（亿元）市场规模	2016	2017	2018	2019	2020	2021	2022E
软件	64	80	114	146	181	234	305
硬件	101	156	201	247	292	351	432
服务	112	176	210	234	240	264	312

图 4-4　2016—2022 年中国大数据细分市场规模预测趋势

资料来源：中商产业研究院（2022）。

六　数字经济中的大数据

（一）退货运费险：大数据在精准定价和产品设计方面的应用

作为保险科技的先行者，众安保险自诞生之初就与各项创新技术紧密联系。众安保险成立之初发展的重点险种——退货运费险就是一款完全基于大数据等新兴技术的创新互联网生态保险产品。

利用大数据技术，众安保险得以对用户在电商平台上的交易行为数据进行收集和分析，建立多维的客户分析体系，从而更加精准地进行风险评估和产品定价。围绕丰富的数据信息，众安保险在退货运费险方面也得以不断对产品进行迭代和更新，开发了针对卖家和买家的不同类型的细分产品，并且根据商家销售商品类别、账户风险、卖家及买家退货率等数据，实现了针对每笔交易的个性化保费费率的确定。同时，基于大数据的实时分析技术，实现了风险的动态追踪及动态更新。

大数据技术的应用，也帮助众安保险强化了在退货运费险方面的反欺诈及风险控制能力。通过对大量真实业务数据的持续追踪和分析，建立针对不同类别商品的交易行为模型，对不同风险等级的客户实施差异化的产品定价，同时结合创新运营模式，与物流服务商建立更紧密的业务和数据合作，有效地控制了道德风险，缓解了前期产品运营过程中赔付率过高等一系列问题，实现了产品的良性可持续运营发展。

（二）"数据魔方"，大数据应用的生态赋能

2015年，众安保险与平安保险联合推出"保骉车险"，并以此为起点，打造了汽车生态。围绕汽车生态的搭建，众安保险通过构建大数据生态，实现了大数据技术对生态体系的赋能。

通过发起"大数据联盟"，众安保险联合十多家保险公司和科技公司，建立了人、车、行为等多维度的数据体系，并分析了客户赔付风险相关性，从而指导费率厘定，并提升各方风险识别能力及相关技术能力。

同时，众安保险开发了面向车险大数据生态的数据处理平台——"数据魔方"，该平台覆盖数据采集、标签体系管理和数据产品开发应用等数据处理应用的整个体系。众安保险充分应用大数据技术，实现了对生态的赋能和对数据价值的挖掘。

（三）医疗数据平台：商保大数据解决方案

众安科技作为众安保险旗下科技能力输出和行业赋能的主体，围绕保险科技的开发和应用进行了一系列技术研发和市场探索。

医疗数据平台即众安科技在商保市场提出的服务解决方案。众安科技通过连接医疗机构和商保公司，在获得用户信息充分、合法授权的基础上实现了医疗数据的线上直连，并运用大数据、人工智能等技术，对医疗数据进行分析、整合和挖掘，为商保公司提供快速的理赔和商保调查服务，提升理赔效率，降低"两核"风险（李伟等，2018）。

医疗数据平台的主要产品优势包括：

数据直连：医疗数据直连、准确、无篡改，免除理赔材料的收集和递交。

高效理赔：医疗数据 T+0 线上传输，实现快速理赔，提升理赔时效。

快速排查：线上理赔排查，覆盖范围广，排查效率高。

SaaS 部署：无须系统对接即可投入使用，大大降低开发时间和

成本。

为了更好地支撑商保公司的数字化运营，众安科技整合了全国各地医保目录，囊括药品、诊疗、耗材和疾病等目录，搭建了目前国内最完整的医疗知识库，并通过数据治理，规范医疗知识库条目，构建知识图谱，实现了医疗数据的规范化、标准化输出，帮助商保公司实现自动化理算，提高商保理赔的准确性和时效性。

医疗知识库产品的主要优势特点包括：

海量数据：汇集全国七成医保目录，18万条药品知识库海量数据持续更新中。

标准输出：建立医疗数据规则库，统一标准格式输出，实现自动化理算。

数据权威：基础库均以国家或行业标准为依托进行整合扩充。

SaaS部署：无须系统对接即可投入使用，大大降低开发时间和成本。

（四）客户数据ATM系统：客户大数据运营解决方案

太平洋保险在数字化战略布局基础上，基于客户需求，围绕"客户服务为导向"，从数字化前端、计算能力建设、敏捷开发机制与数字安全等方面入手，进行全面数字化改造。最终通过数字化供给、体验和生态三方面的建设来完成转型，以实现在数字供给上的产品与服务的融合及交互、在数字体验上的简单与直达和在数字生态上的对集团数字化思维和数字化决策能力的培养，进而推动市场和客户的运营。

在保险大数据解决方案上，太平洋保险产品服务的核心是量化客户需求、提升客户体验。例如，通过大数据处理平台和IT基础设施来构建的客户数据信息处理系统（ATM系统），可基于用户年龄、收入、受教育程度、家庭特征及投保信息等，对公司亿级客户的存量数据进行全面挖掘及分析。此外，系统能够支持多层次多维度的关键词搜索以提高搜索效率，并且具备"即时刻画，秒级呈现"功能，即通过脸谱绘制工作，利用客户洞见相关思维方式及工具方法来实现精准的客户认知与精细化服务。

(五)"数据湖":挖掘大数据价值,推动数字化转型

创立于 1880 年的慕尼黑再保险是全球最大的再保险公司之一。近年来,伴随着科技的不断进步以及保险行业技术应用的进一步深化,慕尼黑再保险也将"数字要素"嵌入集团的整体发展战略中,并设立了数字化建设目标,成为传统保险公司数字化转型领域的领航者。慕尼黑再保险通过运用大数据相关技术,建立了"慕再数据湖",从数据收集、数据存储和整合以及数据应用三个方面提高自身的数据分析与应用能力,并在保险价值链中的营销、核保和理赔等多个环节实现了数据支撑的运营提升(杨海明,2022)。

慕尼黑再保险在应用大数据技术进行数字化变革的过程中主要聚焦于两方面能力的建设:一方面是风险管理能力。通过对核保、理赔、客户数据、感知数据等内外部大量数据的整合分析和处理,挖掘潜在风险,并以动态可视化的形式实现更加全面的风险认知,动态把握风险状况。另一方面是运营服务能力。慕尼黑再保险利用基于海量数据和数据分析方法驱动的解决方案为各个业务板块提供内部支持,提高运营效率。同时,也能为客户提供更完善的保险服务,升级用户体验。例如,慕尼黑再保险的 ELD 平台,基于对超过 1.6 万个新闻数据源的评估,对已发生损失的事件进行搜索和损失测算,实时监控保险标的的风险状况。一旦发生风险异常情况,平台即刻触发自动告知,提醒客户及时采取措施,进行避险减灾,防止损失进一步扩大。在平台的支持下,客户的防损防灾意识也得到提高和加强,数据支持性更加完整可靠,理赔管理工作量也得到有效控制,进而提高了整体的理赔效率,提升了客户的服务体验。

(六)风险评估助手,高效的大数据风险解决方案

美国公司 LexisNexis 是全球知名的学术数据库提供商,在风险解决方案领域拥有强大的数据资源优势和分析应用能力。公司拥有全球最大的法律及公共信息数据库,提供的产品覆盖法律、风险管理、学术等领域,提供的服务包括计算机辅助法律研究(CALR)、商业研究以及风险管理等。在为车险、房屋险和寿险等领域提供数据服务的同时,公司的风险管理、客户留存及反欺诈等技术也在保险业有诸多

应用。

目前，公司拥有超过 2 万个在线数据库，以及与数十亿个体相关的 500 亿条数据记录，每年能够为保险业提供 1.6 亿份驾驶违规数据以及近 1 亿笔保单数据，同时借助不同类别的数据收集设备和方法，进行驾驶员远程评分、定价、UBI 车险管理服务等，并依托其强大的大数据分析处理技术，为保险公司提供包括客户风险洞察在内的各项服务。

第二节　云计算技术

云计算（Cloud Computing）是分布式计算技术的一种，其最基本的概念是通过网络将庞大的计算处理程序自动分拆成无数个较小的子程序，再交由多部服务器所组成的庞大系统经搜寻、计算分析之后将处理结果回传给用户。稍早之前的大规模分布式计算技术即"云计算"的概念起源。

一　云计算发展简介

云计算概念是由时任谷歌公司首席执行官埃里克·施密特（Eric Schmidt）在 2006 年召开的搜索引擎大会上首次提出的。但云计算技术的发展已历经数十年。早在 1959 年，克里斯托弗·斯特雷奇（Christopher Strache）提出的"虚拟化"概念被认为是现今云计算架构的基石。伴随着计算机和通信领域技术的进步，1998 年，VMware 公司诞生并首次引入 X86 虚拟技术。次年，Sales force 和 Loud Cloud 先后成立，前者标志着 SaaS（Software-as-a-Service，软件即服务）的兴起，后者则成为全球第一个商业化 IaaS（Infrastructure-as-a-Service，基础设施即服务）平台。

2005 年，亚马逊发布 Amazon Web Service（AWS）云计算平台，次年相继推出的在线存储服务 Simple Storage Service（S3）以及服务器租赁和托管服务 Elastic Compute Cloud（EC2）大受市场欢迎，奠定了如今亚马逊全球最大云服务商的地位。其间，微软、IBM、谷歌、甲骨文和 SAP 等一众巨头的入场，共同推动了云计算市场的发展和繁荣。

在我国，阿里云成立于 2009 年，是目前我国云计算领域的龙头，其后各类互联网巨头、电信运营商、传统 IT 企业及云计算初创公司纷纷涌入，超过百家各类服务商提供通用或细分领域应用的公共云计算服务。

当前，全球云计算市场仍处于发展初期，关键技术不断完善成熟，产品不断创新，服务能力持续升级，产业生态逐渐成形。未来，随着云计算技术的进一步发展，该技术与诸多新技术、新应用和新场景融合，势必将进一步推动全球经济结构调整和产业革新，创造更多价值。

二 云计算的技术概览

对于云计算的定义有着诸多不同的说法。目前，得到广泛认可和支持的定义是由美国国家标准与技术研究院（The National Institute of Standards and Technology，NIST）在 2009 年提出的：云计算是一种能够通过网络以便捷的按需付费的方式获取计算资源（包括网络、服务器、存储、应用和服务等）并提高其可用性的模式，这些资源来自一个共享的、可配置的资源池，并能够以最省力和无人干预的方式获取和释放。这种模式有 5 个关键特征，还包括 3 种服务模式和 4 种部署方式。

（一）5 个关键特征

（1）按需自助服务（On Demand Self-Service）。客户可以按需方便地获得计算资源，如服务时间、应用程序、数据存储等，无须与服务供应商进行人工交互。

（2）泛在网络访问（Broad Network Access）。客户可以借助各类不同客户端（如个人电脑、移动电话等）随时随地通过标准应用（如浏览器、相同的 API 等）获取服务。

（3）动态池化资源（Resource Pooling）。供应商的计算资源被整合为一个动态资源池，以共享资源池方式统一管理，通过租户模式服务所有客户，利用虚拟化技术，将资源分享给不同用户，资源的放置管理与分配策略对用户透明，不同的物理和虚拟资源可根据客户需求动态分配。

（4）快速弹性（Rapid Elasticity）。可以迅速、弹性地提供服务，能快速扩展，也可以快速释放实现快速缩小。对客户来说，可以租用的资源看起来似乎是无限的，可以在任何时间购买任何数量的资源。

（5）服务可计量性（Measured Service）。服务的收费可以是基于计量的一次一付，也可以是基于广告的收费模式。系统针对不同服务需求（例如，CPU 时间、存储空间、带宽，甚至按用户账号的使用率高低）来计量资源的使用情况和定价，以提高资源的管控能力和促进优化利用。

（二）3 种服务模式

（1）软件即服务（Software-as-a-Service，SaaS）。

（2）平台即服务（Platform-as-a-Service，PaaS）。

（3）基础设施即服务（Infrastructure-as-a-Service，IaaS）。

（三）4 种部署方式

（1）公有云（Public Cloud）。通常是指第三方提供商通过公共互联网提供的计算服务，面向希望使用或购买的任何人。公有云的优势是成本低、扩展性非常好。缺点是用户对于云端的资源缺乏控制，存在保密数据的安全性、网络性能和匹配性问题。

（2）私有云（Private Cloud）。私有云一般指通过互联网或专用内部网络仅面向特选用户（而非一般公众）提供的计算服务，因此私有云也称作内部云或公司云。私有云所有者拥有完整的基础设施，并可以控制在此基础设施上部署应用的方式，因而能获得对数据安全性和服务质量的最有效控制。但由所有者承担私有云的成本及管理责任，部署私有云需要具备与传统数据中心相同的人员配置、管理和维护费用等，投入和运营成本较高。

（3）社区云（Community Cloud）。社区云是介于公有云、私有云之间的一种形式，指在一定地域范围内，基于区域内网络的互联优势和技术易于整合等特点，结合社区用户需求共性，由云计算服务提供商统一提供计算资源、网络资源、软件和服务能力而形成的云计算服务模式。社区云具有区域性和行业性、有限的特色应用、资源的高效共享以及社区内成员的高度参与性等特征。由于承担共同费用的用户数比公有云少，社区云通常比公有云贵，但隐私性、安全性及政策遵从度都比公有云高。

（4）混合云（Hybrid Cloud）。混合云融合了公有云和私有云两种形式，二者既相互独立，但在混合云的内部又相互结合发挥出所混合的多种云计算模型各自的优势，是近年来云计算的主要模式和发展方向。

三　云计算的主要特点

（一）超大规模

"云"的规模相当大，如 Google 云计算的服务器已经达到 100 多万台，其他如 Yahoo、微软、IBM 等的"云"也拥有几十万台服务器。对于企业而言，拥有的服务器一般少则数百，多则上千。"云"可以赋予用户前所未有的计算能力。

（二）虚拟化

在使用云计算技术时，用户可以在任意位置、各种终端服务器使用对应的应用服务。人们可以从"云"中请求使用各种资源，这些资源不再是固定的有形实体。虽然应用可以在"云"中某处运行，但用户无须了解也不用担心其具体位置在哪里。用户只要拥有一台笔记本或者手机，就可以通过网络来实现自己所想要的一切服务，甚至包括超级计算。

（三）费用低廉

"云"自身具有特殊的容错机制，这种机制可以让人们利用极低的费用来实现操作。"云"的自动化集中式管理帮大量企业节省了高昂的数据中心管理成本，而且其通用性使资源的利用率大大提升，所以用户可以利用低成本的优势来享受"云"服务。

除以上优势之外，"云"计算还具有高可靠性、通用性、高可扩展性、高度兼容性、按需服务等优势，此处不再一一赘述。

四　云计算产业发展规模

全球云计算市场逐步回暖，增速实现触底反弹。随着经济回暖，全球云计算市场所受影响逐步减弱，至 2021 年已基本恢复到疫情前的增长水平。据 Gartner 统计，2021 年以 IaaS、PaaS、SaaS 为代表的全球公有云市场规模达到 3307 亿美元，增速为 32.50%，如图 4-5 所示。

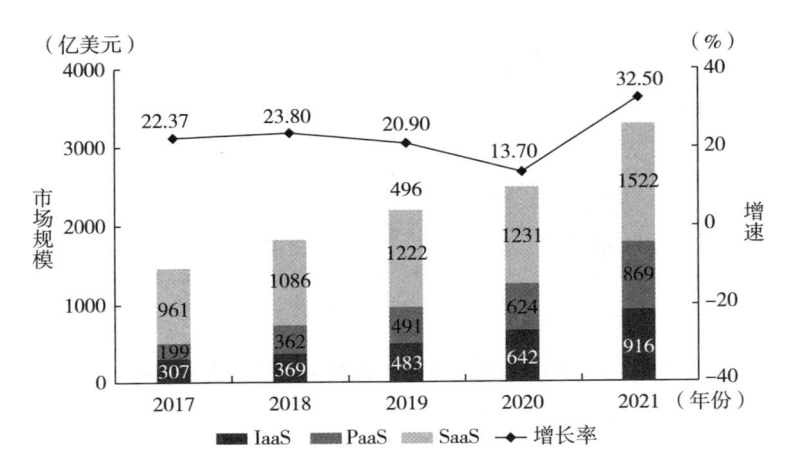

图 4-5　2017—2021 年全球云计算市场规模及增速

资料来源：Gartner（2022）。

我国云计算市场持续高速增长。2021 年中国云计算总体处于快速发展阶段，市场规模达到 3229 亿元，较 2020 年增长 54.4%。其中，公有云市场继续高歌猛进，规模增长 70.8%，达至 2181 亿元，有望成为未来几年中国云计算市场增长的主要动力；与此同时，私有云市场突破千亿元大关，同比增长 28.7%，达至 1048 亿元，如图 4-6 至图 4-7 所示。

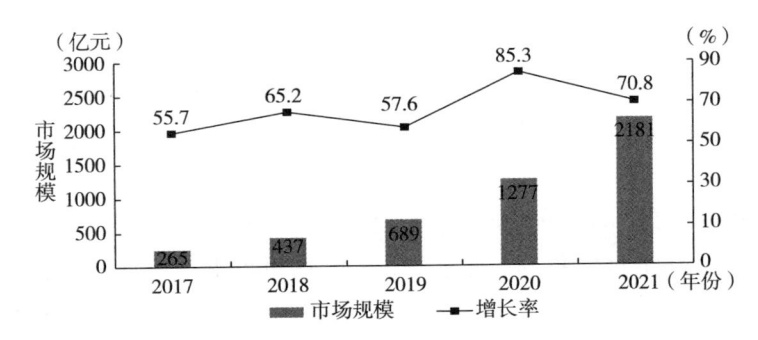

图 4-6　2017—2021 年中国公有云市场规模及增速

资料来源：中国信息通信研究院（2022）。

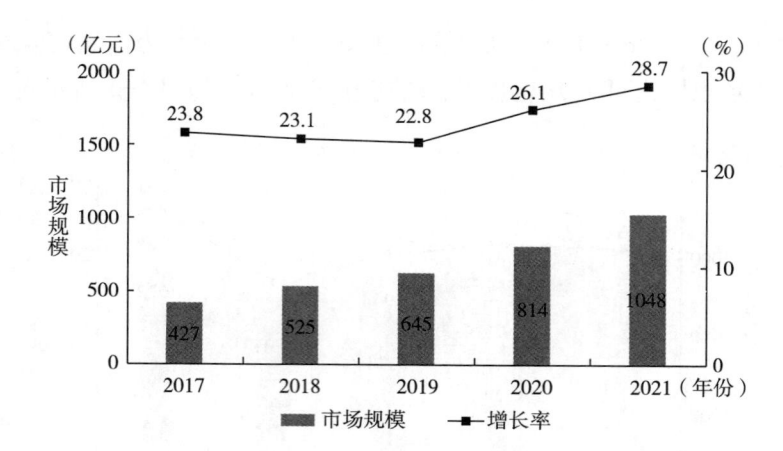

图4-7　2017—2021年中国私有云市场规模及增速

资料来源：中国信息通信研究院（2022）。

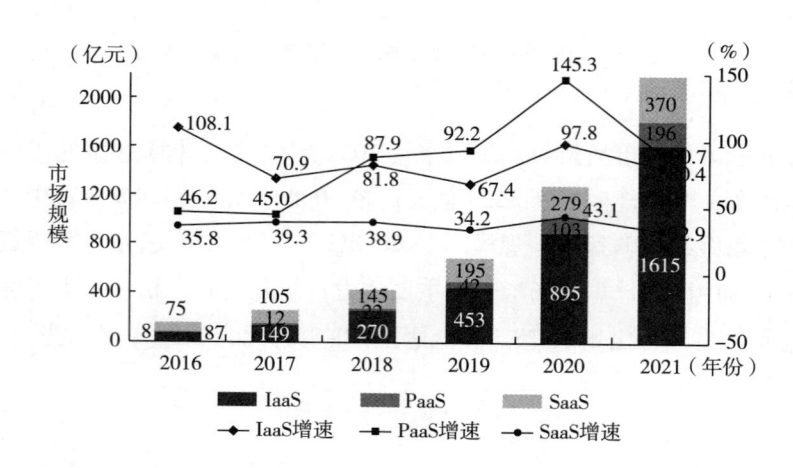

图4-8　2017—2021年中国公有云细分市场规模及增速

资料来源：中国信息通信研究院（2022）。

我国公有云IaaS及PaaS保持高速增长，SaaS稳步发展（见图4-8）。

（1）2021年，我国公有云SaaS市场继续稳步发展，规模达到370亿元，增速略微滑落至32.9%，预计在企业上云等相关政策推动下，有望在未来数年内随着数字化转型重启增长态势。

（2）随着数据库、中间件、微服务等服务的日益成熟，PaaS市场依然保持着各细分市场中最高的增长速度，同比增长90.7%，达到196亿元；公有云IaaS市场规模达到1615亿元，增速80.4%，占总体规模的比例接近75%。

（3）随着云计算在企业数字化转型过程中扮演着越来越重要的角色，预计短期内企业将继续加大基础设施投入，市场需求依然保持旺盛。

五　数字经济中的云计算

展望"十四五"，伴随着经济回暖，全球云计算市场增长率将出现反弹，到2025年市场规模将超过6000亿美元，我国云计算市场保持快速发展态势，预计"十四五"末市场规模将突破10000亿元。立足新发展阶段、贯彻新发展理念、构建新发展格局，云计算随着市场发展也将呈现出新的发展趋势。

（1）云原生技术融合化。云原生细分生态将持续完善，技术边界将从云上延展至边缘，服务形态趋于多元，云原生将成为整合人工智能、大数据、区块链等技术服务能力的调度中枢，为加速用户业务创新持续赋能。

（2）云网边架构一体化。随着云网边一体化的进程不断加快，资源部署将更加全局化、分布式化，为各类场景提供有针对性的算力服务。

（3）云安全信任体系化。随着零信任理念和原生安全理念的融合，云安全架构中各模块高效协同，最大限度地保障数字基础设施中各资源和动态行为的可信性。

（4）云管理服务工具化。云管理工具将进一步完善和标准化，结合大数据、人工智能等新一代数字化技术，把智能决策融入产品中，为企业提供标准化的决策支撑辅助工具，助力企业提升云管理服务效率。

（一）信用与风险管理：云计算支撑信用管理服务

全球领先的金融服务提供商安联集团主要为公司及个人提供保险和资产管理解决方案。随着保险科技的发展，安联集团也充分应用各类创新技术，拓展提升自身服务能力。

安联集团在关注信用风险及完善网络风险管理流程方面，主要应用云计算技术进行了以下尝试：

（1）标准接口服务，无缝交易对接：安联集团下属的全球三大信用保险公司之一 Euler Hermes 在 2017 年推出了"单次贸易承保"产品，在逐笔交易中，依托云计算等技术，依托专有的 API 接口，创建无缝连接交易过程，从而实现全面的信用管理（周荣华和李鑫，2019）。

（2）系统深度融合，高效服务支持：同属安联集团的 AGCS 公司，则在与 Cyence 公司的合作过程中，通过云计算技术将自有的核保平台与 Cyence 公司提供的网络分析平台进行结合，利用 Cyence 公司的风险预测服务，快速确定客户的网络风险规模，进而进行核保服务，根据客户公司的具体规模来确定承包范围，并对客户的网络账户进行建模，以确定风险趋势并分析如何应对不同的风险场景。

（二）"太保云"：云计算支持业务运营能力提升

太平洋保险在 2017 年提出"数字太保"战略，在数字、资源共享等数据化基础设施建设方面持续投入，并在数字化转型过程中基于云计算技术推出了"太保云"。

太保云在 SaaS 层为分公司提供资源服务和开发测试环境，并计划在未来部署生产云，提升分公司的服务能力，促进公司的业务整合。在此之上的 PaaS 层，太保云结合 Docker 和 Mesos 的 DCOS（Data Center Operation System）平台提供中间件服务和数据库服务，来实现自动化部署、快速响应和持续交互。而在 SaaS 层，通过搭建包括云盘和智能客服等在内的产品服务，太保云提升了整体的运营能力，助力公司数字化转型稳步推进。

第三节 5G 技术

一 5G 技术基本内涵

就狭义角度而言，5G 指的是第五代移动通信技术的无线接入网技术。就广义角度而言，5G 指第五代移动通信技术，其中包括无线接入网、核心网、相关支撑系统等在内的技术体系。就移动通信技术代际划分的角度而言，移动通信技术经历了以下发展阶段。

第一阶段：1G，是第一代移动通信系统，是一种模拟蜂窝系统，以欧洲及中国规模部署的 TACS 系统、北美规模部署的 AMPS 系统为代表。

第二阶段：2G，是第二代移动通信系统，是一种数字蜂窝通信系统，以北美 IS-95/cdma 系统、日本 PDC 系统及其他国家和地区广泛部署的 GSM 系统为代表。

第三阶段：3G，是第三代移动通信系统，以中国规模部署的 TD-SCDMA、日本欧洲广泛部署的 WCDMA 和北美、韩国、中国规模部署的 CDMA2000 为代表。

第四阶段：4G，是第四代移动通信系统，以全球广泛部署的 FDD、LTE 和 TD-LTE 为代表。

5G 网络是第五代移动通信网络，即最新一代蜂窝移动通信技术。它是多种新型无线接入技术和现有 4G 后向演进技术集成后的解决方案的总称，是一个真正意义上的网络融合。5G 的传输速率可以达到 10Gbps。当前，虽然 5G 技术已经出现在中国、北美、欧洲、日韩等地区，应用于高校、学术机构、通信系统中，然而，目前业界对于 5G 依然未达成共识，也没有形成技术规范体系。不过，5G 技术作为一种移动通信技术的发展趋势，在未来必定有很大的发展空间。

二 5G 技术的发展背景

5G 是成功引领第四次工业革命关键所在的连接和融合的重要因素。5G 技术在人工智能、大数据、物联网等各个领域，将所有的创新技术连接起来，产生超链接的融合效应，进而在改变产业结构的同时，给人们的日常生活带来翻天覆地的变化。通过人和物、物和物之间的实时连接发生的变化，将进一步拉动又一次工业革命的发生和价值体系的大转型。

美国、中国、欧洲等世界主要国家和地区围绕 5G 的角逐早已开始。企业也是如此。未来，对一个国家来说，基于 5G 的社会经济创新将会成为必须面对的事情,而不是选择项。在这种情况下,个人与社会、国与国之间将进一步拉大差异。不同于过去,未来一个国家将很难通过追赶和模仿战略赶超领军国家。在这种无法缩小差异的"超级"鸿沟产生的情况下,很难预测当前的发展战略是否行之有效(毕健有等,2022)。

"超链接"(Hyper-Connected)一词,最早在2008年由美国IT咨询企业高德纳公司(Gartner)提出。超链接社会指的是人和人、人和物、物和物如同蜘蛛网一样密切联系在一起的社会。可以说,我们已经进入这种超链接社会。全球有数十亿人通过互联网联系在一起,而数字设备的数量早已超过了全球人口规模。互联网24小时全天开放,而我们早已习惯用各种各样的设备查阅、获得所需要的信息。"超链接"这一用语准确无误地向我们展现了第四次工业革命时代的特点,超链接社会以物联网(Internet of Things, IoT)为基础。也就是说,通过我们肉眼看不到的连接网,将所有人和万物连接在一起,甚至将虚拟空间和现实连接起来,改变着人们的日常生活和经济活动。

韩国电信运营商KT以坐落于朝韩边界上的非武装地带大成洞村作为背景,拍摄了一部关于5G的广告。广告向人们展现了通过5G技术实现的超链接社会。比如,生活在首尔的老师可以通过5G通信网为生活在偏远村庄里的学生们授课;爸爸妈妈早一点儿回到家,孩子们欣喜若狂;爸爸在家远程种庄稼;孩子们虽然身在被孤立的村庄里,却能切身感受到与家人、教师连接在一起的幸福。

任何社会、团体、集体的构成要素之间的连接,都可以看作一种"关系的建立"。独立、孤立的单个要素只能是一个个体、一个节点,很难创造自身价值以外的附加值。在超链接社会,可以将这些独立的要素连接起来并建立关系。而在形成关系的过程中,可以创造新的价值。

传统的地面电视广播与观众之间的关系是单方面的。过去,广播电视台无法为观众提供具有针对性的精准播放,因为无法了解观众具有哪些特点或偏好,因此,不可能为每位观众提供最具针对性的播放服务。但是,如果实现双向播放功能,情况就会发生变化。到时候,广播电视台可以为每位观众提供针对性的服务，从而进一步提升广播电视服务的价值。通信也将出现和过去全然不同的情况。一直以来，通信意味着人到人、点到点之间的连接，而无法连接到汽车、冰箱等与人们生活密切相关的设备或终端。只有人亲自操作或驾驶，才能实现这些终端的价值。但是，车联网或网络家电可以自主向用户提供服务，这样的自主运行，大幅度提高了便利性。在这种情况下，相较于过去，便利的设备为人们美好的生活赋予了更多新的价值。

事实上，在所有人与终端、物连接在一起的超链接社会里，彼此之间的连接越深，创造新价值的机会就会越多。根据梅特卡夫定律（Metcalfe's Law，一个网络的价值等于该网络内的节点数的平方，而且该网络的价值与联网的用户数的平方成正比），双向网络将用户（节点）相互连接在一起并将其作为完整的构成要素时，网络的价值与联网用户数的平方成正比。

网状网络拓扑结构的价值显著高于星型网络拓扑结构。星型网络拓扑结构如同市内电话以交换机为中心一般，用户通过放射性方式连接；而网状网络就是把所有节点都连接起来。也就是说，连接度越高，网络价值就越大。

法国巴黎多菲内大学网络经济学家安娜·克蕾缇（Anna Creti）教授的研究表明，社会经济要素或因子之间的连接度越高，全要素生产率（Total Factor Productivity）也就越高。因此，不局限于简单的网络概念，倘若整个社会形成人与机器、万物全部连接在一起的环境，将实现有着莫大效应的良性循环。形成这种互动关系，创造社会新价值的社会就是超链接社会。

信息通信技术（Information & Communication Technology，ICT）的快速发展跨越了时间、空间、情景等物理限制，为数据和信号的相互连接提供了条件。也就是说，个人和社会通过网络连接装置（Connected Device）可以随时获得信息；通过移动技术，用社交（Social Media Service，SMS）服务和电子邮件、短信等方法不受空间约束就能相互实时沟通的时代已然到来。通过这种信息通信技术的飞跃发展，人们可以享受稳定美好的生活，汽车可以避开拥堵车道安全驾驶，物流可以通过创新实现快速分拣与流通。说到底，超链接社会的前提是物联网（IoT）或万物互联网（Internet of Everything，IoE）的实现。物联网或万物互联网的实现，意味着将当前通过移动通信网和智能通信"机器到机器"（Machine to Machine，M2M）实现的人和物、物和物之间的连接概念进一步扩大到互联网，这不仅仅是人与物之间的联系，甚至包括现实与虚拟世界的所有信息互动。

物联网的最终目的并不是简单的"物理性连接"，而是在连接的前提下，完成相互之间的通信以及数据的发生、交换、积累、处理、联动等一系列活动。一直以来，建立怎样的通信网络才能实现这种统筹、综合的连接困扰着人们，而随着5G的出现，这一难题将会迎刃而解。5G被认为是最有效支持物联网和整个连接通信系统的技术。

移动网络是物联网和万物互联网必不可少的基础要素，而5G又是最行之有效的手段。从技术层面来看，5G可以在每平方千米与100万个终端连接。韩国的人口密度是每平方千米528人。也就是说，5G可以为韩国人提供相当于人口2000倍左右的连接容量（谷玉兰等，2022）。

5G环境可以提供接近完美连接性的物理条件。在开放的移动环境下，3G或4G简单用于通信的价值无法与5G相提并论。5G通过提高连接性提升网络价值，进而促进用户效率的提升。

三　5G技术应用领域

我国IMT-2020推进组定义的5G应用场景包括四类：连续广域覆盖、热点高容量、低功耗大连接和低时延高可靠，该定义与ITU的基本相同，只是将eMBB场景进一步细分为连续广域覆盖和热点高容量两类。

华为从5G技术相关性和市场潜力的角度对5G应用场景进行了比较，其研究显示，云VR/AR、车联网（远控驾驶、编队驾驶、自动驾驶等场景）、智能制造（机器人云端控制）、智慧能源（馈线自动化）、无线医疗（远程诊断）等十个场景与5G的相关性最大，同时具有较大的市场前景（见图4-9）。

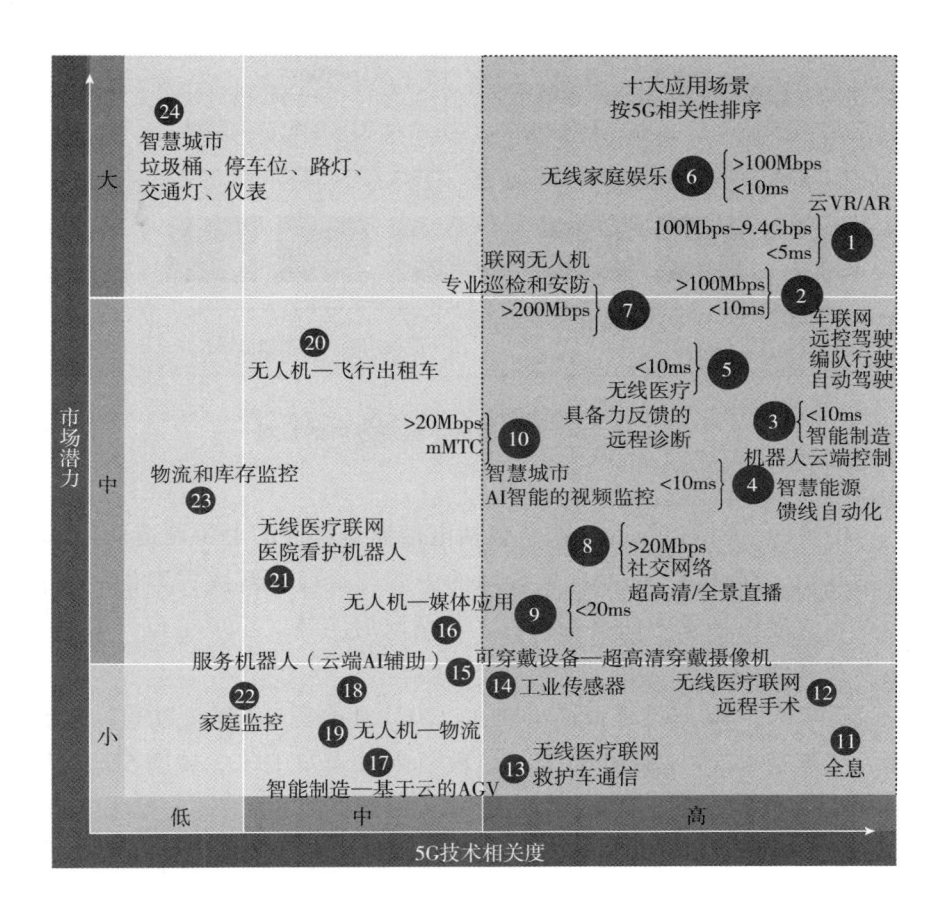

图 4-9 5G 主要应用场景

资料来源：中投产业研究院（2022）。

四 5G 技术产业发展规模

根据测算，预计在 2020—2025 年 5G 将拉动中国数字经济增长 15.2 亿元，其中信息产业增加值增加 3.3 万亿元，其他垂直产业（车联网、工业、医疗）增加值增加 11.9 万亿元（见图 4-10）。总之，5G 不仅能在全球科技发展中提升自身的竞争力，也将成为经济疲软状态下有力的抓手。

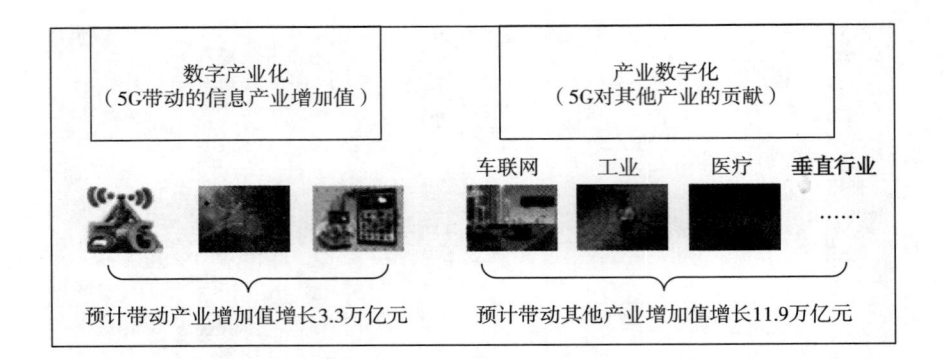

图 4-10 5G 对中国数字经济发展的贡献

资料来源：中投产业研究院（2022）。

中国 5G 专网市场的价值链包括电信设备部件的上游制造商，5G 微型基站、5G 核心网、5G 聚合网的中游制造商及解决方案供应商，以及下游应用场景中的终端用户，包括政府实体、军事单位、警察、企业及其他。

近年来，5G 基站建设稳步推进。2021 年全国 5G 基站为 142.5 万个，全年新建 5G 基站超 65 万个。截至 2022 年 3 月末，我国 5G 基站总数达 155.9 万个，占移动基站总数的 15.5%，占比较上年末提高 1.2 个百分点。其中第一季度新建 5G 基站 13.4 万个（见图 4-11）。

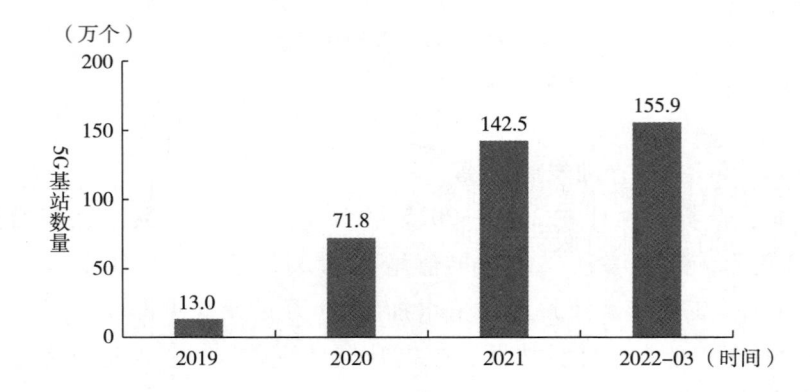

图 4-11 2019 年至 2022 年 3 月中国 5G 基站数量

资料来源：中商产业研究院（2022）。

自 2020 年以来，中国 5G 专网一直创造收益。2020 年，中国 5G 专网市场的总收益为 23 亿元。随着各行业数字化转型加快，中国 5G 专网市场的总收益预计于 2026 年将达到 2361 亿元，2021—2026 年的复合年增长率为 108.2%（见图 4-12）。

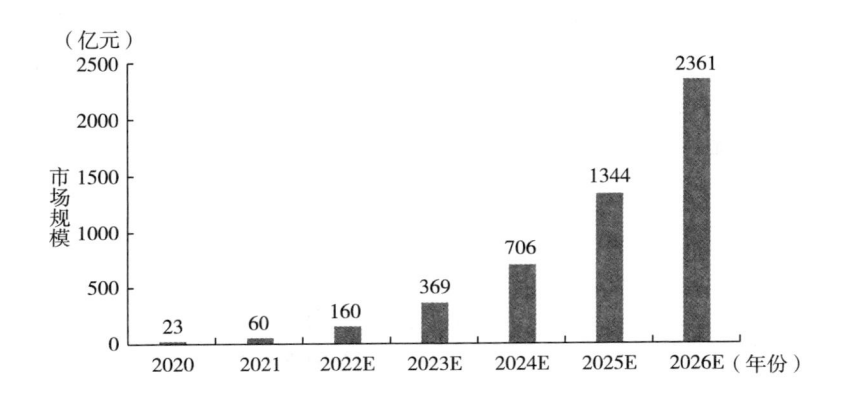

图 4-12　2020—2026 年中国 5G 专网市场规模预测趋势

资料来源：中商产业研究院（2022）。

五　5G 产业政策环境

5G 技术的应用将有助于产业链水平的提升。该技术具有很多优良性能，如高速率、高可靠、大连接、低功耗等，对元器件、芯片、终端、系统设备等都提出了更高要求，将直接带动相关技术产业的进步升级。另外，5G 产业能够催生全息视频、浸入式游戏等新模式新业态，让智能家居、智慧医疗等新型信息产品和服务走进千家万户，推动信息消费扩大升级。

因此，我国出台多项政策来推动 5G 产业的持续发展。2020 年 3 月，工业和信息化部发布了《关于推动 5G 加快发展的通知》《"5G+工业互联网" 512 工程推进方案》等产业政策，提出要加快 5G 网络建设进度、支持加大基站站址资源、加强电力和频率保障、推进网络共享和异网漫游。具体情况见表 4-1。

表 4-1　　2019—2021 年我国 5G 产业相关政策

发布日期	政策名称	发布单位	主要内容
2021 年 12 月	《贯彻落实碳达峰碳中和目标要求 推动数据中心和 5G 等新型基础设施绿色高质量发展实施方案》	国家发展和改革委员会等	到 2025 年，数据中心和 5G 基本形成绿色集约的一体化运行格局。其中，5G 基站能效提升 20%以上
2021 年 2 月	《关于提升 5G 服务质量的通知》	工业和信息化部	当前在 5G 发展加快、取得积极成效背景下，部分电信企业用户提醒不到位、宣传营销不规范等情形正引发社会广泛关注。为切实维护用户权益，推动市场持续健康发展，各企业部门需要加强提升 5G 服务质量
2020 年 11 月	《关于组织开展 5G+医疗健康应用试点项目申报工作的通知》	工业和信息化部办公厅、国家卫生健康委员会办公厅	充分发挥 5G 技术的特点优势，着眼丰富 5G 技术在医疗健康行业的应用场景，征集并遴选一批骨干单位协同攻关、揭榜挂帅，重点形成一批技术先进、性能优越、效果明显的 5G+医疗健康标志性应用，为 5G+医疗健康创新发展树立标杆和方向，培育我国 5G 智慧医疗健康创新发展的主力军
2020 年 3 月	《关于推动 5G 加快发展的通知》	工业和信息化部	加快 5G 网络建设进度、支持加大基站站址资源、加强电力和频率保障、推进网络共享和异网漫游
2020 年 3 月	《关于促进消费扩容提质加快形成强大国内市场的实施意见》	国家发展和改革委员会等	加快 5G 网络等信息基础设施建设和商用步伐
2019 年 12 月	《长江三角洲区域一体化发展规划纲要》	中共中央、国务院	到 2025 年，5G 网络覆盖率达到 80%，基础设施互联互通基本实现
2019 年 11 月	《"5G+工业互联网"512 工程推进方案》	工业和信息化部	提升"5G+工业互联网"网络关键技术产业能力、创新应用能力、资源供给能力，加强宣传引导和经验推广
2019 年 6 月	《推动重点消费品更新升级畅通资源循环利用实施方案（2019—2020 年）》	国家发展和改革委员会	加快推进 5G 手机商业应用

续表

发布日期	政策名称	发布单位	主要内容
2019年5月	《关于开展深入推进宽带网络提速降费支撑经济高质量发展2019专项行动的通知》	工业和信息化部、国资委	指导各地做好5G基站站址规划等工作,进一步优化5G发展环境。继续推动5G技术研发和产业化,促进系统、芯片、终端等产业链进一步成熟
2019年1月	《进一步优化供给推动消费平稳增长促进形成强大国内市场的实施方案(2019年)》	国家发展和改革委员会等	扩大升级信息消费,加快推出5G商用牌照。加快推进超高清视频产品消费

总而言之,5G时代可以完成经济社会整个体系的升级。因此,5G不仅仅意味着新技术的登场,更重要的意义在于有可能会引领网络和经济社会结构的根本转变。我们可以从产业层面和人们的通信层面,展望一下未来超链接社会。从产业层面来讲,大数据产业将进一步快速发展,同时,经济将以数字经济为主。而大数据产业之所以能够快速发展,重要原因在于未来人们在越来越多地使用5G实现超链接的过程中会产生大量的数据。同时,我们也可以想象,未来可穿戴设备、智能家居、智慧城市、智能工厂、车联网及无人驾驶汽车等产业领域会实现质的飞跃。此外,未来将广泛使用智能手表与头戴式显示器等认知增强装备或行为分析设备、正装等可穿戴设备、智能监控或灾难检测系统、广域传感器、交通管制系统、智能工厂的机器人与装备等,并通过这些设备与装置,进一步促进产业和经济的发展。

第四节　人工智能技术

一　人工智能概述

由谷歌开发的AlphaGo在围棋界大显身手之后,人们对人工智能的关注达到了顶点。事实上,人工智能已经在社会各个领域中得到了应用,也切实推进了各个行业的快速发展进步。无论是生活中处处可见的智能手机应用,还是复杂的超级计算机,人工智能的普遍运用给生活带来了巨大的改变。

人工智能可以分为两个部分,分别是人工和智能。人工指的就是人力所创造的,智能则是指机器对运算、感知和认知的学习。人工智能技术就是指机器能够通过不断的更新来对人类的反应进行智能化模仿。不管是借助机器来满足生活所需,还是人机交互,最终的目的都是通过这项技术来帮助人类使生活变得更加便捷(朱晨,2022)。

由于机器智能化的设置,其做出的每一项决策都是根据计算机中的算法而得出的纯理性化的决策。

人工智能(Artificial Intelligence,AI)是一门利用计算机模拟人类智能行为科学的统称,它涵盖了训练计算机使其能够完成自主学习、判断、决策等人类行为的范畴。人工智能、机器学习、深度学习是我们经常听到的三个热词。关于三者的关系,简单来说,机器学习是实现人工智能的一种方法,深度学习是实现机器学习的一种技术。机器学习使计算机能够自动解析数据、从中学习,然后对真实世界中的事件做出决策和预测;深度学习是利用一系列"深层次"的神经网络模型来解决更复杂问题的技术。三者的隶属关系如图 4-13 所示。

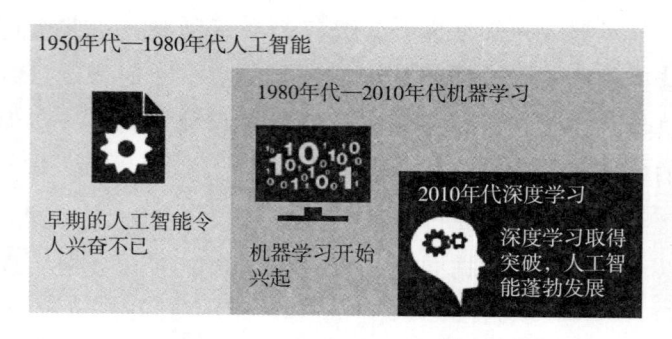

图 4-13 人工智能、机器学习、深度学习的隶属关系[1]

---

[1] Michael Copeland, *What's the Difference Between Artificial Intelligence, Machine Learning and Deep Learning?*, NVIDIA, https://blogs.nvidia.com/blog/2016/07/29/whats-difference-artificial-intelligence-machine-learning-deep-learning-ai/.

在国务院印发的《新一代人工智能发展规划》中提到，人们的生活在人工智能快速发展的当下已经发生了巨大的变化，而作为改变世界的技术之一，在未来的战略中，人工智能技术的地位不言而喻。人工智能的核心技术就是对现实世界通过借助数据化技术和理念来实现建模，在数据的基础上构建一个虚拟的世界，然后再构造相应的业务系统，这样既能够对用户的需求进行深刻把握，同时还能够获得用户的画像，这样便能够驱动智能经营来更好地满足用户的需求。

人工智能与数据有着非常紧密的联系。无论是初期机器学习阶段，还是最终实现人机交互阶段，其整个过程中都涉及大量的数据。随着人工智能技术的快速发展，人类社会也开始进入人工智能数据时代。在金融领域，人工智能技术的应用，已经开始同风控、贷款、大数据征信、资产配置等相结合。

智能投顾产品所具有的风险通过人工智能、大数据等技术手段得以严格控制，其要比传统投顾有着非常明显的行业竞争优势。对于传统大型金融机构来说，其有着非常良好的客户基础和信用基础，有着相对比较低的风险水平，在短期内可能无法形成竞争优势。随着互联网技术快速发展和外部化趋势加强，以及政策对金融科技的支持等外部因素的逐渐完善，智能投顾平台的便利性、高效率、风控等优势凸显，长期而言，竞争优势明显（徐凯等，2022）。

由于智能投顾在国内所具有的潜在的万亿级市场体量，其在国内的崛起是值得期待的。但在初级阶段，由于监管制度不完善、市场教育成本太高等问题，需要我们理性地看待和处理这些问题。

综上可知，对数据进行计算和处理是人工智能所具有的巨大优势，所以，通过将大数据同人工智能相结合能够对数据实现实时处理，这也是金融领域人工智能新的应用方向。

二　人工智能发展现状

2020—2021年，中国人工智能产业规模不断发展壮大，投融资热度持续升温，科技创新能力显著提升，行业融合应用不断深入。从产业布局来看，依托科技创新和互联网产业发展优势，京津冀、长三角和粤港澳大湾区已成为我国人工智能发展的三大区域性引擎。

人工智能产业规模不断发展壮大。2021年中国人工智能核心产业规模超过1800亿元，至2025年预计超过4500亿元，2021—2025年人工智能核心产品复合增长率为24%。2021年人工智能带动相关产业规模超7400亿元，至2025年将突破16000亿元（见图4-14）。投融资热度持续升温。2021年1—7月，共有融资事件506起，融资金额达到1840亿元，远超2020年全年投资总额。

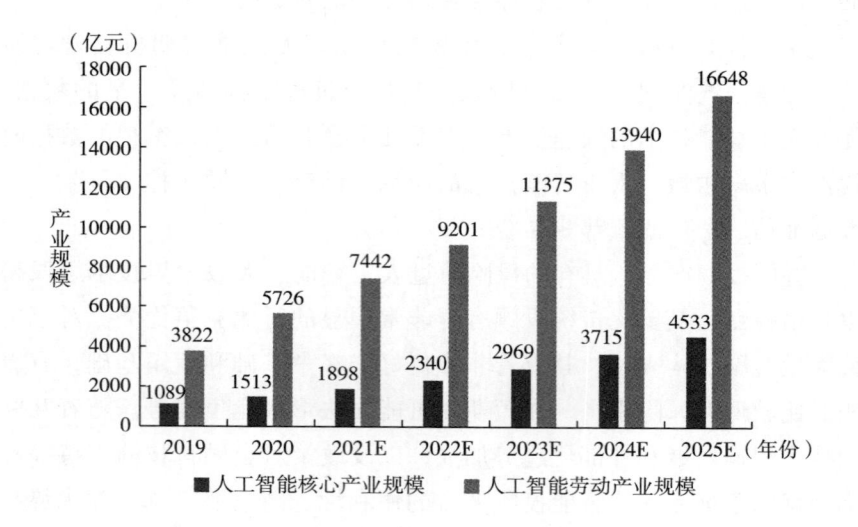

图4-14 人工智能产业规模

资料来源：中关村互联网金融研究院（2022）。

2021年5月，德勤、英特尔和深圳人工智能行业协会发布的《中国成长型AI企业研究报告》显示：2020年，中国在人工智能领域的投融资金额达到1748亿元，继2018年的1330亿元投资高峰后创下了投融资新纪录（见图4-15）。在全球抗疫的大背景下，为人工智能技术应用和数据共享发现了契机和试验场，AI在医疗、城市治理、工业、服务业等领域迅速响应，充分展现了人工智能的应用潜力，人工智能行业整体依然快速蓬勃发展。

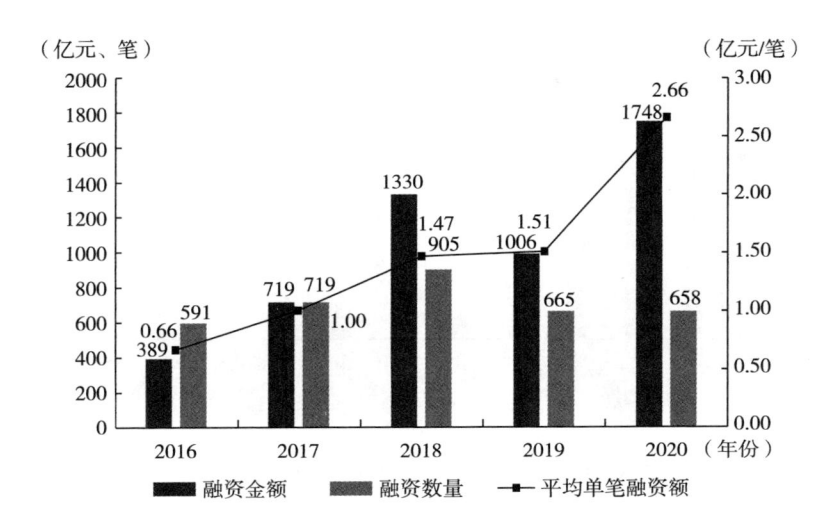

图 4-15　2016—2020 年中国人工智能投资市场规模分析

资料来源：德勤、英特尔、深圳人工智能行业协会（2021）。

整体来看，人工智能投资金额不断创新高，融资次数有所减少，但平均单笔融资金额稳步攀升，从 2016 年的平均单笔融资 0.66 亿元逐步攀升至 2020 年平均单笔融资 2.66 亿元。相对人工智能领域的大笔融资频发现象，存量上的投融资增长更看重企业质量。

中国制造业面临一些紧迫问题，如产业链升级、成本上升等，而智能制造将在解决这些问题的过程中发挥巨大作用，进而成为目前投资领域的最热层面。另外，中国医疗所面对的挑战是人口众多且老龄化现象严重，未来中国医疗体系劳动力不足的现象将更加严重，因而人工智能医疗的需求空间将是巨大的。

未来一段时间，随着中国规模化人工智能基础设施平台的逐步成立，人工智能的产业化发展将越来越完备，并逐步渗透到各个行业的多个领域中，产业 AI 趋势已经逐渐明显，同时为成长型 AI 企业带来广阔机遇。图 4-16 展示了 2020 年人工智能细分领域的投资数量。

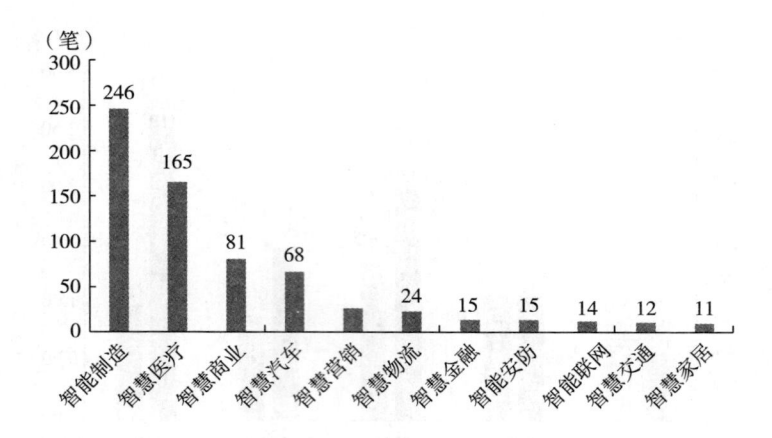

图 4-16　2020 年人工智能细分领域投资数量

资料来源：德勤、英特尔、深圳人工智能行业协会（2021）。

三　人工智能技术概览

人工智能的研究范畴非常广泛，包括知识获取、感知问题、模式识别、神经网络、复杂系统、遗传算法等诸多内容，其核心涉及四大技术：计算机视觉、机器学习、自然语言处理和人机交互。

计算机视觉（Computer Vision，CV）是使用计算机及相关设备对生物视觉进行模拟。通俗地讲，计算机视觉技术是研究如何使机器"看"的技术——用各类摄影设备替代人眼，帮助计算机进行识别、追踪和测量，并进一步进行图像处理，使之生成更适于人眼观察或其他设备使用的信息。

机器学习（Machine Learing，ML）是人工智能的核心技术，是使计算机具有智能的根本途径。机器学习是用数据或以往的经验，研究如何在经验学习中改善具体算法性能。机器学习研究涉及概率论、统计学、逼近论、凸分析、算法复杂度理论等诸多学科领域，应用范围也十分广泛，遍及人工智能的各个方面（冯抒，2022）。

自然语言处理（Natural Language Processing，NLP）研究能实现人与计算机之间用自然语言进行有效通信的各种理论和方法。自然语言处理与计算机视觉技术一样将各种有助于实现目标的技术进行融合应用。现代自然语言处理算法主要基于机器学习，特别是统计机器学习。

人机交互（Human-Computer Interaction，HCI）是指人与计算机之间使用某种对话语言，以一定的交互方式，完成确定任务的人与计算机之间的信息交换过程。它主要包括人到计算机和计算机到人的信息交换两部分。

四 人工智能的行业应用

人工智能应用在保险行业当中，在多方面为保险行业带来了积极的改变：例如，在客户交互这个环节，可以利用人工智能实现与客户的互动，可以使保险公司能够通过线上的渠道获得客户，拓宽了获客渠道，使其能够在营销推广、客户服务等方面大大提升效率；同时，人工智能在核保、承保及理赔等环节，能加快对客户所提供资料（如文档类、影像类等相关文件）真实性核查的进度，从而实现高速处理，同时也能防范潜在的保险诈骗行为等。

目前人工智能应用的主要领域仍集中在应用人工智能带来的算法方面的提升，通过机器学习，建立更精准的模型体系，支撑业务运营过程中的风险控制、反欺诈、精准营销和客户关系管理等。本章也重点针对这部分应用场景进行描述，而在图像识别、智能客服等领域的内容，我们将在后续章节更进一步探讨。

五 数字经济中的人工智能

（一）机器学习在寿险反欺诈领域的应用

欺诈这个现象，长期以来都困扰着保险行业，是一个亟须解决的重要问题，影响着保险行业健康发展。中国人寿作为我国最大的商业保险集团之一，在反欺诈方面也投入了大量资源进行能力建设。随着技术的不断进步和海量数据资源的积累，中国人寿也应用机器学习等技术，对寿险领域存在的潜在欺诈案例进行挖掘和追踪，降低传统案件处理过程中的人为不确定因素，提高识别准确率，节约人力成本（钱维章，2017）。

中国人寿在对历史相关数据进行深入分析研究的结果中发现，重大疾病保险、短期健康保险和意外险欺诈案发率较高，这些险种都属于人身保险。而重大疾病保险、两全保险、定期寿险案件涉案金额均相对较高。

（二）知识图谱在反欺诈和精准营销领域的应用

阳光保险在人工智能领域进行了诸多积极探索。应用知识图谱，公司在反欺诈和精准营销方面取得了良好效果。在反欺诈应用方面，阳光产险信保事业部承保审核环节应用了知识图谱。此前，阳光产险信保主要是依靠人工进行风险评估，业务人员需自主查询贷款申请人信息及关联的历史贷款人信息，但在申请人相关社交网络信息整理方面经常遇到困难。借助知识图谱技术，贷款申请人个人信息及社会关系等所有数据实现了联通，信息的多维化、可视化展示，帮助业务人员进行深度的反欺诈分析和预测，增强了业务整体的风险识别能力。自2017年11月上线到2017年12月底，阳光产险信保事业部利用知识图谱技术共发现18起重大案件（涉及人数大于5人的案件），是之前人工处理案件量的8.5倍（杨唯实，2017）。

在精准营销方面，阳光保险旗下惠金所应用知识图谱技术开展精准营销，利用业务中的注册功能和邀请功能，构建了知识图谱的实体和关系两大元素，进而建立了用户之间的关系图谱，实现了用户关系的快速查询。在此基础上，通过应用知识图谱结构推测客户好友圈价值，锁定优质客户群和潜在价值客户，公司实现了客户运营管理的优化，提高了获客和营销的效果。

（三）机器学习在保险资产管理领域的应用

作为我国首家保险资产管理公司，人保资产在业内一直积极探索和尝试用创新技术推动保险业资产管理的发展。2018年1月，人保资产发起成立"人工智能发展与应用小组"，希望在"智能风控"领域实现突破。团队从发债主体信用资质变化等大数据入手，开发具有人保资产特色的"机器学习算法"，通过精准程序设定，让计算机根据市场内企业公开的财务指标"研判"和"学会"信用资质变化的一般规律，并自主应用此规律开展智能化信用评估（王小青，2019）。

人保资产在大数据和人工智能技术的帮助下，还开发了人工智能信用风险识别系统。这个系统可以大大降低人工核查的一些弊端，并提升其效率，同时也能降低资产管理方面风险发生的概率。通过机器学习和自然语言处理加工，对市场上传播的各类信息进行过滤，计算机能够对文本有倾向性，能对发债主体的舆情变化尽早发现，尽早预警。并以此为依据之一，对发债主体的信用评级进行相应的调整，及时调整投资布局。

第五节 区块链技术

一 区块链的起源与发展

（一）区块链技术基本定义

区块链技术起源于化名为"中本聪"（Satoshi Nakamoto）的学者在 2008 年发表的奠基性论文《比特币：一种点对点电子现金系统》。区块链是一个分布在全球各地、能够协同运转的分布式核算、记录的数据存储系统。由于交易记录在此记账系统中分区块存储，每个区块只记录部分数据，同时每个区块都会记录前一区块的 ID（Identity，身份标识号码），因此区块链是去中心化的、分布式新型记账系统。区块链具有三大特点：

一是去中心化。区块链技术不需要中心服务器，不存在中心化的硬件或第三方管理机构，连接到区块链网络中的所有节点权利和义务都是均等的，数据块由整个系统中具有维护功能的节点来共同维护。

二是透明性。除了交易各方的私有信息被加密，区块链上的所有数据对所有人公开，所有参与者的账本都公开透明、信息共享。

三是安全性。区块链技术支持的交易网络中所有交易采用加密技术，使数据的验证不再依赖中心服务器，极大地提高了全链条上发动网络攻击的成本和篡改信息的难度，维护了信息的安全性和准确性，降低了信用成本。另外，由于所有节点都拥有相同的全局账本，所以个别的原本被破坏或消失不会影响到整体。

（二）区块链技术的主要分类

区块链划分的标准不是参与节点的多少，而是整个系统中记账节点的门槛和记账权的分散度。按参与对象范围的不同，区块链可粗略区分为公有链、联盟链和私有链，如表 4-2 所示。

（1）公有链参与对象广泛，每个参与者均参与记录和保管记录，比特币是典型的公有链。

（2）联盟链节点参与者是开展相似业务或有着共同需求的群体，如数十个国际大银行共同参与运作的 R3 CEV。

（3）私有链则不仅节点更少，其更本质的特征是所有节点可能最终都是由一个实体控制，一个公司内部的区块链系统可以是典型的私有链。

表 4-2 区块链按参与对象范围和关系的不同分类

	参与对象	方案价值	适用领域	优点
公有链	任何对象都可以参加	去中心化、去信任化	广泛应用于支付、金融资产交易、存在性证明等	灵活性大，能部署丰富的应用程序
联盟链	预先预定或特定发起的组织	多中心化，大幅改善信任问题，降低成本，提高效率	银行或国家清算、结算	控制权易设定、扩展性较好、可提供较快的交易频率
私有链	单独的个人或实体	不完全解决去中心化信任问题，但改善可审计性；具备智能合约属性	公司、政府内部审计和测试，政府主导的产权登记等	容易部署，能实现较好的控制

资料来源：中投产业研究院（2022）。

（三）区块链产业链结构层次

区块链产业链的参与者分为三个层次：基础设施和服务层、中间件和服务层及应用和解决方案层（见图4-17）。

应用和解决方案层	众筹、微型支付、交易、担保服务、内容、交易所、赏金、浏览器、治理和投票、有品牌的币、发信息、金融服务、保险箱服务、地下市场、公司、赌博、会计、自动提款机与查询一体机、借贷、奖励、社交、慈善、Causecoin、文档验证、广告网络、点对点市场、音乐、金钱服务、钱包、网状网络、商品、主机、存储、电子商务、保健、银行卡
中间件和服务层	验证、IT服务、支付与商家、应用程序接口、区块链服务、安全、身份与声誉、覆盖平台、金钱服务、交易服务、智能合约、挖矿服务
基础设施和服务层	区块链、多重货币、加密货币、非区块链平台、支付、矿工与设备

图 4-17 区块链产业链

资料来源：中投产业研究院（2022）。

（1）基础设施和服务层构成整个区块链生态的基础协议和底层架构。

（2）中间件和服务层聚焦于帮助客户二次开发各种基于区块链底层技术的应用、为客户使用区块链技术改造业务流程提供便捷的工具和协议。

（3）应用和解决方案层聚焦于服务最终的用户，包括个人、企业和政府。

区块链的应用层包含两个层次。

（1）利用区块链分布式记账特点的应用开发，包括身份验证、证明、交易所、比特币、云储存等；

（2）基于区块链的去中心化体系开发的各种去中心化应用，包括跨境金融、P2P 借贷等。

从技术的可行性角度来看，目前所有的互联网应用都可通过区块链进行底层的重构。

（四）区块链技术产业发展规模

1. 市场规模

根据"十四五"规划纲要，区块链作为"十四五"规划七大数字经济重点产业之一，将推动 2025 年数字经济核心产业增加值占 GDP 比重达到 10%。近年来，区块链市场规模一直保持增长，从 2017 年的 0.85 亿元增长至 2020 年的 5.61 亿元，年均复合增长率达 87.58%，预计 2022 年将增长至 14.09 亿元（见图 4-18）。随着各地政府的关注和重视，预计未来我国区块链以及相关衍生产业的市场规模将持续增长。

2. 企业数量

区块链注册企业数量一直保持增长，截至 2021 年底，中国区块链相关注册企业约为 9.36 万家。在企业数量方面，2020 年我国提供区块链专业技术支持、产品、解决方案等服务，且有投入或产出的新增区块链企业数量达 303 家，同比增长 274.07%。其中，2021 年新注册企业数量达 26304 家，同比增长 6.55%（见图 4-19）。

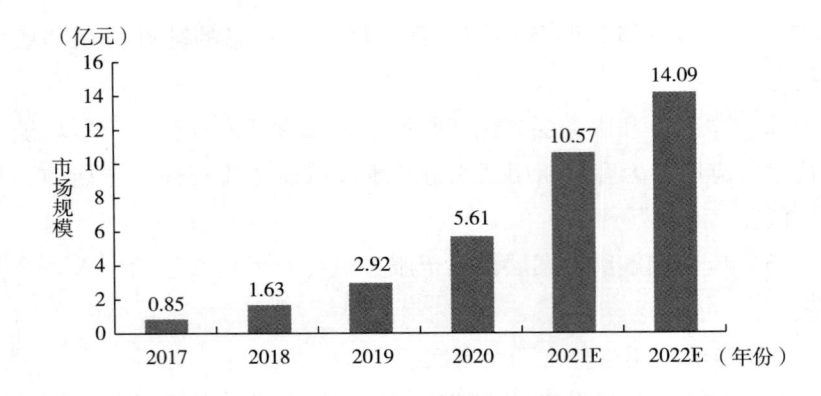

图 4-18　2017—2022 年中国区块链市场规模预测趋势

资料来源：中商产业研究院（2022）。

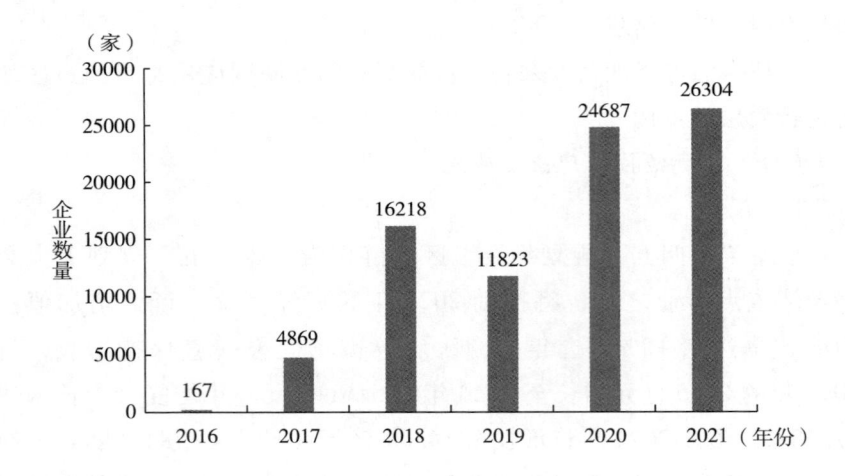

图 4-19　2016—2021 年中国区块链相关新注册企业数量

资料来源：中商产业研究院（2022）。

3. 投资情况

相比于 2018 年，区块链投资市场已经恢复冷静，2019 年起投资数量一直呈现下降趋势。2021 年，中国区块链产业投资数量为 39 起，同比下降 11.36%；投资金额为 39.31 亿元，同比增长 60.65%（见图 4-20）。

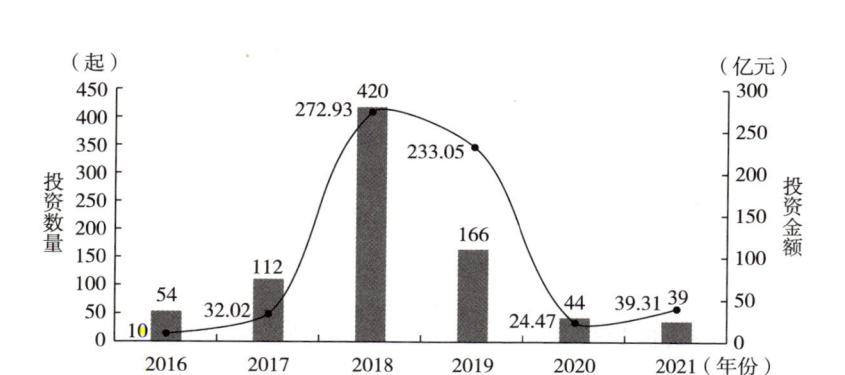

图 4-20　2016—2021 年中国区块链产业投资数量及金额统计

资料来源：中商产业研究院（2022）。

4. 产业园区分布情况

我国多数产业园在创建之后，已经吸引了国内外大批优质企业、知名高校、研究机构等的加入。2020 年，在 44 家区块链产业园中，有 17 家产业园为政府与企业合作共同推进区块链发展，占比为 39%；由政府主导的区块链产业园 15 家，占比为 34%；由企业主导的区块链产业园仅有 9 家，占比为 20%。区块链产业园的区域分布情况如图 4-21 所示。随着各种要素的聚集，我国区块链产业呈现出迅速增长的模式。

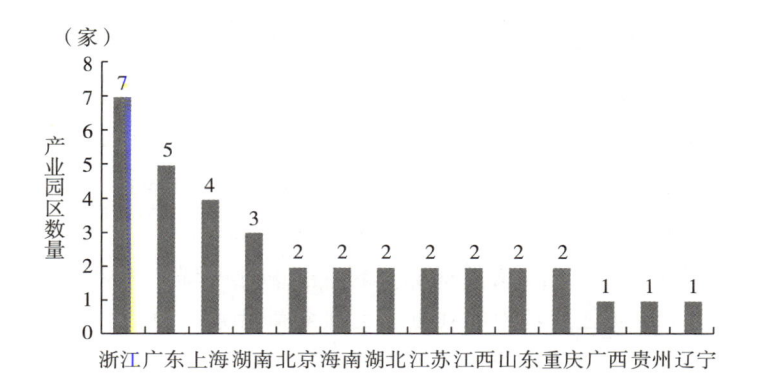

图 4-21　中国各省份区块链产业园数量情况

资料来源：中商产业研究院（2022）。

二 区块链的进化方式

区块链作为底层技术，为未来许多行业的变革构建了全新的框架。从2008年中本聪发表的第一篇神秘论文开始，到如今对区块链技术应用的展望，区块链的进化主要分为三个阶段：区块链1.0技术时代、区块链2.0技术时代以及区块链3.0技术时代（张月平和刘东航，2022）。

从第一阶段区块链技术局限于比特币以及与比特币类似的货币开始，到第三阶段对区块链技术的展望，区块链技术已经远远超出了"区块链之父"中本聪最初的设想。这种起源于"比特币"的底层技术，不仅颠覆了金融业，甚至还能给人类的社会活动带来全新的机制——这种机制不依靠任何法律、口头约定、书面合约，而是依靠编辑好的程序来运行，即使是编写程序的人，也不能改变程序运行的过程以及结果。

（一）第一阶段：区块链1.0技术——数字货币

最初中本聪发明比特币的时候，甚至还没有"区块链"的概念，但区块链技术就已经被运用到比特币的研发中。比特币是一种"钱"的表现方式，只不过这种表现方式运用的是计算机中的数据。

比特币可以用来支付、交易等，而它也有许多支持者，也就是比特币的"矿工"。全球每天都有许多比特币"矿工"在不断地"挖矿"，直到比特币达到它的上限2100万个为止。被挖掘出的比特币，则可以在特定的交易系统中被当作金钱去使用。因此，货币可以用来支付、交易的特点，成为最初比特币的显著特性（杨智博，2022）。

所以，在区块链1.0技术时代，就是中本聪最初发明区块链技术时的应用方向——"无第三方信任机构"的数字货币时代。

（二）第二阶段：区块链2.0技术——智能合约

区块链1.0技术时代是在金钱支付、交易上实现"无第三方信任机构"，那么区块链2.0技术时代就是实现行业中的"去中心化"。此时的区块链技术已经不仅被用在与比特币类似的数字货币中，还被运用在各种协议中，如众筹、基金、私募股权、养老金、贷款合同、公证等。

在区块链2.0技术时代，最主要的部分就是区块链技术实现了智能合约。早在1995年尼克·萨博（Nick Szabo）在自己网站上发表的文章中就提出了"智能合约"相应的理念。他对智能合约的定义：智能合约是一套以数字形式定义的承诺，包括合约参与方可以在上面执行这些承诺的协议（钱鹏等，2022）。但是受当时条件的限制，很难做到用编程语言达到"信任"的目的，因此尼克·萨博并没有真正实现智能合约。在此之后，随着比特币等数字货币的流行，区块链技术被逐渐挖掘，进而发现区块链技术能够在计算机编程的基础上达到"信任"的目的，从而使智能合约得到了一次巨大的突破。

梅兰妮·斯万（Melanie Swan）在《区块链：新经济蓝图及导读》一书中提到智能合约的三个要素：自主、自知和去中心化。从这三个要素中可以看出，智能合约可以在没有法律条约以及纸质签名合约的情况下，通过编程的方式强制约束建立合约的双方。而这三点要素，在区块链技术的基础上都得到了实现。

因此，智能合约的突破成为区块链2.0技术时代的重要标志。

（三）第三阶段：区块链3.0技术——社会活动的应用

在区块链2.0技术时代产生重大突破的智能合约简化了各个行业中复杂的合约手续，那么在此基础上就可以大胆尝试展望区块链3.0技术时代。区块链技术的应用已经不仅限制于"行业"中，该技术还能够同时在人类的社会活动中产生巨大的影响（张歌和苏路明，2022）。

区块链技术能够用编程完美地解决人类社会活动中产生的矛盾，从而使组织活动的效率得到提升。梅兰妮·斯万（2015）关于区块链3.0技术时代的定义：区块链技术能够极大地促进过去由人力来完成的各种协调和确认，促进了更高阶段的，甚至可以说是成就了全新的人机交互方式。从某种程度上说，也许今后所有人类的活动都能够使用区块链技术进行协调，或者在最低程度上被区块链概念彻底改变。此外，从功能、实用性以及量化管理来说，区块链技术不仅仅是一种较好的组织模式；通过共识进行操作，这个模式能够从质量上获得更大的自由度和更多的授权，更加平等。

因此，从梅兰妮·斯万对区块链3.0技术时代的描述中可以看出区块链技术在未来社会活动中的重大作用，它甚至可以改变人类活动的模式，让事先编辑好的程序来治理社会，从另外一种层面上达到"自治"的效果。区块链技术让人类社会活动在即使没有第三方机构的控制之下，也能够有序、公正地开展，进而简化了复杂的人类活动，避免了其他中心机制的参与。

三 区块链的技术原理

想要把握住区块链带来的创新动力，就要了解区块链内所有的基础知识，它包含密码学基础、共识算法、分布式等，以及熟悉从这些基础之上衍生出来的，与区块链有着直接关系的分布式账本、智能合约、侧链技术等初步应用方向。要从区块链技术的原理中准确地找到它关键点，只有理解区块链技术每个关键点的意义，才能看清区块链技术为人类带来的优势。同时，在区块链技术的原理之上，还要能看清它本身的缺陷。

（一）区块链技术的关键点

从整体来看，区块链技术的关键点包含：去中心化、去信任、集体维护、分布式、开源性等。

1. 去中心化

去中心化是区块链技术的一个重要特点，指的是区块链技术将中心弱化到各个节点上，因此区块链技术并不是完全不需要中心的。区块链技术使系统中的每个节点都能够成为中心，从而独立运行，还能够完成节点与节点之间的直接交易。区块链技术上的每个"区块"都像一个小型数据库，所有节点都可以使用对应的密钥，去查阅每个"区块"里保存的所有数据。而且，除网络延迟可能造成信息没有及时送达到下一个"区块"以外，每个"区块"中保存的数据信息几乎相同。区块链技术没有任何可以操控其他"区块"信息的大中心，而且想要通过一个"区块"进一步控制其他"区块"，这几乎不可能实现（姜晨，2022）。

因此，去中心化也是区块链技术的核心特点。从目前来看，在金融交易中，去中心化能够最大限度地减少交易成本。而站在未来的角度，去中心化的核心特点在区块链 3.0 技术时代得到了最大的拓展，甚至会成为未来世界的发展方向。

2. 去信任

去信任是区块链技术要达到的目标之一。但是，所谓的"去信任"并不是指让使用者在应用区块链技术的过程中不信任或者不产生信任，而是在应用区块链技术的项目中，达到去掉第三方信任机构的目的。

在这个信息爆炸的时代，交易双方时常不能直接判断出对方信息的真假，所以需要强大的第三方机构介入交易过程中，来建立交易双方的信任关系。这个第三方信任机构往往在中间会收集大量交易者的资源用来维护自身的发展。即使所有交易者都知道第三方机构会在交易过程中耗费大量成本，但是他们都必须依赖第三方信任机构，来维护交易双方的信任。

区块链技术会构建出一套独特的信任机制——在去中心化的前提下，实现节点与节点之间直接进行信息交易。区块链技术能够不停地接收大量外部信息，同时让这些信息在"区块"中存储且不可修改，并且其他"区块"中都包含了信息的备份。那么，任何节点上的人都可以通过"区块"获得交易对象的数字信息，通过区块链技术来判断交易对象是否可信任，甚至可以通过区块链技术，在交易过程中强制让交易对象执行交易程序。区块链技术实现了去信任，从而证明了区块链技术的公开性、透明性。因此，区块链技术本身就在"创造"信任。

3. 集体维护

集体维护的主要含义是：区块链技术涉及所有包含数据信息的"区块"，由不同的节点共同维护。

4. 分布式

分布式在区块链技术的传递与存储信息的方法上都有体现。由于每条"链"的每个"区块"上，都存储了这条"链"的全部信息，每个"区块"在接收到新数据的时候，会将新数据传送给其他"区块"，进而每个"区块"都相当于一个数据库备份。当外界黑客对某个"区块"进行攻击的时候，并不会对整条"链"产生影响。系统会自动进行调整，进而避开被攻击"区块"发出的错误信息。因此，也有人在区块链技术中运用分布式,将数据存储在各个"区块",这被称为"可靠数据库"(张学典和林至锽,2022)。

可靠数据库体现了区块链技术的安全特性。然而,区块链技术也并非绝对安全,它只是在一定程度上将隐患最小化。因为如果外界黑客攻击了"链"上51%以上的区块,那么整条"链"也会随之崩溃。

但是,随着区块链技术的发展,"链"上的数据会越来越多,"链"自身也会越来越长。当"链"延伸到一定长度的时候,黑客也难以做到51%以上的攻击。因此,可靠数据库会随着区块链技术的发展而变得更加安全。

5. 开源性

开源性则是区块链技术从诞生开始就一直存在的重要特点。它让应用区块链技术的系统维持了公开性、透明性。

从中本聪公布的比特币"创世区块"代码开始,区块链技术一直都处于开源的状态。任何程序员都可以下载代码,进行代码修改。区块链技术的开源性,为区块链技术今后的发展提供了巨大的机会(孙浩等,2022)。

区块链技术的关键点除去中心化、去信任、集体维护、分布式、开源性之外,还有非对称加密算法、时间戳、自治性、匿名性等。这些都属于区块链技术的一部分,哪怕缺少其中一项,都不能称为区块链。在中本聪最初的论文中,"区块"和"链"是分开提出来的两个概念。在该论文中,内容核心指向是"比特币",当时的中本聪并没有明确提出完整的"区块链"概念。区块链是在比特币的基础上,被许多相关人员挖掘出的比特币底层技术。

从中本聪的论文中,可以明确的一点是——区块链技术并不是单纯的数字货币。虽然中本聪以区块链技术为底层,创造了比特币,但是并不代表比特币和区块链技术等价。实质上,比特币和区块链技术是共生关系,它们几乎同时诞生,同时发展。然而,区块链技术作为一项底层技术,在某些意义上比作为数字货币的"比特币",能够给人类社会带来更多的价值。

区块链技术不一定必须包含智能合约,因为论文并没有提到任何关于"合约"的字眼。区块链技术只是为后来的智能合约提供了一个可以运行的框架，但是智能合约并非区块链技术中的必要组成。

除智能合约之外，"分布式账本数据库"几乎是大多数人对于区块链技术的定义，因此也有很多人将区块链看成数据库。其实，这是一种错误的看法。虽然"区块"本身拥有的存储功能符合人们对"数据库"的认知，但是在最初的论文中，"数据库"同样也没有出现过。区块链技术拥有数据库的功能，只是在后面相关人员的研究中被发现的，这只不过是区块链技术众多功能中的一部分。

首先，站在现在区块链技术的角度，可编程性几乎是所有关于区块链技术的研究者共同承认的重要特性，因为中本聪公布的"创世区块"就是以代码的方式呈现在世界面前的。但是回归到中本聪的论文中，他并没有提到任何关于"程序"或者"脚本"的字眼。虽然目前的区块链技术都是在代码的基础上实现的，但是并不代表以后区块链技术会被限制于代码上，它应该会有比代码更广阔的发展空间。

其次，要站在区块链技术目前主要的应用方向上，进一步看清区块链技术在未来的发展。目前，区块链技术主要运用领域就是数字货币。而在这些数字货币中，最有代表性的就是比特币。但是，不能把区块链技术的应用局限于数字货币。虽然中本聪在最初的论文中，主要讲述的就是比特币，而且区块链技术也是其他人在研究比特币的基础上发现的，但这并不能代表数字货币就是区块链技术发展的终点。作为底层技术的区块链，应该拥有更广阔的发展前景，可以说，区块链技术在未来科学技术的发展中，可能会给人类社会带来深远的影响。而这种深远的影响，甚至可以超越比特币给科学界带来的冲击（来臣军等，2022）。

最后，要清楚区块链技术中包含的多种技术。区块链并不是指"一种"技术，而是指对"多种"技术的整合。它整合了密码学基础、共识算法、分布式等。这些技术互相融合，最终形成了区块链技术。区块链技术目前能实现的所有功能，都是在这些技术的支撑下完成的。因此，这些技术缺一不可，否则区块链技术也不会得到完善。

"区块链技术"这个由多种技术整合的"技术融合体",在未来的发展中还会持续地自我更新。组成区块链技术的其他技术,都在各自的领域中持续发展着。比如,在密码学的基础上,还有许多人在致力于破解SHA-256,在未来的某一天SHA-256很可能会如同SHA-1一样被人破解。那么,就会有新的、更可靠的算法来代替SHA-256。

从区块链技术整体来看,在诞生的初始,它就已经给全球带来了不同程度的冲击。区块链技术并不是一项单纯的技术,而是将不同的技术进行融合的产物。

（二）区块链技术的运行原理

区块链技术的源头是"拜占庭将军问题",而区块链技术也是解决这个问题的最好方法（陈宇晨等,2011）。想要把这个方法运用到互联网的实践中,就必须在理解了区块链技术的本质上,进一步了解它运行的原理。

主要从以下三点开始逐步深入。

1. 区块链技术的运行过程

中本聪在最初的神秘论文中,对比特币在区块链技术构建的网络中实现的全部过程进行了详细的阐述：

（1）新的交易向全网进行广播；

（2）每个节点都将收到的交易信息纳入一个区块中；

（3）每个节点都尝试在其区块中找到一个具有足够难度的工作量证明；

（4）当一个节点找到了一个工作量证明,它就向全网进行广播；

（5）当且仅当包含在该区块中的所有交易都是有效的且之前未存在过的,其他节点才认同该区块的有效性；

（6）其他节点表示它们接受该区块,而表示接受的方法,则是在该区块的末尾,制造新的区块以延长该链条,而将被接受区块的随机散列值视为先于新区块的随机散列值。

中本聪在论文中阐述的比特币的实现过程,也就是区块链技术的运行过程。在区块链技术今后的发展中,无论程序员对区块链技术的代码进行了怎样的改动,区块链技术的运行框架都不能离开中本聪最初的设定。因为中本聪最初设计的过程,代表了整个区块链技术运行的核心"挖矿"过程(张帆,2022)。

2. 身份验证与签名

在中本聪的描述中,处于节点位置的是不同的"记账者"。这些记账者为了获取比特币,就必须完成自己的工作——对接收的消息进行检测、向全网广播。因此,区块链技术在往后的应用上,主要是通过一个去中心化的方式,让节点集体来维护相同的数据信息。每个"区块"中都包含了系统的全部信息,以及信息生成时的数字签名与时间戳。其中,"时间戳"的出现,在区块链技术中具有重大的作用。

"时间戳"为建立在区块链技术上的比特币提供了一个重要的安全保障——避免"双花问题"的出现。所谓的"双花",就是同一个数字货币,在黑客故意的篡改下,被花费了两次。而时间戳就是比特币应对"双花问题"的有力武器。正因为时间戳,作为分布式总账本的区块链技术才拥有了连续性,还使区块中的每条信息都具有了唯一性。当有人想要"查账"的时候,就可以根据时间戳准确地定位每条消息,为整条"链"在验证消息的正确性方面提供了极大的便利(马文彦,2017)。

区块链技术上还有另外一种可以验证身份的方式,那就是通过数字签名来进行验证。因为,交易者在使用比特币进行交易的时候,区块上都记录该交易者的身份识别等信息。这些代表交易者身份的信息,就是交易者的数字签名。这些数字签名确保了交易者身份的准确性,同时也让系统能够准确判断出发动交易的一方。

而"时间戳"和"数字签名"能够实现对信息的验证与签名,主要依赖于密码学。在区块链技术中,串联各个"区块"的核心方法就是密码学。密码学贯穿了整个区块链技术,无论是"时间戳"还是"数字签名",都是建立在密码学之上的。密码学让每个"区块"能够更有效地与下一个"区块"进行连接,同时也保障了各个"区块"上信息的安全性和完整性。庞大复杂的密码学,是区块链技术去中心化能够实现的安全基础(胡橙泽等,2022)。

3. 公开的分布式账本

区块链技术本身就可以被视为一个"分布式总账本",并且这个"账本"在整个系统中是绝对公开的。理解公开的分布式账本,是了解区块链技术运行原理的最主要部分。

在区块链技术中,"链"上的每个节点都可以单独记账,这些单独记账的节点都能产生"区块"。只要初始的"创世区块"是确定的,那么其他的区块会依次与"创世区块"连接。而且,每个新区块中包含的信息,都会存储到其他区块中,这体现了"账本"具有存储信息的作用。

而且因为每个区块中都包含了"链"中所有的信息,所以每个区块都能对信息的正确性进行判断。如果某个节点在"记账"过程中出现了错误,那么其他区块在接收到错误记账信息的时候,都可以做出准确的判断,进而让错误的信息无法进入"链"中。

因此,区块链技术的运行过程、身份验证与签名以及公开的分布式账本,都是区块链技术的重要机制,在区块链技术的运行中缺一不可。

第五章　数字经济驱动传统产业高质量发展的作用机理

　　传统产业高质量发展是为适应经济的变化及发展需要，在技术—经济新范式的发展过程中，对传统产业内部旧有生产力与生产关系进行升级改造的过程，并具体表现为传统产业结构的合理化与高级化，生产过程的效率化与低碳化，生产结果的服务化与市场化。数字经济下传统产业的高质量发展意味着，架构在前四次技术演进基础上的生产部门在新技术—经济范式中的高效、绿色与融合发展。这不仅代表着传统产业中关键生产要素的改变，也反映出生产要素在配置、组合及使用效率等方面的优化与提升，并直观表现为产业数字化的内容。在这一过程中，数字技术直接作用于传统产业的信息传导、储存与分析环节，并通过赋能传统产业技术，促进产业结构优化，提高产业发展效率与市场契合度，推动产业创新发展。驱动传统产业高质量发展的目的在于拓宽我国发展空间，为实现"共同富裕"、摆脱"中等收入陷阱"奠定物质基础。从产业角度来说，便是我国产业的发展产生可为全体人民所共享的红利（龚云，2022）。前四次技术演进已完成了对物质生产体系的建设，第五次和第六次技术演进则是在此基础上通过信息通信技术和数字技术，进一步打通生产要素的流通渠道，赋能传统生产部门，促进生产力的发展。在这一过程中，数字产业化是我国产业面向未来的关键，是技术得以持续演进的核心内容；而产业数字化则是我国生产部门持续高质量产出的基础，是"全民共享"的物质来源。这便要求数字经济下，数字技术的发展和应用一方面要提防"数字垄断"与产业"虚拟化""泡沫化"，避免发展过程中的贫富差距扩大，真正做到数字红利的共享；另一方面则要避免传统路径依赖，将数字技术赋能到产业链与生产过程中，激发传统产业的发展活力，促进传统产业健康可持续发展。

第一节　传统产业高质量发展的内涵

传统产业是在旧有技术—经济范式基础上发展成熟，并符合对应历史阶段社会发展需求，但在现阶段持续发展面临"瓶颈"的生产部门的集合。从我国当前情况来看，其主要是在工业化初级阶段及重化工业阶段发展起来的一系列产业群（刘勇，2017），并呈现出劳动密集、资源密集及资本密集的特点。但从更广义的角度来看，传统产业还包含了农业和部分第三产业的内容。其中农业作为衣食之基是一切生产活动的根本，并主导了蒸汽时代的产业变革。其不仅是指传统种植、畜牧、水产及林业等内容，还囊括了以往历史时期中工业及部分第三产业对其改造升级后的结果，如育种改良、农科普及以及农业机械化等向传统农业赋能的结果。因而，农业本身也属于产业发展中的一环，并随着技术的演进在生产过程与产出结构中不断变革调整以适应整体产业的发展，且呈现出发展内容不断迭代升级的历史轨迹。而部分第三产业则主要集中在围绕传统第一、第二产业所开展的部分以及传统第一、第二产业向第三产业的延伸部分。这部分产业不论是产业技术、生产资料、产出品还是运作形式都受到传统第一、第二产业的发展局限。其所呈现的具体内容也带有特定时期所对应的物质生产与生产技术的烙印。但这一部分内容相较于传统第一、第二产业也是最为活跃的。当传统第一、第二产业濒临发展困局时，部分第三产业中的科研、技术及金融等服务业传统部分的创新发展便成为破局的关键。此处需要说明的是，这并不是说前述服务业中的非传统部分可以脱离传统第一、第二产业的物质基础独立发展，而是在传统第一、第二产业所构建的物质基础发展到一定程度时，才发展并创新的。从这一角度来说，这些服务业的创新发展仍摆脱不了生产部门的物质约束，并表现出强烈的"物质性"。因此，部分第三产业也被深深嵌入生产部门之中并与之协同发展。

　　产业发展是生产力与生产关系矛盾弱化过程中的产物，并在生产力与生产关系的动态适配中波动向前发展。生产力的变化发展往往先于生产关系的改变，因而两者的矛盾具有"绝对性"，但两者的适配只具有"相对性"（董永俊，2017）。当生产关系与生产力发展相适应的时候，两者的矛盾得到缓解，此时不仅生产力的发展能得到保障，也能更有效地促进对应阶段的产业发展；当生产关系与生产力发展不相适应的时候，此时两者矛盾激化，这便阻碍了生产力的发展，此时产业发展也随之陷入困境。而技术—经济新范式中通用技术的关键性突破对产业及社会—制度结构的革命性改造与前述内容相适应，因此生产力与生产关系之间的矛盾运动也可被直观描述为技术—经济新范式中通用技术的突破到社会—制度结构的转变之间的运动过程。这便可以被用来解释在技术—经济的发展过程中，并不是所有时刻的技术范式都与当时生产力与生产关系的变化需求相匹配的问题。在技术演进中，存在技术创新或改进的红利低于成熟技术红利残余的阶段，且对应时期内创新或改进行为给产业发展所带来的风险也高于维持成熟技术。即便是成熟技术的红利被攫尽，基于成熟技术的改进仍较技术创新有性价比。所以，除非基于成熟技术的红利被基本耗尽，不然企业家难以有技术创新的动力。但社会经济的持续发展，需要生产力突破性发展以及生产关系的适应性调整。因此，技术范式的变革要顺应社会经济整体发展的需要。可是，在生产力与生产关系发展到一定程度需要发生变革的时候，变革却不一定为生产部门所接纳。这是因为技术创新不确定性的高成本与高风险的存在，使得生产部门在技术范式的选择层面始终处于保守一方。由此便造成了某些特定时刻，技术范式与生产力—生产关系发展需要的脱节。在此情形下，生产力与生产关系的矛盾会逐步激化，而产业的发展也会陷入相对停滞的状态，直到新技术范式的出现，进而推动产业发展进入下一个发展的周期之中。

　　传统产业高质量发展是为适应市场与经济的发展需要，在技术—经济新范式过程中对传统产业内部旧有生产力与生产关系进行升级改造的过程。具体表现为传统产业结构的合理化与高级化，生产过程的高效率与低消耗，生产结果的服务化与市场化。在传统产业的高质量发展过程中，传统产业的转型升级对消弭生产力与生产关系的矛盾发挥着积极的作用。历史上，数次技术演进都伴随着新旧产业的更替，因而每次传统产业与新兴产业的具体内容也在持续变化，这也导致了不同历史时期传统产业高质量发展的具体内涵会有所不同。简单来说，在农业所主导的蒸汽时代，使用人、畜和自然力及相关技术的生产部门相较于生产或使用蒸汽机械设备及相关技术的生产部门便是传统产业；在工业所主导的电气时代，仍拘泥于第一次工业革命成果及其改良部分的生产部门相较于生产或使用电气化机械设备、合金及化学材料、新生通信设备及相关技术的生产部门便是传统产业；在服务业所主导的信息时代，仍拘泥于第二次工业革命成果及其改良部分的生产部门相较于信息化、数字化生产部门便是传统产业。由此，蒸汽时代的传统产业高质量发展是产业机械化的过程。这意味着第一次工业革命的成果及改良部分向传统农业与手工作坊渗透，并形成规模化、高效化、批量化的生产格局，降低产业对人、畜和自然力的依赖。电气时代的传统产业高质量发展是产业科技化的过程。这意味着第二次工业革命的成果及改良部分向使用传统蒸汽机械及相关技术的生产部门转移，并升级其生产工艺、工具与流程，丰富其产品类型与产业结构，最终对蒸汽机械设备与相关技术形成替代，进一步解放生产力。而信息时代的传统产业高质量发展是产业信息化、自动化的过程。这意味着信息技术革命的成果与改良部分和传统产业的深度融合，并优化产业结构，提升产业层次和科技水平，促使产业由粗放式发展向集约式发展转变。数字经济下的传统产业高质量发展本质仍属于信息时代传统产业高质量发展中的一环，因此其仍具备信息时代传统产业高质量发展的共性特征。但不同的是，以大数据、5G技术、人工智能及区块链等为代表的新一代信息技术的出现，正将传统产业推向数字化、智能化的发展方向。因而，当前传统产业高质量发展的实质是产业数字化的过程，以实现传统产业的提质、降本、增效，突出其价值创造。

第五章　数字经济驱动传统产业高质量发展的作用机理

自 18 世纪中叶开始，人类社会已历经两次工业革命并正处在第三次工业革命末期。在这三次工业革命的历程中，包含了五次已经完成的技术演进与正在发生的第六次技术演进。从工业革命的发展角度来看，三次工业革命整体呈现出科技含量逐步升高，且自动化生产逐步取代人力劳动的趋势。在这一过程中，生产经验对技术突破的影响越来越小，科研进步对技术演进的影响却越来越大，并表现为产业与科技的结合越发紧密。但第三次工业革命与前两次的不同点在于，前两次的实质是物质生产体系内部的完善与更替，而第三次工业革命则是在生产体系之外，借用信息及数字技术优化物质产业的生产格局，使其贴合消费市场需求与时代发展需要。此时物质产出的价值含量更多地体现在其科技含量和服务等"非物质"方面，因此不仅在产业结构方面会表现出第一、第二产业的经济占比逐步减小，产业的发展轨迹也呈现出由强化供给侧向协调供需两侧转变。从技术的演进角度来看，六次技术演进在三次工业革命的主导下也呈现出由"物质"向"非物质"变化的特点。前四次技术演进深耕于物质生产体系的技术架构，而第五、第六次则侧重于信息、数字技术的发展。这缘于当前基于物质生产技术的创新发展边际正处于逐步收窄的历史阶段，并表现出稳恒态的特点。具体表现为，基于物质生产体系的技术演进在满足社会发展的基础物质需求之后，技术创新发展相对迟滞，技术改进成为引领产业发展的动力并形成相对恒定的态势。因此，这并不意味着所谓基础科学特别是基础物理学的发展"停滞不前"，而是人类物质需求的有限性和可满足性。社会层面的稳恒态意味着，当社会的主要矛盾转变为满足高质量高层次的需求时，生产、人口和资本总量将长期维持高水平但相对恒定的发展态势。此时虽然人类的欲求是无止境的，但每个人对物质的实质消耗又相对有限。而通用的物质生产技术创新不仅风险成本较高，且生产过剩更会成为拖累产业发展的关键因素。因此，技术创新便会被技术改进所取代，以维持对高质量高层次需求的满足，并呈现出基于物质生产的技术创新发展"被动停滞"的假象。虽然同一时期，世界人口整体呈现出快速扩张的趋势，但发达国家与发展中国家在人口增长层面却有着截然不同的表现。而技术创新通常源于发达国家，且发达国家与发展中国家之间有着相对较大的技术鸿沟。因此，发达国家的技术壁垒、产业转移与产品倾销使得发展中国家快速增长的人口因素并不影响整体稳恒态的特点。而需求的有限性与可满足性也并不意味着社会发展会使有限需求达到完全满足的状态，资源和环境的承载上限仍会将社会发展拖回稳恒态。所以，六次技术演进由"物质"向"非物质"特点转化的本质是社会物质需求的转向，即在基本物质需求得到满足以后，于现有物质基础上向高质量高层次需求迈进。而第五次和第六次技术演进中的信息、数字技术则是"需求转向"下的产物，前四次技术演进下物质生产体系的完善是其发展的基础。因而，当前传统产业高质量发展的实质是产业数字化的过程。

第二节　传统产业高质量发展的特征

虽然技术在演化过程中的不同特点使不同历史阶段下的传统产业高质量发展具有不同的表征，但其都是各阶段传统产业与新兴技术深度融合下为适应市场环境变化而做出调整的成果，并表现为传统产业质量效益的持续性提高。因此，传统产业高质量发展是以质量效益型发展为核心（任保平，2021），符合时代与市场发展需求的发展模式，并表现出产业结构的合理化与高级化，生产过程的效率化与低碳化，生产结果的服务化与市场化等特征。

一　产业结构的合理化与高级化

产业结构的合理化与高级化是相对而言的，不同历史阶段和同一历史阶段的不同地区与国家之间，合理化与高级化都有着不同的内涵。因此，需要根据不同主体矛盾的普遍性与特殊性去辩证看待不同时间、不同主体的产业结构合理化和高级化问题。从矛盾普遍性的角度来看，所有地区或国家传统产业高质量发展都符合由"物质"向"非物质"特点转变的规律。即在追求满足基本物质需求到社会稳恒态的过程中，产业的发展呈现出在规模化基础上向集约化、精细化及服务化发展的特点。因此，强调创新驱动，突出社会、经济及生态效益的结合，推动产业数字化发展便成为共性选择。在产业的共性发展规律下，产业结构也有着共性的变化。总体来看便是第一、第二产业在经济中的占比会逐步下降，第三产业的占比会逐步上升。在第一、第二产业中，科技与服务内容的质量和比重会较之以往有更大幅度的提升。从矛盾特殊性角度来看，每一阶段传统产业高质量发展下的产业结构的改变本身带有特定阶段的时代烙印，而不同国家因各自经济基础、环境与制度的不同，其产业结构的内容也会有所变化，因此所导致的结果也会有所不同。从美、德数字经济的发展现状来看，虽然这两个国家在数字经济方面都有所建树，但美国现在"产业空心化"问题严重，而德国对其传统产业的路径依赖短期内也难以改变。在产业结构上美国表现为第三产业，特别是金融业的占比过高，而德国则是传统制造业的占比过大。但需要说明的是，美德两国各自产业结构的演变轨迹仍符合本国经济发展的需要，也并没有脱离其经济基础。只是在发展过程中社会资源过度向某一方面集中而导致了发展达不到预期的结果。

传统产业的高质量发展是其融入社会经济发展趋势的结果，而传统产业结构的合理化和高级化是随技术经济的发展对传统产业的组成结构与各组成部分依据社会经济的发展趋势进行的调整与革新。因此，传统产业结构合理化与高级化的结果是其高质量发展的重要表征之一。而产业结构合理化是高级化的基础，高级化则是产业结构合理化发展的方向。合理化与高级化相互作用的底层逻辑根植于技术演进的发展趋势，结构合理化是传统产业逐步适应新时期社会经济发展特点的必然过程，而高级化则是传统产业融入新时期社会经济发展的关键步骤与必然结果。就传统产业结构的合理化而言，其是传统产业在新时期下高质量发展的过渡和成长阶段，且主要作用于降低乃至剔除传统产业中不符合新时期社会经济发展需要的部分，并对符合的部分按照新时期社会经济的发展需求进行结构性调整。再以符合部分中最易与新技术相结合的部分为切入点，推动传统产业的整体发展与新时期社会经济的发展需求接轨。就传统产业结构的高级化而言，其是传统产业在新时期下高质量发展的融合和成熟阶段。其高级化的关键点在于，新技术彻底取代旧技术成为传统产业发展的核心推动力。而核心技术的改变，也促使着产业链与产业结构发生相应的变化以适应这种改变。改变的最终结果是传统产业逐步融入新时期社会经济的发展趋势，并具体表现为传统产业的高质量发展。当前我国传统产业结构的调整仍处在合理化阶段，并具体表现为解决产能结构性失衡的问题，即低端产能过剩但高端产能供应不足。

二　生产过程的效率化与低碳化

从历史角度来看，生产力的发展促使产业的演进具有产能提升且中间投入下降的共同特性。其中，产能提升意味着单位时间内产品的产出数量与质量得到有效提高，而中间投入的下降意味着单位产品所包含的人力、物力与财力相对减少。虽然产业在整体演进过程中具有前述的共性，但在技术—经济范式更替的时间节点，又会有不同于整体共性的情况。产业的革命性创新发展是对新通用生产要素的发现或利用方式转变的过程（夏敏仁和陈风，2017）。技术—经济新范式会产生新的关键生产要素，而这些关键生产要素能否转变为通用生产要素便成为技术—经济新范式能否得以存续的关键。只有当关键生产要素的生产成本下降、通用性增加、可实现大量供应且能为企业所吸纳，并在创新配置和利用后能为企业创造得以更好发展的价值时，关键生产要素才能转变为通用生产要素，并作为技术—经济新范式中核心生产技术下的核心生产要素推动技术经济的发展。但在关键生产要素转变为通用生产要素的初期阶段，新生产要素的发现与利用及其后续所需要的技术与工具具有一定的创新性，因而需要投入相对较多的人、物及财力以实现规模经济。故此在技术—经济范式更替的时间节点上，中间投入会出现短暂的上升而相应的产能则会出现短暂的下降；但随着技术—经济新范式的进一步发展，中间投入会较之以往呈现出更加下降的态势而产能则会进一步上升。在这一过程中，虽然基础生产要素因其储量与地域分布的局限性而会有价格上升的情况，但在技术—经济新范式下，创新技术与新的产业结构及产业链为降低生产成本创造了可能。这主要源于技术创新拓宽了基础生产要素的来源渠道，创新了对基础生产要素的利用方式并提高了对基础生产要素的生产效率；而新的产业结构与产业链则改变了原有基础生产要素的利用与生产结构，从而使价格在不同基础生产要素间得以实现动态平衡。从整体来看，生产力的持续发展促使产业的演进呈现出产能波动上升而中间投入波动下降的格局。

生产过程的效率化与低碳化便是在产能与中间投入的持续反向运动中实现的。生产过程的效率化意味着在生产中的投入最小化而产出最大化，且产出可实现"降本提质"的效果。而低碳化则源于效率化的发展过程，其因产业逐步降低对传统能源的消耗与依赖而达到绿色、环保的发展成效。事实上，产业逐步实现效率化与低碳化发展是一个必然的过程。这一方面源于时代的发展需要，另一方面则源于生产力发展的必然结果。在农业与工业经济时代所构建的物质生产体系，虽已满足人类社会对物质和文化的基本需求，但却难以满足人类社会在过去基础上所形成的对物质文化的更高的需求。另外，进入新时期后人类社会不仅对一般的物质文化有了更高的期待，对生活的环境与质量也有了更多的要求。因而也需要改变在过去物质生产体系中所形成的生产方式，以适应经济社会的变化趋势。这种趋势概括言之便是人类已由"生存需求"逐步转向"生活需求"。而生产力的发展是这一变化趋势的核心驱动力。生产力的持续发展必然意味着生产效率的提高，而这种提高不仅意味着单位时间会产出更多的产品，也意味着每一单位产品所消耗资源的下降与科技含量的提升。从技术演进的角度来看，每次创新技术的诞生往往伴随着更加高效或更加清洁的生产模式。不过，虽然效率化与低碳化是产业发展的必然过程，但这不一定是所有产业的主动选择。部分产业特别是传统产业，因路径依赖或既得利益往往会抵触技术创新下的效率化与低碳化，而每一技术演进阶段所对应的效率化和低碳化也并不是在一开始就能为这些产业的发展带来助益的。因此，在技术更迭的初期阶段，效率化与低碳化发展的选择往往会在这些产业中遇冷。但效率化与低碳化发展是社会经济发展的必然趋势，而囿于路径依赖与既得利益的抵触而不能融入这一趋势的产业则往往会被时代或市场所淘汰。

三　生产结果的服务化与市场化

如前文所述，随着生产力的发展，人类社会已由"生存需求"逐步向"生活需求"转变。这不仅是生产力发展的必然结果，也是人类社会发展的自然选择。因此，从这一角度来说产业的生产导向也须从满足一般物质文化需求向满足"非物质""非文化"需求（丁任重和张航，2022）方向转变。所以，新时期下的产品便需具有更强的服务性并更注重消费者体验。第一次及第二次工业革命的成果，从本质上来说主要是解决"有无"的问题，因此科学管理理论便成为一个时代标志。但这种只在乎满足基本需求的生产状态只适用于生产力水平相对低下的时期。正如福特T型车时代的终结一样，当生产力水平提升后，更加多元个性化的产品才能迎合市场和时代的需要，而具备生产这种更具服务性产品的产业才能得以存续并实现健康持续发展。另外，仅局限于服务化而忽略市场化的产业同样难以为继。这是因为产品市场化是形成规模效应的关键，而局部的服务化也并不等于顺应了市场发展的整体趋势。产品只有根据市场需求的改变而持续演进，才能在激烈的市场竞争中获得生机。因此，服务化实质上蕴含在市场化之中，并随着市场环境的变化而在整体与细分市场中做出相应的调整。

生产结果的服务化与市场化不仅是对产品最终形式的描述，更是对产业发展的要求。需要说明的是，服务化与市场化并不等于跟风炒作市场热点或一味地求新求奇，也不是所有产业都有条件实现服务化与市场化。服务化与市场化需要产业具备完善的供应链和成熟的技术支撑，其中各企业更需拥有敏锐的市场洞察力、良好的产品设计及生产能力、完善的售后机制与服务能力。而这对传统产业中发展能力较弱的企业以及在市场中跟风而起的中小企业无疑是困难的。正如大量餐饮"老字号"跌落"神坛"以及盲目追逐"共享经济"而出现的大批"共享单车""共享汽车"企业倒闭那样。因而，从这一角度来说，产业结构的合理化与高级化以及生产过程的效率化与低碳化是服务化与市场化的基础；而服务化与市场化是合理化与高级化、效率化与低碳化的保障。另外，市场环境的改变也需要产业向服务化与市场化发展。生产力的蓬勃发展决定了基础物质文化产品不再稀缺,不仅同一产业内各企业竞争白热化,而且产业间的跨界生产也给了原产业内的企业以挑战。这便需要产业及其内各企业摆正历史定位,以市场和消费者需求为核心,重塑本体生产导向。

第三节 传统产业高质量发展的动因

传统产业作为我国物质文化生产的基础,是我国经济持续健康发展的重要保障。在我国经济高速增长阶段,投资和出口给予了我国传统产业强大的发展动力,而庞大的廉价劳动力规模则是这一增长动力的核心基础。从现实角度来看,各后发国家得以快速发展的关键因素也大都基于此(任保平和李禹墨,2019)。可随着经济规模的不断扩大,投资、出口与人口红利对传统产业持续发展的边际作用是不断递减的。从技术经济角度来看,此时生产领域核心技术的突破便成为传统产业继续成长的关键因素。因此,在产业与经济的发展过程中,积极突破发展瓶颈,实现传统产业高质量发展显得尤为重要。

一 内部动因

从马克思主义矛盾论的角度来看,我国对传统产业高质量发展的需求由"主要矛盾"和"基本矛盾"双重拉动(张开和李英东,2021)。其中主要矛盾是促使我国迫切需要推动传统产业高质量发展的动力与基础,并在当前表现为"人民日益增长的美好生活需要和不平衡不充分的发展之间的矛盾"。在历经快速发展之后,我国的经济成就举世瞩目,生产技术与产能突飞猛进,且拥有全球规模最大、门类最全、配套最为完善的制造业生产体系。2010 年我国工业产值超过美国,2020 年我国工业产值更达到美国的 2 倍,而人均 GDP(美元计价)也已跨入万元俱乐部。但在如此成就之下,我们依然需要看到不足之处,即发展不平衡不充分的问题。在全面建成小康社会后,更加美好的生活自然成为人民群众的新向往。在这一过程中,广大人民群众不仅对传统物质文化生活有了更高的标准,新时代下其也对社会环境、政治环境、生态环境等"非物质""非文化"内容提出了更加明确的要求（丁任重和张航，2022）。这便需要我国从社会与经济的发展平衡和充分角度，解决城乡、区域及阶层间的发展不平衡问题，以及发展质量、创新能力、实体经济等方面发展不充分的问题。党的十九大再次强调，我国仍将长期处于社会主义初级阶段的基本国情没有改变。这意味着虽然人民群众对"非物质""非文化"的内容有所要求，但其对物质文化这一基础内容的需要与生产力之间的矛盾仍将主导社会主义初级阶段的社会生产发展。因此，着力于传统产业高质量发展，夯实我国物质文明和精神文明的基石便显得尤为重要。此外，主要矛盾处于不断变化的运动过程中，其存在与发展会因为社会发展的阶段性特征的改变而改变。当生产力发展到一定程度以后，相应的生产关系也会发生对应的变化。而新的生产力与生产关系的相互作用，会逐步凝结成具有特定历史特征的社会经济发展形态，并与其他历史背景下的社会经济发展形态相区隔（戎爱萍和韩克勇，2021）。在这一过程中，不同历史背景下社会主要矛盾的化解与逐次替代，推动着社会经济的持续进步。此时，若我国生产力与生产关系的发展停滞，不仅社会经济的发展会受到波及，而且已有主要矛盾的次要方面与次要矛盾也会随之放大。随着第五次技术演进的落幕与第六次技术演进的兴起，数字经济及其催生的多项技术成为各国在新时期国力角逐的关键。这些技术不仅将为我国开辟新的发展方向，也会从创造发展新动能、重构产业新发展的角度为社会经济发展注入新活力。而新技术经济的出现，也要求我国不断推动数字技术的进步，巩固并促进数字经济的发展。再借此从根本上驱动传统产业的转型升级发展，为"做大蛋糕"构筑坚实的物质基础。

从本质上说，我国至目前的基本矛盾并没有发生根本改变，这便要求我国新时代的产业发展不能脱离物质生产的需要。当前我国发展所处的新阶段仍是社会主义初级阶段中的一环，是历经多年积累后的新起点。这意味着虽然我国的主要矛盾已经随生产力的发展产生变化，但我国的基本矛盾仍是生产力与生产关系的矛盾，因此当前基本矛盾较之过去表现为发展的连续性。所以，相较于我国主要矛盾"动力与基础"的作用，基本矛盾则为我国未来的产业发展指明了前进的方向，即数字经济下生产部门的高质量发展是社会经济发展的关键内容。故而，提高传统产业的生产水平与质量，促进传统产业创新发展与融合发展，推动传统产业低碳发展与绿色发展，激发传统产业的发展活力便成为新时代的要求。基本矛盾的连续性与主要矛盾的变化性相互作用，便构成了促进事物阶段性发展的"二重性"（张开和李英东，2021）。但不论是主要矛盾还是基本矛盾，都会围绕着"物质性"运转。从现实角度来看，即矛盾的化解与替代都是以解决物质文化的供需问题为导向的。第五次技术演进的兴起本身具有强烈的"亲资本"的特点，而第六次技术演进则在第五次的基础上更强化了这一特性。作为第五次与第六次技术演进的发源地，对新技术不加节制与善用的美国不仅出现了"产业空心化""金融泡沫化""经济虚拟化""互联网泡沫""次贷危机"等问题，近年来其通胀压力也在随之加剧。在这些问题之下，美国的种族矛盾、贫富矛盾与政治矛盾也在激化。但不论是何种矛盾，都源于新技术经济下金融资本的扩张加剧了资产阶级对无产阶级的掠夺（唐毅南，2019），所以这些矛盾仍可归咎于资本主义的基本矛盾。而美国当前不断"脱实向虚"的发展模式也在持续刺激着其社会矛盾的膨胀。美国现在将社会矛盾向种族、性别、社会群体等方面的转嫁，也不过是为了掩盖其不断激化的阶级矛盾。因此，虽然中美之间在政治制度、经济制度及发展程度等多方面均有不同，但其将数字技术过多向虚拟经济嫁接的结果仍值得我国警醒。美国的另一面是德国。作为传统制造业强国，德国不仅提出了"工业4.0"的概念，也在数字主权与数字经济反垄断方面走在了前列。但德国的问题在于过度倚重其机械、汽车、化工等传统优势产业。虽然"产业强国"的理念为其稳定发展奠定了雄厚的物质基础，但对传统产业的路径依赖也使其对全球数字经济发展的变化不敏感，且一定程度上在数字技术领域落后于其他世界强国，并较难嫁接数字技术对传统产业进行转型升级改造。因此，虽然我国社会的基本矛盾要求我国未来产业发展的物质性，但同时也要求我国产业发展的与时俱进。既不能像美国"脱实向虚"，也不可以像德国"路径依赖"。

二 外部动因

当后发国家处于发展初期阶段时,庞大的投资与人口红利可以带来更高的生产效率和更多廉价的一般消费品。可这时的生产效率是以牺牲更多劳动量和劳动时间换得的,并不意味着生产技术的提升。但更多廉价的一般消费品为创汇提供了必要条件。受发达国家对核心生产技术的钳制,后发国家在技术与经济规模发展到一定程度时,又会因核心生产技术难以突破而被困于"中等收入陷阱"。此时,后发国家不得不牺牲更多有限的自然资源、劳动量及劳动时间向发达国家输出一般消费品以维持经济增长,进而逐步陷入普遍贫穷的旋涡。因此,后发国家突破"中等收入陷阱"的关键在于突破发达国家的技术钳制。具体而言,一方面须追赶前沿科技,另一方面则须力促已有传统产业实现转型升级发展。前沿科技是实现传统产业转型升级的技术基础,而传统产业得以成功转型升级不仅是采用前沿科技的重要表现,也是前沿科技得以持续发展的物质基础。因此,对于后发国家而言,打破发达国家对生产技术的垄断便成为突破重点。但这便形成了发达国家与后发国家之间的矛盾,发达国家希望自己可以稳居剥削者的地位,通过科技垄断与金融工具盘剥后发国家;而后发国家则希望通过自身科技的进步摆脱被剥削的命运。于是,发达国家各种形式的制裁与威胁便会被逐一施加到后发国家的身上,以企图阻碍后发国家发展。因而,对于后发国家而言,推动其传统产业的高质量发展不仅是应国内的发展需求,也在于突破外国势力对本国发展的阻碍。

近年来,西方国家的围堵与打压使我国外部贸易环境迅速恶化,而这些西方国家企图与我国产业脱钩的风险也在加剧。我国目前仍处于全球价值链的中下游,海外贸易中的主要产品附加值也较低,且可替代性较高,而国内市场目前却并没有能力完全吸收和消化过剩产能。现在,一方面我国出口贸易的边际增量增速正逐步放缓,而另一方面国内产能却快速提高。在国内科技关键领域没有突破西方垄断之前,国内低附加值产品生产过剩问题容易诱发经济危机。随着人口老龄化问题的不断凸显,各生产要素成本不断攀升,国内依靠低成本嵌入国际贸易市场的发展模式不仅造成了物质财富外流和输入性通胀,且其已越发难以推动经济的可持续发展，此时实现传统产业高质量发展便显得尤为迫切。

就目前中国所面临的外部环境变化而言，需要分作两个时间段来看待。第一阶段是 21 世纪的第一个十年。这十年间，中国一方面承接西方的落后产能，以牺牲我国自然资源与环境以及劳工待遇为代价，生产大量廉价的一般消费品用以出口换汇，抑制了西方国家的通货膨胀。另一方面将出口所得买入西方国家特别是美国国债，稳定了其债务的发行。这期间，中国实质上就为融入世界市场付出了巨大代价。第二阶段，2010 年至今。特别是中国利用外贸所得的外汇投入"一带一路"建设、构建亚投行、推行货币互换、建立石油及铁矿石等资源的期货贸易人民币结算体系，直接撬动了以美国为首的西方国家利用现行贸易体系剥削发展中国家、维持自身霸权的利益，从而引来西方国家对我国的频频发难。相较于第二阶段我国外贸环境的急剧恶化，第一阶段的外贸环境则更为温和。更甚者，美国方面在 2008 年曾提出 G2 的概念，鼓吹中美共治。但美国那时的对华"亲善"根本就是建立在美元霸权之下的。

2011 年，为应对日益扩张的贸易顺差，我国提出扩大进口战略。虽然这一举措在平衡国内外贸易，减小国际摩擦以及降低外储压力上多有裨益，且对于改善国内供给与民生具有良好影响，但在生产性工业产品上，却对我国产生了不小的冲击。为实现产业转型升级，那些国外高技术含量的工业产品是我国所急需的，而其背后所蕴含的技术更为我国所渴求。如果我国在执行扩大进口战略之初便致力于将这些技术进行进口替代，那么这一战略对我国日后的技术发展是具有促进作用的。但事实上，扩大进口战略没有对这些急需的技术开展进口替代，其仅仅发挥着平衡贸易顺差的作用。在对这些高技术含量工业产品采用低关税进口的前提下，我国相关产业因处于全球价值链中低端而将遭受到严重的冲击，从而进一步强化"越引进越落后"的困局。赖纳特在《富国为什么富 穷国为什么穷》（2013）一书中曾提到，出口低端产品以换取高端产品的贸易结构，是将出口国报酬递减商品换取国外报酬递增商品，因此被看作是"坏的贸易"。时至今日，虽然净出口比例在我国 GDP 所占比例有所下降,但我国也并没有形成构建在实物生产上的由消费拉动 GDP 的经济增长模式,而是仍架构在投资拉动 GDP 增长的模式上。

第四节 数字经济驱动传统产业高质量发展的作用机理

一 质量变革机理

质量变革是以增强质量竞争力为核心的发展变革。其不仅包括了一般意义上产品和服务质量的提高,更着眼于提升国民经济各领域、各层面的素质,进而实现从顶层设计到具体细节与落实的全方位变革(刘世锦,2017)。随着我国经济由高速发展转向高质量发展,实现经济结构优化并提高经济发展效率便成为我国现阶段经济增长模式的新要求。而作为蕴含着高效率、高竞争力等特征的数字经济,其在质量变革方面发挥着尤为重要的作用,并借助数据资源和数字技术使传统产业得以在新一轮技术浪潮中实现更高质量的发展。因此,坚持深化质量变革便成为数字经济赋能传统产业的首要一环。在质量变革中包含了优化产业布局与结构、促进产业可持续发展、推动产业高质量绿色发展三个方面的内容。其中优化产业布局与结构是其他两者乃至质量变革得以成功实现的大前提,而促进产业可持续发展与推动产业高质量绿色发展则为质量变革指明了方向,如图 5-1 所示。

(一)优化产业布局与结构

在我国目前统筹产业布局的大框架中,其重要的调整方向仍是在区域上重视西部地区的基础产业发展,并促进各区域间的产业协同。此举意在发挥西部地区能源资源、建设条件、运营成本等方面优势的同时,缓解东部地区用能、用工、建设等方面成本有所上升的困扰(刘志强,2022)。而随着区域间上下游产业逐步形成协调的闭环,持续提升的产业发展质量将夯实质量变革的基础。从质量变革的一般历程来看,其依次表现为:以"质量第一、效益优先"为追求的发展目

```
                                    ┌─── 统一市场
                ┌─ 优化产业布局与结构 ─┼─── 优化技术
                │                    └─── 倒逼产业结构完善与健全
                │
                │                    ┌─── 提升产业生产率
质量变革机理 ───┼─ 促进产业可持续发展 ─┼─── 扩大产业发展选择机会
                │                    └─── 保障企业转型升级
                │
                │                    ┌─── 资源高效调配与循环利用
                └─ 推动产业高质量绿色发展 ┴─── 推动市场低碳化变革
```

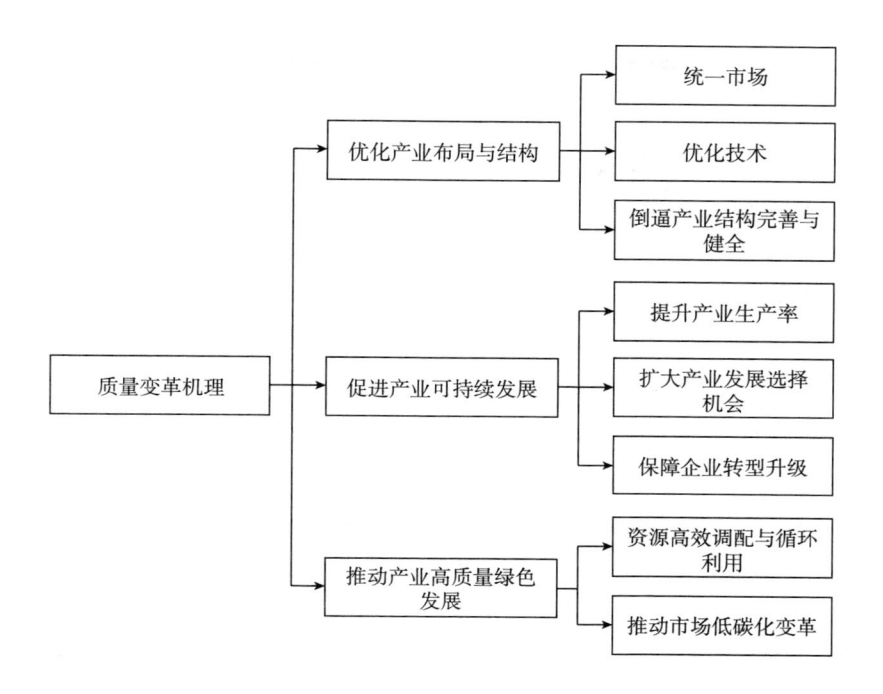

图 5-1　质量变革机理

标变革，以优化质量制度为基础的治理体系变革，以质量创新为动力的产业升级路径变革，以"大质量"为取向的管理模式变革（张纲，2018）。因此，优化产业布局应在立足质量变革基本点位的基础上，主动适应质量变革中创建质量维度的产业结构分析方法，即运用数字技术准确定位产业布局的方向和路径，引领资本着眼质量投入，改善资源配置效率。

　　基于现实角度来看，我国产业布局仍存在"东强西弱"的特点，并表现出地区发展不平衡的现象。近半个世纪以来，西部工业产能虽实现了快速增长，但就相对量而言其仍旧落后于东部地区的发展。换言之，在产业布局上，东部沿海相较于西部内陆更合理。再加之东部地区更高的产业集中程度，西部地区各种资源东流的现象便更为严重了，而这显然与我国优化产业布局的发展战略相违背。但在传统经济形态下，东部、西部间极不对称的区位优势差距与广泛存在的地方保护主义，都阻碍着东西部地区间产业发展不平衡问题的化解。而这也并不是靠更加廉价的运输方式所能改变的，关键仍在于由区位优势差距所形成的信息交互差距，即由长期区位优势所带来的经贸惯性所造成的不同地区产业在信息交互效率上存在的差距。那么，东部地区产业是否能在区位优势下发展得更好呢？实则不然，当产业同质化与高度集中的现象一并出现时，在生产技术无法突破现有水平的情况下，整体产业都将承担由行业内卷所带来的负面影响。所以，从这一层面来说，优化产业布局的意义不仅在于扶持西部地区产业的发展，也在于释放东部地区的产业发展空间，进而形成东部与西部地区产业高质量协同发展的格局。

因此，要解决现存的产业布局问题，便需要借助数字经济打通信息交互渠道并建立统一大市场，由此为市场的后进入者或东部地区优质的成长型实体企业在空间上留足战略纵深，再以此为基础提高不同区域间的合作与竞争层次。与此同时，"数实融合"的深化发展将提高生产要素的配置效率，降低西部地区产业的发展成本并提升其发展前景，进而提升西部地区对于投资和产业转移的吸引力。最终在各区域内、区域间实现产业链延伸，并强化各区域的产业循环与协同，实现区域间的互补并打破区域间隔，进而在推动产业的良性迁移下实现产业布局的优化。

优化产业结构的实质是在产业结构合理化的基础上向结构高级化方向发展，进而构建高效益产业结构的过程。同时，这个过程也是在既定生产力条件下，对各生产要素进行的最优组合，以期在资源约束条件下发挥出生产部门的最大产能。且在结构优化过程中，从农业占优逐步向工业、服务业占优转移，从劳动、资源密集型产业占优逐步向资金、知识技术密集型产业占优转移，从初级产品占优也逐步向中间、最终产品占优转移，并实现整体产业在规模经济效益、劳动生产率、技术与附加值含量等方面较大幅度的跃迁。

我国传统产业长期处于全球价值链中低端位置的事实表明：尽管从 GDP 占比的变化来看，我国三次产业的结构正趋于合理化，但低经济效益、低劳动生产率、低技术含量以及低附加值的发展状况仍是我国传统产业的主要特征。但是，传统产业并不是天然便处于微笑曲线的中低端，在赋予传统产业技术或专利、品牌或服务优势地位的前提条件下，其也能在微笑曲线中向上移动。然而，由于我国工业化起步较晚且尖端产业技术发展滞后，现实的全球产业格局给我国传统产业的跃迁设置了"两座大山"——技术壁垒与品牌壁垒。因此，若沿着物质生产体系的"旧赛道"去拔高我国传统产业在全球价值链上的地位，仍会存在较大的困难。

而数字经济对我国传统产业的关键价值便在于"重塑新赛道"。即在原有的物质生产体系基础上，通过对全产业链的数字化改造，提升传统产业的智能化、数字化水平，以抢占数字经济时代下的发展主动权。且我国基于自身快速发展的互联网技术、完善的工业体系与庞大的内需市场，和美西方国家之间在数字化方面实则具有相对均衡的发展机会。这便使得我国得以有机会摆脱"旧赛道"的桎梏，进而站在"新赛道"上推动传统产业在全球价值链中向上攀升。在数字经济赋能下，我国传统产业向"微笑曲线"上端的移动过程实际上也是产业结构不断优化的过程。因为这一向上攀升的过程不仅意味着传统产业中"高精尖"等高效益部分的比重扩大，更意味着若不能实现整体结构的优化，即便是推动了传统产业中部分内容的数字化进程，也依然不能摆脱处于"微笑曲线"中低端的困境。

（二）促进产业可持续发展

传统产业的可持续发展不仅意味着传统产业必须贯彻落实绿色发展的时代理念，也强调传统产业必须适应创新发展的时代要求。而现阶段我国经济发展的外部环境和内在要求，都使作为物质生产体系主体部分的传统产业必须沿着绿色、创新的发展道路向前迈进。结合前文中"质量变革的一般历程"来看，传统产业的可持续发展在质量变革中处于中间环节。即产业在取得布局与结构优化的前提下，借助数字经济实现可持续发展。就我国目前产业发展状况来看，产业的可持续发展需要实现传统产业的转型升级。因此，我国不仅需要在新时期快速激发传统产业的发展潜能，还要保证足够的发展驱动力促使其平稳度过转型期，以实现产业下一阶段的可持续发展，并最终推动传统产业的质量变革。

现阶段，我国传统产业的转型升级除了传统的技术落后问题，还面临决策效率低下和缺乏驱动力的问题，以及因基础产业落后而存在的发展空间不足的问题。一方面，虽然数字经济下的"新赛道"将使传统产业获得全新的发展机遇，但传统的决策机制无法满足生产要素配置以及发展方向选择的需要。因此，需要借助数字经济下由数字信息高效交互所带来的全景式市场展示，来提高传统产业的决策及资源调配的效率。这将提高传统产业整体的发展效能，并为传统产业的可持续发展提供更加全面的方向指引。另一方面，当传统产业迈向下一个发展阶段时，其不仅需要强劲的驱动力以保障产业平稳地度过转型期，还需要雄厚的基础产业力量协同支撑，以推动传统产业迈向更高的台阶。因此，需要数字经济对全产业链进行数字化改造，通过拉动基础产业的发展提升传统产业的发展上限，进而以此为基础锻造发展长板并形成强劲的驱动力与协同支撑，推动传统产业转型升级并实现可持续发展。

（三）推动产业高质量绿色发展

高质量绿色发展在当下的社会发展中主要围绕着"碳排放""碳中和"等问题展开，并强调产业发展与自然生态和谐共存。长期来看，传统产业的高质量绿色发展有利于改善发展环境，提升发展潜能，强化发展质量，并最终实现传统产业的质量变革。高质量绿色发展的实现得益于数字经济对传统物质生产体系的优化与改造，即通过优化相关资源配置，协调传统发展模式下产能提升与绿色发展之间的冲突关系，进而提高传统产业的绿色发展水平。但现阶段，我国传统产业在该方向上仍旧面临着生态化转型成本高、转型红利偏低、绿色治理能力偏弱等问题的困扰。基于此，相较于传统经济形态，数字经济的赋能效用便得以凸显。首先，数据资源与数字技术的有效应用将形成广泛的资源链接和组织网络治理，进而可有效削减生产过程中不必要的消耗和污染。其次，随着数字经济与传统产业的融合升级，技术附加值和服务附加值的相应提升将为提高转型红利创造契机。再次，市场上绿色消费品数量的增多将促进自供给端到消费端的绿色变革，进而巩固由前两点所形成的成果。最后，数字化下关于市场动态的全景式展现将为监管部门提供便捷、高效、全面的监管依据。

二 效率变革机理

效率变革的本质在于通过全要素生产率的提高实现经济系统整体产出效率的提升。其中，全要素生产率的提高不仅意味着在既定生产力水平下产出总量或生产要素利用效率的提高，更代表着从整个产业发展脉络角度来看的组织创新、生产创新、技术创新等发展变革。而效率变革的意义在于定位并弥补以往高速增长阶段被掩盖或忽视的各种低效洼地，进而为高质量发展打造效率和竞争力的稳固基础（刘世锦，2017）。从传统产业高质量发展的全过程来看，效率变革在其中发挥着牵引推动的关键作用，即一方面放宽市场准入机制并引入和强化竞争，在打破固有垄断问题的同时，提升整体产业的投入产出效率与开放型经济水平；另一方面则在于推动"虚实"经济融合发展，在避免金融泡沫与风险的同时提升虚拟经济对实体产业的服务水平。数字经济下，传统产业链全要素所具备的数字化特征，能够有效提高传统产业的全要素生产率进而触发其效率变革。因此，在数字经济下的效率变革机理中，包含了产业智能化、资源配置效率与供应链协同效率提升三个部分，如图5-2所示。其中，产业智能化是效率变革的基础，而在资源配置效率得到提升的同时，也在一定程度上提高了供应链协同效率。在这一传动过程中，供应链协同效率的提升也将逐层反作用于产业智能化，进而促使传统产业在效率变革中不断优化发展。

（一）数字技术与产业智能化

数字技术是基于现代计算机技术，将各类信息资源的既有形式转变为计算机可识别的二进制编码数字的技术。而数字技术及其衍生部分包含了5G通信、人工智能、区块链、大数据、云计算、物联网、先进机器人、增材制造（3D打印）、虚拟现实技术等具体内容。从历史的角度来看，数字技术与电子计算机相伴相生，因此其本质上仍属于第三次工业革命的产物；但从发展的角度来看，基于数字技术所发展而来的其衍生部分又是突破第四次工业革命的核心技术内容（Schwab，2017）。因此，牢牢把握数字技术对传统产业的赋能，不仅

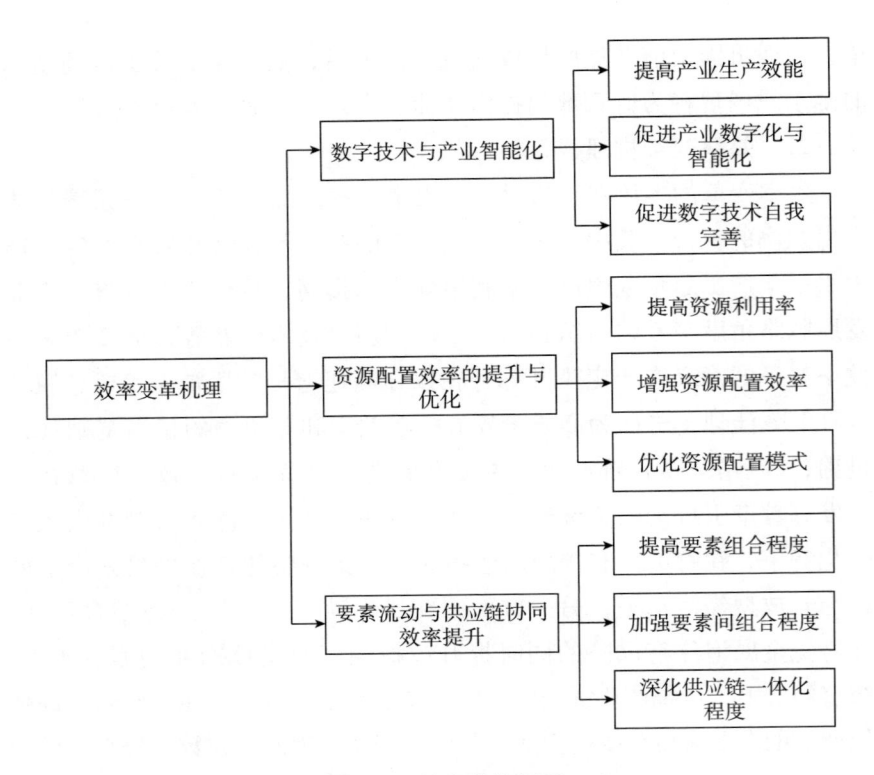

```
                    ┌─────────────────────┐    ┌──────────────────┐
                ┌──→│ 数字技术与产业智能化 │──→│ 提高产业生产效能 │
                │   └─────────────────────┘    ├──────────────────┤
                │                               │ 促进产业数字化与 │
                │                               │ 智能化           │
                │                               ├──────────────────┤
                │                               │ 促进数字技术自我 │
                │                               │ 完善             │
                │                               └──────────────────┘
┌────────────┐  │   ┌─────────────────────┐    ┌──────────────────┐
│ 效率变革机理│──┼──→│ 资源配置效率的提升与│──→│ 提高资源利用率   │
└────────────┘  │   │ 优化                │    ├──────────────────┤
                │   └─────────────────────┘    │ 增强资源配置效率 │
                │                               ├──────────────────┤
                │                               │ 优化资源配置模式 │
                │                               └──────────────────┘
                │   ┌─────────────────────┐    ┌──────────────────┐
                └──→│ 要素流动与供应链协同│──→│ 提高要素组合程度 │
                    │ 效率提升            │    ├──────────────────┤
                    └─────────────────────┘    │ 加强要素间组合程度│
                                                ├──────────────────┤
                                                │ 深化供应链一体化 │
                                                │ 程度             │
                                                └──────────────────┘
```

图 5-2　效率变革机理

是促使传统产业适应当下数字经济的发展要求，也是为其将来适应网络实体系统的发展做铺垫。基于此，数字技术及其衍生部分在传统产业间的深度运用，将推动传统产业向以数字技术为主要驱动力的智能化发展模式转变，而这个转变的过程即产业智能化。在实现产业智能化后，各产业对生产资料的统筹效率将大幅提升，且为全要素产出效率的提高奠定基础，并最终促成效率变革。效率变革主要分为三个部分：剔除冗杂、新旧动能转换、建立现代产业模式（张文燕等，2020）。数字技术下的产业智能化，属于效率变革中通过技术开发达到促进新旧动能转换目的的部分。而这既是对剔除冗杂后的巩固发展，也是建立现代产业模式的基石，并在效率变革中发挥着举足轻重的作用。另外，尽管产业智能化都以数字经济为发展基础，但并不意味着所有的传统产业都应有相同的智能化模式。在结合不同传统产业的特点和发展方向的基础上,其都应发展出具有各自产业特色的智能化、数字化、高效化产业模式。

(二)资源配置效率的提升与优化

从宏观层面来说,资源配置效率的提升由对社会经济制度的安排而实现;从微观层面来看,资本市场的发展是资源配置过程中最为核心的环节,其通过资金引流决定其他生产要素的流向及流量。资源配置不仅有从统筹全局角度出发的"举偏补弊",更有从资本增值角度出发的"逐利而居"。尽管市场经济下多数配置的结果能满足经济发展需要,但资本的逐利性会扭曲市场对真实价值的判断,进而造成资源低效配置或错配的情况。从这一点来说,资源的配置效率不仅意味着配置过程高效与快捷,其同样意味着配置结果的有效与正确。

数字经济之所以能够触发资源配置效率的提升与优化,关键在于产业链上全要素的数字化提高了市场对真实价值的认知和发掘效率,并以此为基础降低资本盲目逐利的风险,进而压低发生资源低效配置或错配的概率,从而实现产业的效率变革。这便在保障资源配置高效性的同时,兼顾了其有效性。在传统经济形态下,资源配置的依据主要在于政策与价值规律引导。前者突出表现为计划配置方式,而后者表现为市场配置方式。尽管两者都存在不可忽视的配置缺陷,但在理论上来说,两者的交互配合往往能促进资源的高效合理配置。从现实角度来看,两种配置手段也会因各自的边界难以界定而造成配置混乱的问题。当计划配置或市场配置不慎越界时,其会挫伤彼此的配置功能;但当计划配置或市场配置过于保守时,其又达不到资源配置的预期效果。造成这一问题的关键,便在于市场信息不通畅。因此,相较于传统经济形态,数字经济凭借着其高效的信息传导功能对资源配置的作用也就更加突出。

新时期下,对传统产业资源配置效率的提高有赖于产业本身与数字经济的深度融合,以解决当下传统产业在资源配置方面所面临的资源低效配置或错配问题。而数字经济以其万物智能互联、信息高效传导的特征,也必然成为解决资源低效配置或错配问题的关键手段。因此,着力于发展数字经济,灵活运用数字技术,促进资源配置效率的提升与优化是解决当今资源供需脱节的良方。在减少了资源错误配置情况的过程中，随着资源配置的效率进一步提高，数字技术和"数字+"模式的构建使传统行业在很大程度上避免了从前"囫囵吞枣"式的资源配置方式，并为传统企业高质量发展提供了更加有力的保障。

（三）要素流动与供应链协同效率提升

供应链协同是由供应链上各节点企业为应对外部环境变化并谋求中间组织效应和价值链优势所构成的彼此协同运作的网络式联合体。生产要素在各节点企业间的高效流动则是维系它们协同运作的重要手段。在数字经济背景下，数据和传统定义下的生产要素组合正在创造出更大的价值，且当生产要素在供应链上各节点企业间流动速度越快、传递效率越高时，供应链协同效率也就被一并提高，基于此，供应链的价值也随之扩大。随着原有生产要素在供应链上的配置与组合不断深化，更多生产要素能够进入供应链中参与生产流转，进而在提高要素流动性的同时加深供应链成员之间的联系，从而使供应链在整体上更加协调高效，最终激发效率变革。要素流动与供应链协同效率的提升，在效率变革中属于生产效能提升环节与产业模式构建环节的交叉部分。并主要体现在生产要素高效流通对供应链协同程度的促进作用上。即通过提高生产要素管理效率，使更多的要素充分地在供应链中得以运转，并依靠供应链上下游之间的紧密关系从而实现其协同效率的提升。但在传统经济形态下，不同区域间信息通达度偏低的问题始终制约着生产要素跨区域自由流动，并由此限制了整体供应链协同效率的提高。基于此，数字经济赋能传统产业生产要素流动与供应链协同效率提高的价值便显现出来。在产业智能化与资源配置效率优化的前提条件下，供应链节点企业借由数字技术所共同组建的要素信息网络将成为提高生产要素通达度，健全生产要素及其流向信息的关键中枢。而这不仅将提高生产要素的流动速度和传递效率，也将提升供应链协同程度，并且健全其相应发展模式。

通过上述对数字技术与产业智能化、资源配置效率的提升与优化，以及要素流动与供应链协同效率提升的论述，可以帮助更好地理解效率变革机理中数字经济的作用，以帮助分析数字经济驱动传统产业高质量发展的作用机理。

三 动力变革机理

动力变革是指在劳动力数量和成本优势逐步减弱后，适应高质量、高效率现代化经济体系建设的需要，加快增长动力向创新驱动的转换。动力变革为数字经济驱动传统产业高质量发展提供了更加鲜明的发展方向和强劲动力，是该机理中不可或缺的一部分。作为推动数字经济的基础，数字技术是动力变革的核心。在驱动动力变革时，数字技术作为底层推动力，推动数字经济与传统产业相互作用从而产生强大的经济发展动力。其中，动力变革机理又包括数字技术与传统产业的融合发展、数字技术与传统产业新的增长点、数字技术对传统产业的促进作用三个方面，三者层层递进，共同发展成为数字经济驱动传统产业高质量发展的直接驱动力，如图 5-3 所示。

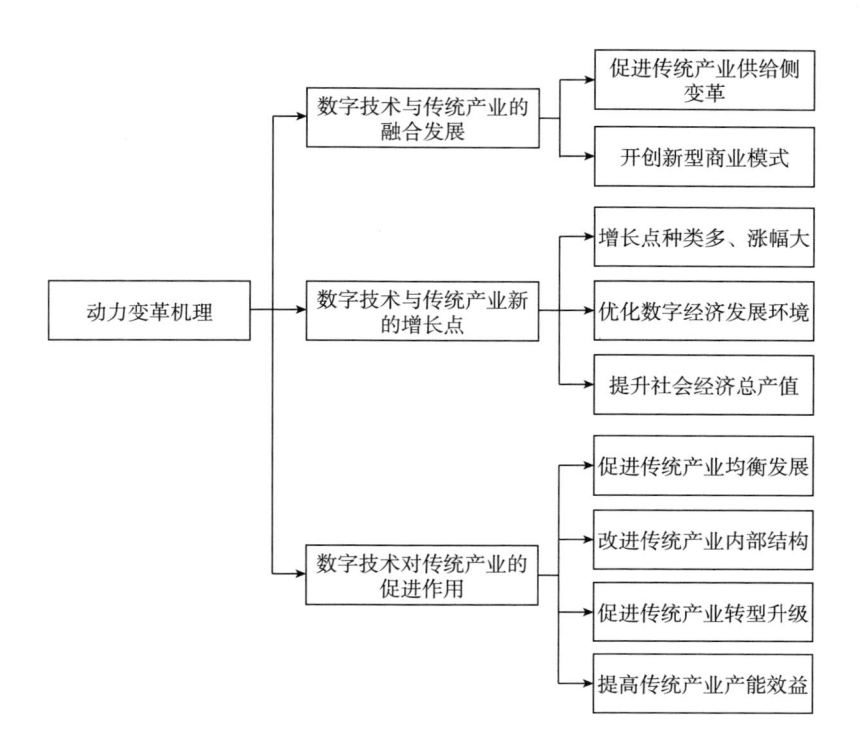

图 5-3 动力变革机理

(一) 数字技术与传统产业的融合发展

传统产业是指发展起步较早、生产技术日臻完善、在国民经济发展中起支柱作用的产业（李娜，2018），主要指农、林、牧、渔等第一产业（不包括其服务业），劳动力密集型、以制造加工为主的第二产业和第三产业的低科技附加值的部分。长久以来，我国以劳动力密集型产业为传统行业的主要支柱，但随着劳动力成本上升、技术型工作占比提高，传统产业的发展优势逐渐被削弱；而数字经济发挥赋能效用又恰巧无法剥离开产业而独自发展，因此数字经济和传统产业间的融合发展将会成为新时代动力变革的方向之一。在这个融合过程中，数字经济主要扮演着赋能相关产业的角色，而作为体量庞大的传统产业，对其进行产业赋能势必造成巨大的经济增益。但现今的问题在于，传统产业与数字技术的兼容性差，归根结底在于数字技术无法精确定位传统产业的个性化特征和发展模式，且在数字技术驱动传统产业发展的过程中，传统产业在生产模式和组织形态、利益分配、资源循环等方面发生了优化甚至变革，这导致数字经济无法以较为固定的发展视角与传统产业达成高度融合。因此，在二者融合发展的过程中，需要特别注意数字技术对于传统产业运营模式和发展特征的把握，不能一概而论更不能以偏概全。并且，需要正确地引导传统产业中新的增长点，从而倒逼数字经济的开发。因为随着数字经济赋能传统产业，新的产业经济发展生态应运而生，随着数字技术与实体经济的融合，出现了网络经济、共享经济等多种新型商业模式。这些为数字经济的发展开拓了更加有利的市场规模和改变了消费习惯，其反映的是市场经济中需求侧倒逼供给侧变革的要求，有利于促成数字经济与传统产业的"双赢"。

(二) 数字技术与传统产业新的增长点

该增长点特指因为数字技术和传统产业的进一步融合而刺激、引导出的新需求类型，且该需求类型可成长为新发展领域。数字经济和传统产业产生新增长点的原因在于，数字经济能够更加灵活敏感地感知市场需求，进而倒逼供给侧提供相应的多元服务与产品，从而获取更加丰厚的经济收益并成为动力变革的方向之一。总体而言，数字技术与传统产业新的增长点是动力变革的重要推动力，因为正是新需求以及其可能形成的新发展领域拉动了传统产业的发展。不可否认，传统产业的新增长点在当前"井喷式"出现，但大多数新发展点受困于复杂残酷的市场环境、资金问题等方面，其寿命短暂，难以成长为全新的经济发展领域，即新增长点的发展难以长期持续。因此，有必要通过政府提供良好的产业发展扶持与监管政策，避免恶性资本投机等行为对新增长点造成不可逆伤害。此外，要培养新的增长点，在推动传统产业发展的同时，为数字技术乃至数字经济的发展提供必要的契机。前文提到数字经济的发展无法离开其他产业单独而行，因此需要在新的增长点乃至新的产业出现时，为数字经济进入更多的延伸领域提供条件，使数字经济可以面临更加优渥和更加广阔的发展市场。与此同时，新的增长点又在不断地培养消费者的数字化消费习惯，这使数字经济的发展环境更加有利。简言之，数字经济中的数字技术在赋能传统产业时，能感应到多元市场需求，能及时捕获这些经济增长点，不仅提高了传统产业的总产值，也为数字经济的发展创造了更加有益的"温床"，从而进一步驱动社会整体经济的创新发展。

（三）数字技术对传统行业的促进作用

数字技术可以利用信息数据要素赋能传统产业，并在生产过程中帮助使用者对信息要素进行评估判断，并促进资本、劳动力等其他要素的有机配置，从而大幅提升企业、行业对于资源的调配效率以及管理能力。因此，数字经济嵌入传统产业会给传统产业带来巨大的变化，并在此基础上取得经济发展的突出成就。信息科技、传统产业的发展融合，使得三次产业在组织形态和生产模式上发生变革，促使传统行业的生产与管理更加智能、精准和高效，并在此基础上推动传统产业由中低端向高端的转型演变。数字技术与传统产业更加深入地融合，会反向刺激数字技术的升级，促进多系列融合性产品以及产业服务的出现，产业结构必将会伴随着新产品、新产业的不断规范化进而进一步升级（明海英，2018）。数字技术利用其先进独特的数据分析算法进行智能化定制，在资本进入行业时能够给出更加全面综合的建议和引导，充实行业内部尚欠发展的领域进而改善行业内发展不平衡的局面，提高整个行业的综合产能。以传统制造业为例，少部分行业的上游领域在短期内能获取大量利润，而下游领域则与之相反，于是大量资本涌入上游领域，而随着上游领域的产量提高，以及缺乏足够的下游企业与之对接，行业整体利润会受损，由此可见行业各领域均衡发展的重要性。这更能体现数字技术在疏导、平衡其发展中发挥着巨大的作用。与此同时，数字技术在推动传统行业运作模式、内部结构、转型升级等方面发挥了巨大的推动力，使得传统行业能够不断接受新鲜血液，并且在数字经济中取得更加丰厚的利润。

通过对数字经济促进传统产业高质量发展过程中的质量变革机理、效率变革机理、动力变革机理进行的剖析，可以有力地证明，数字经济在支撑传统产业高质量发展的过程中具备十分强劲的竞争力和驱动力，其也将成为我国下一阶段重要经济驱动引擎的重要组成部分。

第六章 传统产业的数字化转型发展

人们对客观世界的认识和探索，从物质到信息，从真实到虚拟，从原子到比特，通过有效的通道、枢纽和平台，实现精确的映射、互动和反馈。世界范围内的工业数字变革已经变得更加清晰和明确，已成为面向网络化、智能化方向提升质量和企业核心能力的必要条件。模式、场所的全系统重组，正在引发以数据为核心生产要素的成长动力的变化和思维模式的转换；正在形成发展观、方法论、价值判断的全新构建。本章基于业界著名专家、学者观点，结合国内外领军企业的实践经验，对我国传统产业数字化转型的基本趋势、面临问题、典型模式、主要方向等进行深入分析。

第一节 全球产业数字化转型的基本趋势

目前，我国经济发展中存在的矛盾主要集中在供给侧，而供给侧改革在很大程度上依赖于传统产业的数字化转型。在传统企业进行数字化转型过程中，能否充分、恰当地利用数字这种生产要素成为其转型成败的关键因素。

一 产业数字化转型的新变化

世界产业的资讯基础与环境得到了极大的强化，海量信息不断涌现，进一步推动了劳动、技术和资本的发展，增强了各要素之间的联系，使数字经济的转型产生三个方面的变化。一是从被动转变为主动。由单纯地依靠提升生产力的被动手段向创新发展模式、强化发展质量的主动策略转变。二是从片段型转变为连续型。由对局部生产运营过程的数据采集与分析转化为对整个过程和体系结构的诠释、重构和优化。三是从垂直分离转变为协同集成。将数字化从聚焦于单一环节、行业和领域，转变为对产业生态体系的全面映射。

二 产业数字化转型的新特征

数字化转型加快了产业链各个环节和产业链间的跨越，重构了企业的组织结构和业务模式，构建起核心优势独具特色、运作体系不拘一格的各大平台，将企业间的竞争重点从产品和供应链层面推向生态层面，对数字化转型底层技术、标准和专利掌控权的争夺更为激烈。与此同时，随着数字技术的迅速发展，供给与需求的实时计算匹配也为其奠定了坚实的基础。由于缺乏有效的分配资源机制，一些行业以低价方式分享资源，"所有权"被削弱，而"使用权"被强化，使得共享经济迅速崛起。

三 产业数字化转型重构协同创新机制

产业的数字化变革将导致技术的开源化和企业组织结构的分离，知识传播壁垒开始显著消除，创新研发成本不断下降，发明创造速度得到显著提高；群体性、链条性、跨领域的创新成果层出不穷，颠覆性、革命性创新与迭代式、渐进式创新并存。产业创新主体、创新机制、创新流程、创新模式等都发生了根本性的变化，而且不再局限于传统的组织界限，以互联网为载体，以跨地域、多元化、高效的方式进行众筹；"众包""众创""众智"等模式层出不穷，彰显了"全球开放、高度协同"的创新特征。

四 产业数字化转型引导消费者技能和素养升级

产业数字化转型的快速推进带来新兴的数字化产品、应用和服务大量涌现，对消费者的数字化资源获取、理解、处理和利用能力提出更高要求。满足用户基本需求，拥有完整的业务模式和不断完善的数字化新产品，已经开始有效地引导消费者的数字技术与知识水平的提高与更新；要进一步挖掘数字化的价值，并充分利用数字化带来的便捷，逐步培育、形成和发展新的数字消费者和数字消费市场。世界各国将日益高度重视对公民数字技能和素养的教育及培养，并将其逐渐上升到维护国家在新时代打造新型核心竞争力的战略高度。

第二节　产业数字化转型面临的关键问题

信息革命以来，以数字技术的广泛应用为标志的创新活动日新月异，以劳动密集型、制造加工为主的传统行业受到严重挑战。在21世纪这场前所未有的科技角逐中，唯有顺应数字经济潮流者方能立于不败之地。数字经济的发展关系到每个国家未来经济的发展走向，其技术创新不仅可以萌发新的产业形态，也通过赋能传统产业改革带来转型升级。在数字经济日益发展的背景下，数字经济给传统产业既带来挑战和威胁，同时又给它带来新的增长机会。在以人工智能、云计算、大数据、5G技术、区块链和物联网为代表的数字经济时代背景下，任何企业想要发展都必须做到与时俱进，跟上时代的步伐。这就必须加快企业数字化转型之路，调整企业的发展方向，充分加强数字要素在企业生产中的作用，全面提高企业的生产效率。

一　产业数字化转型亟待解决的关键问题

（一）不确定性下降和复杂性上升的经济均衡问题

持续形成和采集源源不断的海量信息，是产业数字化转型全面推进的首要表征，有助于企业对产业的运作有一个深层次的认识和把握，从而达到对产品产量和质量的精确控制和调控，极大地减少了依靠人力经验所带来的误差和不确定性。在数字转型初期，虽然在信息处理、分析、应用等方面，以及软件、硬件采购、设备调试、体系结构重构等方面都有了很大的提高，技能学习、人才配置等方面的投资也大幅增长，但高投入产出比问题将更加突出。在企业数字化转型过程中，首要问题是如何合理设定投资模式和预期回报周期，以及采用最经济的方式来均衡由不确定性降低引致的复杂性上升问题。

（二）供给碎片化和需求协同化的全局统筹问题

产业数字化转型的发轫可追溯到近60年前，主要包括三个方面：研发、制造和管理。研发的深度实现了从二维到三维，从模拟到孪生，从零部件到产品整体乃至其全部生命周期的过渡。从获得生产资料到分配生产资源，企业生产制造中所有协调生产流程和生产系统的优化，都是一个不断发展的过程。从经营管理的角度来看，企业则经历了以产、供、销为导向的生产优化，面向企业的运作优化，以及面向供应链、价值链的资源优化三个阶段，并逐步向云端过渡。但受限于技术结构和商业模式，大部分的制造业数字化转型都是从点到面的，相对零散、封闭的，由此导致了大量的"数据孤岛"，无法满足目前行业整体优化、大数据整合的需要。如何从总体上提高效率和提高质量，统筹引导碎片化供给和协同化需求相互匹配契合，是实现企业数字化转型必须解决的根本问题。

（三）前瞻技术大量涌现和现实需求尚待挖掘的市场培育问题

以5G、人工智能、大数据、区块链、量子计算等为代表的新一代信息技术蓬勃发展，竞相在关键环节和领域取得重大集中突破，从理论创新逐步延伸到实用创新，从科学研究加速迈进到产业应用；一批具有前瞻性的技术，从实验室的角度出发，开始向市场和使用者开放，试图将其与一些实际应用相结合，以培育、激发、引导新的市场。但从实际需求来看，大多数行业的工艺特性、业务流程和运作方式都比较稳定，不是单纯地引进和移植技术就能带来更大的收益与质量的提升，这不仅要仔细分析和挖掘需求的痛点，还要对技术的成熟和适应性有一个明确的认识和判断。如何发掘与培育具有实际应用与示范推广双重价值的多元化市场，使其具有不断迭代与演进的创新性特征，是当前产业数字化转型正在面临的现实问题。

二 产业数字化转型的机理

数字经济可以减少实体经济的成本，提高效率，促进供需的精确匹配，减少现有经济活动的成本，促进新的经济形式产生，使得在传统经济中不可能实现的经济活动成为现实；促进经济发展到更高级的形态、更精确的分工、更合理的结构；实现更大范围上的空间演化。产业数字化转型的机理如图6-1所示。

一是数字技术极大地降低了实体经济交易费用。数字技术大幅降低了单位信息采集、处理和应用以及经济运行全过程的交易成本。企业内部以信息为主要生产要素，降低了生产、管理、运营成本；外部

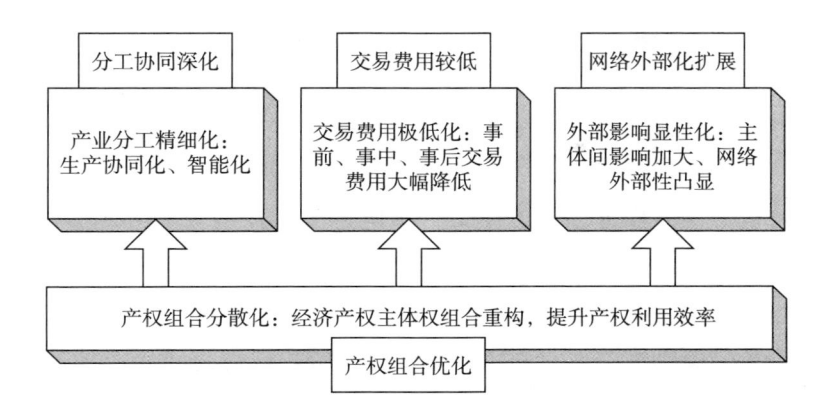

图 6-1 产业数字化转型的机理

形式上通过广泛的联结和连接来有效地解决信息不对称、信息成本和资产专有性等问题。

二是数字技术深化实体经济产业分工与生产协同。互联网在实体经济领域应用不断深化，加速产业链分化、重组，新应用新模式新业态不断涌现，新型企业和产业组织形态逐步形成。催生智能机器人、虚拟现实、工业互联网等新兴业态，开辟新的产业发展空间。

三是数字技术网络外部性对实体经济作用加速显现。网络的价值与所连接的网络数目有关，网络的数目越多，网络外部性越强，其经济效应越明显。因特网在各经济主体间的广泛联系下，极大地提高了个人的边际收入，从而使网络的外部性随着联系对象的增多而增强，从而达到非常明显的经济作用。

四是数字技术深度触及实体经济领域产权变革。产权是实体经济的运行基础，产权分离程度是经济发展高度的核心标志。数字技术促使传统产权在更大程度和更大范围内实现更加广泛的分离和组合。在产权基础上，"进入权"代替了传统的所有权；产权组合方面，传统经济下权利有限分离逐渐被权利分离泛在化所取代。互联网导致经济主体产权组合不断重构和重新配置，触及经济变革最深层次。

第三节 传统产业数字化转型的典型模式

大数据、云计算、人工智能、区块链等底层数字化技术的运用，将会使企业之间的价值竞争更加激烈，同时也给企业带来了更多的挑战。新一代数字技术不但在宏观上促进了经济的发展，更是成为促进经济增长的新动力，而且在微观层面上，也可以促进传统产业的数字化转型，从而为我国的经济高质量发展提供新的机会。

一 制造业：工业互联网成为转型升级重要突破口

工业互联网是新一代信息技术和制造业的深度结合，是实现制造业数字化、网络化和智能化发展的关键技术。通过数据、劳动、技术、资本、市场和其他生产要素之间的相互联系；依靠供应链、创新链、服务链各个链条之间紧密结合，从单纯的价值向价值网络的共存方向发展，从商品交换到交换信息，再到知识和技能的交换，极大地改善了整个工具的使用效果和效率；对决策过程和机制产生了明显的优化，不断地进行定制化、服务化、融合化的生产模式创新；通过对企业组织形态、业务模式分析，有效地解决供需双方问题，构建起数字化、网络化、智能化的新型制造与服务体系。

（一）提高生产率和重建价值链

我国制造业的特点是"中间大两头小"，属于微笑曲线中利润最小的部分。因此，需要传统企业将中间段的优势逐步向两边延伸来扩大自己的利润。一方面，企业将价值链往前延伸，加强基础研发和产品创新。另一方面，传统企业需要将价值链向后延伸，加强营销手段，强化自主品牌和服务意识，补齐价值链下游的短板。同时，对原有产业链存在的整体层次不高、技术水平低、规模较小等问题进行全面升级改造。通过强化技术研究，培育自主品牌，夯实产品市场基础来进一步完善和提升企业生产率和价值链的能级。

（二）进一步强化制造业的创新能力

数字技术对制造业的创新，表现在以下几个方面：首先，不同行业之间的交叉融合。以 5G、物联网、人工智能为代表的数字化、智能化技术正逐步推动制造业数字化转型步伐，"工业 4.0"智能制造模式凸显，使得一些新兴行业如航天制造、生物医药、智能制造、新能源新材料等相关领域交叉融合创新，产生更多的经济增长点。其次，有助于推动产业向高端升级。随着数字技术的渗透，工业由原来的粗放型生产逐步朝高附加值、高技术水平和低能耗、绿色生产方向发展。通过数字虚拟技术对产品研发环境进行仿真模拟，可以大大降低企业研发成本和产品研发周期。通过对不同生产阶段海量信息的提取，可以以智能制造方式进行精准生产，避免浪费，节约能源和材料，提高生产效率。

（三）保持综合成本优势

我国制造业从粗放型增长转变为集约型增长方式后，如何降低企业成本成为摆在每个经营主体面前的一个难题。根据其主要生产要素的构成，企业成本主要受工资、能源、土地、运输等多种因素的影响，其中人工成本的上升是成本居高不下的主要原因。我国由于人口红利优势逐步丧失，大批企业出现用工荒。只有保持劳动生产率的显著提高，才能消除工资上涨的不利因素影响。普遍投入数字化智能化设备，可以大幅提高企业生产能力。同时，由于"机器换人"的效果，智能化数字化设备可以 24 小时不间断地连续生产，从而产生显著抑制成本上升的效果，实现真正的工业"智造"。

（四）增强供应链的韧性

在新冠疫情背景下，提升供应链的层级，加强供应链韧性具有重要性。供应链的韧性从以下几个方面体现出来：首先，总供给能力的大幅提升。运用大数据、云计算、人工智能等高新技术对传统制造业进行升级改造，进一步提升包括数字在内的各种生产要素的配置效率，使社会生产的总供给能力得到加强。其次，生产的柔性化。企业生产可以在较短的时间内通过数字技术收集到市场的精确需求方向和需求数量，根据市场需求的不断变化来不断调整自己的生产方向和生产数量。柔性化生产可以使企业快速适应市场的变化，应对市场激烈的竞争，借助数字技术在短时间内完成工艺调整和参数重新配置，使企业从规模生产走向规模定制（李晓华，2022）。最后，消费者参与企业生产调整与决策。由于数字技术的不断普及，目前很多数字产品已经出现产品协同制造和服务型制造的变化趋势。传统经济下的规模经济优势在当前数字产品盛行的时代已经不合时宜，越来越多的企业通过数字技术来实时收集并反馈消费者的各种信息，将原来批量化、标准化和集中化生产逐步向小批量、分散化、个性化定制生产的方向发展（安筱鹏，2016）。

二 数字农业：智能设备开启智慧养殖数据入口

农业是国民经济发展的关键基础，同时也是国家安全的重要保障。我国农业一直面临着地少人多的局面，农业发展走上数字化道路已成为我国农业现代化的必由之路。数字农业是由美国两院院士于1997年正式提出。数字农业是一种新兴的农业生产方式，是一种以云计算为基础的多学科交叉、跨学科的综合创新。数字农业在不受季节、土壤、地域等限制的情况下，能够生产安全、营养、高质量的蔬菜。数字农业解决了日益严重的耕地缺乏问题；解决了靠天吃饭、掠夺性种植、污染土地等问题；有效地解决了农药残留、重金属残留等食品安全问题；解决了农村的工业化问题，把农民转变为产业工人，增加了他们的收入，改善了他们的生活。

数字农业是基于农业生产的各种要素，通过现代的信息化技术，实现对农业对象、环境、全过程进行可视化表达和数字化设计。数字农业推动农村现代化的途径主要有：一是从传统到现代。中国传统的农业以小农经济为主，而以新的信息化技术为依托的数字化农业，实现了"耕、种、管"的全覆盖；"收"的各环节有利于农业信息的交流，使传统的农业生产模式发生变化，加快了农业向现代化的转化。二是有利于提升管理水平。利用信息化技术对农业生产、仓储、运输、流通等各环节进行科学的管理，为农业生产、仓储、运输、流通等提供统一的决策支持。三是农业生产率的提升。将数字化技术应用于农业生产的每一个方面，既可以实现农业的精确化，又可以减少农业的风险和费用，同时提高农业的能源利用率并加强了环境保护。

（一）数字技术在农业领域的应用

农业发展的高级阶段就是数字农业。党的十九大报告指出：我国经济已由高速增长阶段转向高质量发展阶段，必须坚持质量第一、效益优先，以供给侧结构性改革为主线，推动经济发展质量变革、效率变革、动力变革。经过改革开放几十年的飞速发展，随着数字技术不断在农业各个领域的应用和发展，我国农业已经开始由高速发展逐步转变为高质量发展。作为第一产业的农业和其他产业有着明显区别，有着自身发展的规律和特点。一方面需要在农业信息收集、农业生产实践和农业管理过程中实现其数字化；另一方面也要充分尊重农业生产的规律，合理巧妙运用数字技术，真正实现农业的数字化应用。

1. 前端生产数据的获取

农业生产数字化的基础是生产过程中产生的各种相关数据。这些数据包括温度、湿度、光照、二氧化碳浓度以及营养液等基础数据信息。终端传感器对这些农业生产过程中的关键数据进行监测，设施终端系统对农作物的温度、湿度、光照、二氧化碳浓度以及营养液等环境条件进行自动控制，使设施内植物的生长发育不受或很少受自然条件制约。

2. 农业数据传输与控制

我国农业生产由于国土资源因素的制约，耕地比较分散，地形较为复杂，各种关键的农业基础信息只能依靠无线传感器网络（WSN）和移动通信网络两种方式来进行远程传输。真正智能型、立体型的温室大棚，可以通过升降温、补光灯设施的利用，使植物生长不受季节的影响，从而实现植物的周年性连续生产。

3. 农业数据的处理与应用

农业生产中的各种数据具有时效性、周期性、区域性和多样性等特点，要想利用好这些数据，就需要应用现代数字技术来进行处理。云计算是目前一种比较适于我国农业生产数据的获取、计算、利用与储存的数字技术形式。利用大数据和云计算等相关数字技术，让海量信息按需获取，并即时进行处理和分析，从而实现对农作物未来发展的可能性进行预测和干预。同时，基于区块链技术的采用，去中心化农产品质量溯源系统可以有效保证农产品信息的真实可靠。在业务层面采用去中心化设计,在技术层面采用去数据库化设计和共识机制保证账本一致性和真实性,实现农产品质量溯源。

(二)数字农业的发展现状与实践

2021年,中国的粮食生产达到历史最高水平,高达6.83亿吨。我国的粮食总产量连续五年超过了6.5亿吨,我国在肉类、鸡蛋、蔬菜、水果、鱼类等方面都是世界上最大的生产国。在取得巨大成绩的同时,我们必须认识到,我国的粮食自给率仅为65.8%,且我国又是全球最大的粮食进口国。[①] 中国目前的国情是:水资源紧缺;耕地地力退化;青壮年劳动力大量流失;原产地污染和环境安全问题不断加剧(万宝瑞,2016);支持农业持续增产、品质提升的生产条件越来越严格,农业生产成本不断提高,品质提高的问题也越来越多,农户的分散经营方式也越来越严重(王志刚和于滨铜,2019)。

1. 数字农业的发展现状

随着信息技术的快速发展,我国数字农业的研究和开发已初具规模,标准化技术和应用过程也相对成熟,现代信息技术与农业产业已呈现出全面融合发展的趋势,但与国际发达国家农业现代化水平相比较,还存在一定差距。究其原因:一是专业技术人才短缺限制数字农业发展,加快农村空心化。在城镇人口不断攀升的同时,农业人口大幅度下降,乡村人口结构呈现出老龄化特征,农村居民文化程度普遍较低,对新生事物和科技掌握能力较差,新技术和新方法无法得到很好的引进和应用。二是资金投入不足制约数字农业发展。目前,我国数字农业发展仍处在初级阶段,国家财政资金支持是农业科技发展的重要资金来源,其他金融支持方式在现代农业发展中发挥的作用并不显著。同时,政策性金融农业科技贷款的门槛较高,商业性金融机构对农业科技型企业贷款发放较为谨慎。此外,发展数字农业所需要的设备生产成本较高,后期维护和运营也需要投入大量资金。

---

① 农业农村部市场预警专家委员会、中国农业科学院等单位联合发布《中国农业展望报告(2022—2031)》,2022年。

2. 数字农业的发展实践

农业高质量发展是实现农村现代化、促进农村经济发展的必然选择。从国际上看，各国在推行数字农业的过程中，已逐渐建立起适合本国国情的高质量发展模式。这对中国农业的数字化发展具有一定的参考价值。

（1）产业体系的优化。在欧美等发达国家和地区，利用数字技术促进三次产业深度融合已经是一种普遍现象，从而实现了农业规模提升和资源聚集的效果。比如，美国、加拿大，数字化技术已渗透到整个农业生产的各个环节，对延伸、扩大、促进农业系统的优化发挥了重要的作用，具体从三个方面着手：一是以提升和优化农业产业化链条，建立生产、加工、流通、销售为一体的完整产业组织系统（刘丽伟和高中理，2016）；二是通过数字信息技术在农产品销售中的应用，可以及时、准确地获得农产品的价格，并对其进行有效的调整，从而降低农产品的无效供应，确保农产品的价值稳定和增值（张晓雯和眭海霞，2015）；三是做好农产品数字技术的研发与服务工作，鼓励科研机构、大学、企业、个人研发"农业数字技术"，让科研成果尽快投入实用领域，为农业生产服务。

（2）农业生产体系的重构。以法、德为例，两国通过数字化技术实现了农业的精准管控、高效生产，建立了完善的销售网络，以此实现了农业生产体系的重构。具体体现在两个方面：一是从农产品需求入手，建立农产品市场信息"互联网"，实现农业生产的精准化，减少无效生产和产品过剩，避免浪费本来就相对贫乏的农业生产资源；二是借助本国强大的工业基础完成对农产品机械的数字化过程，在整个生产过程中做到精确化生产。利用土壤探测技术、农田遥感监测等智慧农业管理系统，将数字技术与地理学、农学、生态学、植物生理学、土壤学有机结合在一起，实现农产品生长过程的实时监测和管理，做到精准控制，保证农产品的质量和产量。通过一系列的实践，法、德两国都成为欧洲屈指可数的农业大国。

（3）农业经营体系的高效化。在以往的经济学理论中，农业生产的周期性总是信息不对称理论中一个经典案例。农业生产的分散性，加上信息的不完全，造成几千年来农业生产都是以粗放型为主。随着数字技术的不断发展，农业生产中的信息不完全逐渐转变为信息相对完全，这也使人们在农业生产过程中的决策更加具有科学依据。这种技术上的变化，成为现代农业由粗放式转向精细化、智能化生产的有力推手，同时大大降低了农业生产中存在的各种风险（韩旭东等，2018）。

（4）动物可穿戴设备开启智慧养殖数据入口。畜禽健康是当前畜牧领域的热点问题，通过感知技术来监测、分析和预测畜禽的行为，是实现精确饲养的有效途径。智能的项圈、耳标、脚环等多种动物可佩戴装置，能够对牲畜的体温进行实时监测；通过对动物的心率、运动量、体温等指标数据进行实时采集，并将数据实时传输至畜禽大数据监控平台，实现对畜禽数据进行全天候、全流程的记录和追踪。

三 建筑业：虚拟建造助力工程全方位数字化转变

建筑工程项目往往因时间跨度大、参与机构多且质量要求高，项目管理的复杂程度极高。三维可视化建筑信息模型（BIM）为建筑工程项目管理开辟了新路径。以项目现场的各种资料为基础，利用BIM三维数字化建模技术，构建与项目现场精确对应的一体化工程管理平台，从设计、施工、竣工、交付、维护等各个环节进行整合，并在空间层面促进业主、设计、施工、供应商、运营方等各方的数据协作和业务协作，实现项目的质量提升、工期缩短、成本降低。数字化建模技术具有加强管理效能等多方面作用。

四 能源业：大数据可视化平台提升能源供给效率

随着全球工业化进程的进一步深化，世界已逐步进入能源短缺的时期，提高能源的产量和使用效率已经成为亟待解决的问题。建立覆盖能源生产、传输、消费等各个方面的信息资源，通过建立综合的大数据可视化分析系统，全面展示能源生产运行的数据变化趋势，同时对各环节实时数据进行深度分析挖掘。在能源生产方面，对设备进行了远距离的健康管理，并对能量传输进行了在线监测、自动识别和准确的故障预报。

五　矿产开采业：智能装备实现精准安全的无人开采

矿山地质环境复杂，采用智能采矿设备，不但能够准确地确定采矿方向，提升采矿技术，而且能够有效地确保采矿作业的安全。智能采矿设备是以机器视觉为基础，能够对采矿环境进行智能化的感知与测量，并将生产过程中的地质条件、设备的方位等数据实时反馈给采矿设备，使其能够根据生产条件的变化，自动调整采矿工艺，达到无人化、自主开采的目的。

六　零售业：线上线下一体化精准挖掘用户消费需求

在传统零售与电商业务增速双双趋缓的背景下，如何打通线上线下渠道形成优势互补效应，帮助零售商准确触达用户消费需求成为破局的关键。通过计算机视觉和深度学习等智能技术，将实体门店升级为智慧门店，为消费者提供身份认证、小程序搜索、扫码购买等数字化的服务；基于大数据、图像识别等技术勾勒用户精准画像，通过人工智能算法预测用户潜在消费需求，并推出及时、精准、个性化的线上销售，从而构建线上线下消费数据和营销数据的闭环。

七　物流业：智慧物流的发展成效

由于产业发展较早，发达国家在智慧物流领域占有一定优势。全球领先的智慧物流装备企业多分布在欧洲、美国和日本等发达国家和地区，如大福、胜斐尔、伯曼、范德兰德等。

中国智慧物流尽管起步比较晚，发展得却很快。近年来，中国的智慧物流发展速度呈阶梯状，到2020年将超过5000亿元。与此同时，中国在新一代信息技术如人工智能、大数据等的支撑下，在物流技术和设备上实现了追赶。

随着新技术、新模式、新业态的出现，以及物流业与网络的深度融合，智慧物流将逐渐成为推动我国物流业发展的重要力量和途径，并为我国物流业的转型和升级提供强劲动力。

随着互联网的发展，人工智能和区块链技术在物流行业中的应用也呈现出爆炸性的发展趋势，这也使得以大数据为代表的智慧物流行业迅速崛起。在今后一段时间内，将出现新的技术革命和新的产业变革，智慧物流将会在新一轮的技术革命中获得发展机遇，并呈现出多种特点。

一是智能化。向智能化发展,这是未来的发展方向,智慧物流最典型的特征是智能化。随着人工智能、自动化、信息技术的发展,智能化的程度也会越来越高。智慧物流也会随着时代的发展而不断地被赋予新的内涵。

二是柔性化。"以客户为本"的观念渗透到各行各业,在物流领域也一样,必须提供高度可靠、特殊和额外的服务。"以客户为本"的服务内容日益丰富,其重要性必然日益凸显,而缺少智能系统的物流其柔性就无法实现。

三是一体化。智慧物流系统既包括企业内部的全部物流活动,也包括企业外部的物流活动,所以一体化就是指智慧物流的整体化和系统化。以智慧物流管理为核心,将物流过程中运输、存储、包装、装卸等诸环节集合成一体化系统。

四是社会化。随着物流设施的国际化、物流技术的全球化和物流服务的全面化,物流活动并不仅仅局限于一个地区或一个国家。还将实现货物在国际的流动和交换,以促进区域经济的发展和世界资源优化配置。而社会化的智慧物流体系的形成,降低商品流通成本,并成为智能型社会发展的基础。

在飞速发展的今天,智慧物流使得物流产业的分工更加明确,经营更加精细。在我们的生活、工作等各方面,都能为我们提供各种方便,更能推动社会和经济的发展。

八 金融业:多源数据分析有效降低金融风险

在银行、证券等金融机构中,风险控制是其核心竞争力,而大数据分析是金融机构提升风险控制的主要技术手段。通过运用大数据画像、机器学习、知识图谱、复杂关系网络分析等先进技术,可实现对多源数据的实时处理,构建风险监控与预报模型,并对数据间的不一致进行大规模的监控,使风险显现在传统的风险管理模式中,能够及时、高效地识别出欺诈、逾期、坏账等风险,并达到防范风险的目的。整个金融业的参与者已经不仅仅是单纯的产业链,而是以"数字用户"为中心的网络连接,导致传统的服务体系正在逐步瓦解。

（一）支付

支付是当前金融商务中最重要的业务，也是最大的流量入口。支付的独特闭环功能，让它在挖掘用户画像和精准营销等领域有着独特的优势，而支付公司对 B 端的探索也越来越多。

（二）银行

银行须积极推动金融科技应用，升级现有 IT 体系，打造数据平台、云服务平台等，同时组建科技团队，强化对人工智能等技术的研究和掌控。利用互联网和移动互联网技术，搭建各种互联网平台，加强对客户的场景化金融服务。

（三）证券

产品创新上，智能投顾、AI 选股等不断落地，从市场反馈来看，智能产品还没达到应有的效果。推动内部管理数字化，并尝试打通外部市场和用户方面的数据，但数据应用方面仍显割裂。

（四）保险

保险公司面临"互联网+"背景下科技驱动的转型压力。基于自身优势业务积极探索金融科技落地应用，成为传统保险公司面临的重要课题。互联网公司为寻求金融圈的完整布局，推动其金融科技在应用层面落地，逐渐涉足保险行业。

第四节　产业数字化转型的主要方向及对策建议

一　产业数字化转型的主要方向

（一）推动大数据和人工智能创新发展成为国际共性战略选择

随着大数据与人工智能技术的发展，全球各国纷纷出台了一系列与大数据、人工智能相关的国家战略，以建设核心技术研发高地。在大数据与人工智能方面，各国政府都加大了战略的顶层设计，组建了专业的组织来统筹推进，并注重政产学研的密切配合；推进实现政策统筹、人才驱动、科技驱动。总体上看，国家的规划布局表现为战略引领、规划指导、政策统筹，是一种以多方协作为特点的协同发展机制。

（二）培养数字技术人才是支持数字化转型发展的关键

实施数字化转型战略，人才是企业发展的首要资源。各国在推进数字化转型战略的过程中，都在不断创新教育模式，提高国民的数字素质，为实现数字化转型提供智力支持。在数字化变革的浪潮中，各国将会持续不断地构建和完善数字人才培养机制，以适应科学技术和工业发展的需求；通过优化专业课程、扩大培养规模、吸引高端人才等措施，以适应传统企业对数字化转型的各种需要，为实现数字化转型奠定了坚实的基础。

（三）围绕底层技术、标准、知识产权的竞争日益加剧

技术创新是企业、地区乃至国家实现数字化转型的关键和基础。行业领先的技术公司，就是在技术、标准、知识产权等基础上，建立起自己的技术壁垒，在竞争中占据主导地位。在基础技术、标准、知识产权等方面具备显著优势的国家或区域，则会在这场数字化变革的竞争中抢占先机。企业、地区、国家围绕基础技术、标准、知识产权的竞争与博弈日趋激烈，并逐步成为一种常态。

（四）组织架构优化及商业模式变革成为企业转型焦点

新一代的信息技术正以前所未有的速度渗入传统行业，打破行业的界限，形成新的行业竞争格局。在新的市场条件下，新一代信息技术深入生产、管理、营销等各个方面，重塑顺应数字经济发展规律的组织形态和商业模式。通过对企业的组织架构与运作模式的突破，可以充分发挥其创造力与潜力，进而重塑其核心竞争优势。

（五）激发培育契合新一代信息技术特性的应用场景

随着5G、人工智能、大数据、区块链等新一代信息技术不断取得突破性进展，引导、开发和培育与新一代信息技术特性高度契合，且符合政府、企业及个人用户实际需求的多元化应用场景，并持续拓展和延伸其边界及范围，将成为产业挖掘新兴增长点和实现可持续发展的重要路径。以实际情况为导向，将新一代的信息技术与实际需求紧密融合，逐步加速工业的规模化、商业化进程，从而促进新技术、新产品和新业态的出现，带来可观的经济和社会效益。

二 企业数字化转型对策建议

数字化时代，机遇与挑战并存。助推中小企业成功转型，必须坚持"不能等"和"不能急"的原则，稳定地建立起"观念+人才+资本+标准"四位一体的支撑系统，以适应新的发展趋势，提高中小企业的核心竞争力。

（一）增强数字化转型意识

数字技术无疑是企业创新的重要保障，这种技术有助于企业组织框架的重构，并能对企业经营模式进行优化。在此背景下，企业对数字化技术的科学运用可以促进企业更好地发挥潜力、优势，并能产生良好的激发效应。首先，企业要成功转型，需要向企业内部普及数字化知识，提升员工数字化认知，增强员工数字化转型意识。尤其应该对管理层人员进行培养教育，让管理层意识到"数字化就是生产力"，形成"数字化=创新驱动力"的理念。其次，在形成与强化理念的过程中还需要注重行动。一是推出相应的战略规划，促进数字化转型，明确具体转型方案，使得原先孤立式经营转变成开放式经营，将产品作为导向，使得生产模式切实转变成用户参与生产模式，由此构建创新业态，做到服务开放、联通合作。二是增强数字化转型投入，对数字化转型先进硬件技术进行引入，对相关的软件系统进行升级，并在生产、销售、经营、管理等诸多环节运用这些数字化技术。三是创建专门的数字化转型反馈团队，对转型环节所面临的问题进行采集，包括相关的改善建议，然后基于具体需求对其进行转型完善，切实构建与企业有较高契合性的数字化模式。

（二）培养数字化人才

基于当前具体形势，人才供给问题已经成为数字化转型最为关键性的一种问题，尤其是大数据分析与技术人才，人工智能、数字管理、人机交互等人才，都是企业实现数字化转型的必要人才基础。若要切实有效地解决人才供给缺乏问题，就需要注重人才的引进、培养与管理等。首先，高校教育单位需要对数字化专业进行细化，适当增加招生规模，进而为社会培养具有更高素养的数字化人才，丰富人才量。其次，注重校企协作，为企业相关职工提供专门的数字化技术培训，针对企业开发相关课程，为职工技能提升提供重要支持。再次，企业需要完善人才引入机制，积极引入高质量人才，并对自身激励体系进行完善，使企业更好地吸引这些人才，增强这些人才的工作积极性。最后，国家机关可以组织业内专家构建专业化高端服务团体，并和企业展开协作，共同研发，为企业数字化转型提供智囊支持，为企业提供更高水平的专业转型方案。

（三）提供资金支持

传统企业在数字化转型过程中往往需要较长的时间，而且效果不能很快显现，在前期还需要较大规模投入，特别是在企业自身缺乏数字化基础情况下。这意味着，对于中小企业来说，数字化转型受到投入资金的显著影响。在开始阶段，若资金较为充足，企业的转型压力则显著减轻。切实解决资金问题，需要做好以下工作：首先，国家针对这类企业数字化转型建立专门的扶持基金，由财政部门为这类企业转型及稳定运转提供重要资金支持。其次，利用企业发展基金，助力这类企业朝着数字化方向转型。再次，强化银企协作，金融单位可以为满足资质要求的这类企业提供低息，乃至无息贷款，确保这类企业能够得到资金支持。最后，激励地方行政主管部门对转型企业给予扶持，帮助这些企业解决所面临的困难，从而促进企业持续稳定发展。

（四）树立数字化转型标杆

将成功数字化转型的企业立为标杆企业，引导中小企业的数字化发展，并为其提供专业的服务。这类企业在生存能力上表现得较为薄弱，缺乏适应力。为此，在企业转型过程中，会存在着更低的容错率，并且随着这种容错率的降低，企业的转型将变得更加困难。因此，在中小企业中树立标杆企业分享其成功经验是非常必要的。在数字技术与社会发展融合的过程中，政府必须有效地发挥其领导作用，树立起企业数字化转型的标杆。在遴选这类标杆企业时，需要注重其普适性、典型性，而且不同规模的企业都需要被纳入，这样才具有表率性。同时，要鼓励中小企业到标杆企业进行实地考察，避免盲目地套用标杆企业的模式,而是将企业的实际情况和先行者经验相结合,构建相应的转型方案,并将其应用至企业转型领域,使数字技术更好地融入企业,进而形成转型行动力,紧密抓住数字经济时代创新机遇,切实有效地享受时代的红利。

第七章　数字经济赋能传统产业高质量发展的实现路径

新时期下，数字技术不仅是传统产业实现高效、绿色发展的核心动能，也是其突破发展桎梏的关键因素。虽然数字技术并不会触发传统产业核心生产技术的本质性改变，但得益于数字经济的发展，生产与要素结构的重塑为传统产业融入新时代的发展创造了条件，这也是传统产业在新时期得以持续发展的基石。在实现数字经济向传统产业赋能的内在基础中，"数字资源市场化"是数字经济实现赋能的前提条件。其不仅是数字经济得以存续发展的关键，也是数据资源与数字技术向传统产业下沉的基石。而从"实体经济数字化转型"到"数字经济与传统产业的深度融合"的发展历程则是数字经济赋能的过程，具体表现为产业数字化的内容。在这一历程中，数字化改造更是数字化转型与深度融合之间承上启下的关键点。在实现数字经济向传统产业赋能的外在条件中，"数字经济风险防范""数字经济治理"与"专业人才队伍建设"之间相互作用，共同推动数字经济赋能传统产业高质量发展的实现。数字经济下的风险防范主要指的是对各类数据、信息资源及其扭转过程的安全保障。而这不仅是数字资源要素化的重要推手，更关系到产业及地域间数据及信息交互的安全性问题。因此，数字经济下的风险防范不仅是维系我国数字经济存续并实现高质量发展的保证，也是牵涉国家与经济安全发展的问题（范柏乃和段忠贤，2022）。所以，外在的三个主要条件中，风险防范居于首位，且其直接影响到数字经济能否存续的问题。在满足安全需求的情况下，数字经济治理为数字经济的发展进一步规范了前进方向。其一方面反作用于数字经济的风险防范，通过"有形的手"强化数字经济风险防范能力并维护数字主权；另一方面则站在国家层面防止数据垄断并力促数字经济实现普惠式发展。而反垄断与普惠式发展不仅有利于放大数字经济的有效价值，更是促使其向外扩散的重要手段。数字经济得以发展的基础在于数据资源要素化，且要素化本身是数据资源持续市场化的过程。当数据资源被过度垄断时，不仅数字资源市场化得不到有效发展，数字经济的创新发展也难以得到保障。而垄断下对数据支配权的滥用，则不仅会诱发数据风险，更甚者也会影响到国家安全（林淼，2021）。普惠式发展则主要作用在缩小发展差距，维持经济社会的相对公平上。数字技术自诞生以来本就具有较强的"亲资本"的特点，且数字技术与资本的深度融合本身会造成初次分配的相对不公，而数据要素的特性也会影响到再分配的公平性。因而，普惠式发展是数字经济稳定发展的关键。最后，专业人才队伍建设是保障内在基础与外在条件得以满足的基础和前提，而其关键在于提升专业人才的数字素养。对于传统产业而言，产业数字化是一个涉及多产业融合发展的过程，其中更涉及多学科、多领域及多技术的集成应用。因而，需要培养兼具数字素养的相关行业的复合型人才，这便形成了较高的进入门槛且难以通过简单转移传统产业的人才进行填充（祝合良和王春娟，2020）。

第一节　逐步推动数字资源市场化发展

生产资源市场化发展是其实现市场化配置的过程。而要实现这一点，生产资源便需同时具备通用性、流通性、价值性与全局性等特性，即生产资源要素化。因而，生产要素与生产资源是一对相对应的概念，且并非所有生产资源都会成为生产要素。所以，生产资源要素化是特定资源实现市场化配置的基础。结合技术范式的发展历程来看，其产生、形成与转移都对应着其关键生产资源的内在变化，且关键生产资源要素化后的整体跃迁则意味着技术范式的演进。在技术范式产生前，因其所对应的关键生产资源仍处于"原材料"阶段，且其并不能被直接用于价值创造,所以此时的关键生产资源不具备一般价值。只有当其加工后并可有效用于价值创造时,关键生产资源才由"原材料"阶段过渡到"资源化"阶段。从技术范式的产生到其形成过程中,经整备后的关键生产资源虽摆脱了"原材料"的特性并具备了一般价值,但其若不与实物相结合,不进入产业生产当中去,也不可能实现其自身价值。因此,需要把此时的生产资源与产业进行有机的融合,引导产业效率改善下的生产资源价值最大化,而这也是资产化的过程。技术范式的最终形成,意味着关键生产资源向关键生产要素蜕变的完成。但若关键生产资源仅服务于单一市场主体,其便不可能转变为通用性关键生产要素。此时也不可能存在关键生产资源的要素市场化配置,更不能形成新的技术—经济范式。而"原材料"在资源化与资产化后逐步具有普遍意义的过程便是资本化(何伟,2020)。因此,生产资源要素化是市场化发展的基础,而资本化的形成则是实现市场化发展的关键。且能否实现市场化则是关乎技术—经济新范式可否形成,产业能否高质量创新发展的核心问题。

然而,市场时刻处于不断的变化中,特定的生产资源一时发展成关键生产要素也并不意味着其可以持续适应市场的发展。在新技术范式仍处于发展过程中,关键生产资源难以持续突破通用性的"瓶颈"时,其会逐步褪去生产要素的外衣并退出要素市场,因而此时的新技术也将难以被市场更广泛地接受。这会导致技术—经济新范式与基于技术—经济新范式的产业发展随之陷入相对停滞,直至技术—经济新范式被更新者所取代。所以,关键生产资源的持续市场化发展是其在要素化基础上不断适应市场变化的过程,而这一过程直接影响着新技术与技术—经济新范式的存续与发展。从技术范式的发展历程来看,关键生产资源要素化并持续适应市场的变化发展发生在技术范式从形成到转移的过程中。但随着技术范式的持续演进,这一适应市场变化的进程也必将终止。此时,新范式的产生构架在传统范式的基础上,使得关键生产要素转变为基础生产要素,并继续在要素市场上进行配置。因此总的来看,技术—经济新范式在可持续过程中所对应的关键生产要素必然有着通用性持续增加的特点,而要素化的关键生产资源的普适性也会历经从"特殊"到"一般"的过程。

从本质来说，资源要素化过程包含了资源化、资产化与资本化这三个阶段（何伟，2020）。其中，资源化与资产化分别作用于价值形成与价值创造层面，因而赋予生产资源价值性的特征；资本化则逐一在流通性、全局性与通用性层面赋能生产资源，使其完成向生产要素的蜕变并最终实现市场化发展。对于数字经济来说，市场化更是其存续发展的必然要求。这其中数字资源的要素化是数字经济实现的基础，数字要素通用性的持续增加则是其发展的关键。因此，逐步推动数字资源市场化发展的关键在于促进"数据"逐步实现资源化、资产化与资本化，并推动数字要素融入市场经济的发展趋势。这便需要从三个维度完成市场化的目标。一是夯实数据基础，高质量汇集数据资源。在传统产业架构下，我国目前的产业数据不仅存在良莠不齐、真假参半的问题，还存在数据不齐全且关键数据存在漏洞等问题。因此，需要对以往数据进行整备，使其从零碎的"原材料"向"资源"演进。以此助力数字平台的打造与产业链信息流的有效互通，为数字化奠定坚实的基础。二是强化产业数据应用，提升数据资源价值创造能力。由于传统路径依赖的问题依然存在，更广大的中下层物质生产部门对数据及数字技术的应用并不活跃。因为数字技术本身仍处于成长阶段，其应用场景在目前仍相对受限。因此，数据及数字技术在产业间的应用并没有达到较好的渗透程度，并具体表现为产业数字化程度不高。三是打通数据要素流通渠道，推动"数据"要素化发展。数据流通交易、资产估价是数据资本化的前提，但目前还面临多重问题，如数据的产权没有得到明确的界定、数据流通的合法合规性仍未解决、数据定价和评估机制缺少等。构建合理的数据资产价值评估模式和体系，加快发现数据的内在价值，为市场这只"无形的手"来指导数据定价奠定基础。以科学合理的规则制度体系作为基本保障，激发数据市场活力，促进数据要素市场化配置。

第二节　助推实体经济实现数字化转型

　　随着技术演进的不断发展，物质生产体系的日臻完善，人类社会基础物质文化的供给也正逐步摆脱匮乏的窘境。但这种对基础需求的满足只是"数量"上的，且存在时空上的分配不均问题。因此，需要在已有的物质生产体系下，在满足"数量"的同时也对其他的物质文化产出需求予以满足，并逐步调整时空分配不均的问题。在"质量"与"分配"问题上对已有物质生产体系的完善，也是促进传统产业高质量发展的过程，其中通过突破旧有技术及技术—经济范式的历史局限性，并顺应市场发展趋势推动传统产业转型升级是实现高质量发展的必然路径。需要说明的是，此处的"质量"不单是指产品的品质问题，也包含了产品从生产到销售的过程中能否适应不同时期不同主体的发展变化，能否满足提质降耗的要求，能否融入经济发展的整体趋势等问题。数字经济下，"数据"作为当前的重要资源与传统产业的结合是传统产业在新时期中得以实现转型升级发展的关键抓手，而产业数字化则是传统产业得以高质量发展的必然路径。要实现数字化，重点便在于"数据"能否在数字化进程中成为传统产业的核心生产要素，并在数字技术基础上对基础生产要素进行有机重构，并创新传统产业的生产与发展模式。从这一点来说，数字经济时代与农业、工业经济时代的技术演进和技术—经济范式发展过程相类似。但数字经济与以往不同的是，农业与工业经济时代传统产业的转型升级往往意味着旧有物质生产体系、产出结构与产品本质的解体与重构。这缘于该时期受社会发展的历史局限，产业发展所涉及的科技与核心生产要素都具有更强烈的物质性和现实意义，而在物质层面产出的结果也是极大繁荣。此外，每一次技术的演进都会在不同的物质条件下创造出相较于以往完全崭新的物质产品。可当前所处的时代，物质生产体系的相对完善使得产出结构与产品本质的变化也相对稳定，但人类社会对更高品质生活的追求却并没有停止，因此仍延续过去的模式推动产业的进步并不能带来更好的发展。数字经济的出现则为传统产业破解这一问题提供了可行的方案。数字经济下的数字技术跳出了传统物质生产的发展理念束缚。其不是直接创造一个全新的物质生产技术，也并不生产一个全新的产品，而是基于现有的物质生产体系，以"数据"资源为核心，并通过数字平台和技术对基础生产要素进行重新组合，进而供给更符合新时期社会与经济发展需要的产品。因而对于传统产业来说，实现数字化转型不仅有助于其剩余价值最大化，也是其创新发展路径的必然选择。而要实现数字化转型，关键一步在于对传统产业进行数字化改造。这是传统产业得以承接数字化转型的先决条件，也是传统产业实现产业数字化的必然基础。

传统产业的数字化改造是产业数字化发展的重要实现路径，并在生产过程中表现为对生产资料与生产工具数字化改造的内容。但若站在整个产业链的角度来看，其也包含了价值交换内容与过程的数字化。对于产业链的数字化改造来说，其是依托产业链上各生产部门生产过程的数字化实现的，所以生产过程的数字化改造是实现全产业链数字化改造的前提和保障。首先对于生产资料的数字化改造来说，其本身是基础生产要素数字化的过程。既赋予各生产要素以数字特征，并对其数字化形式予以追踪和挖掘分析。因此，这一过程包含了数字化采集、整备、储存及分析挖掘等几个方面。其中整备便是上文所提及的资源化过程。但对于部分企业来说，其生产资料的数字化一般止步于"原材料"阶段，并缺乏对数据进行有效的整备和挖掘分析，因而使数据的价值不能得到很好的释放。所以在生产资料的数字化改造层面，其关键在于推进数据资源的整备与挖掘分析。而要实现这一点便需要将数据从业务和系统中逐步剥离出来，形成独立的汇聚机制并强化信息库建设。其次对于生产工具的数字化改造来说，其又包含两个方面的内容。一方面是传统生产设备的数字化改造，另一方面则是改换数字化生产设备。可对于传统生产设备的数字化改造而言，虽然其是目前推进数字化改造的主要途径，但实现难度较大。对于相对陈旧的生产设备而言，通过外接设备进行改造不仅成本较高且效果也可能达不到预期，且若对其进行整体翻新改造便不如重新购入数字化生产设备；对于尚可进行改造的生产设备而言，虽然可以为其接入互联网接口，但不仅数字化工业软件费用较高，而且多数传统生产设备在设计之初也并没有考虑接口设计，与此同时，还存在不同设备的接口设计与总线协议不一致及接口与协议非标准化等问题，这些都会使得传统生产设备的数字化改造陷入僵局。因此，直接改换数字化生产设备便是相对高效的选择。可就现阶段而言，数字化生产设备的成本也相对高昂。特别是对广大中小企业而言其更难以承担这一费用。所以在对生产工具的数字化改造过程中，一方面需要提升改造传统生产设备的技术水平并大力发展工业软件，借力于技术发展下的规模效应与本土化降低由二次改造所形成的使用门槛；另一方面则需要完善数字化生产设备的品类谱系，创新数字设备与服务，通过突出普惠性以适应不同规模企业的发展需要。最后从国家层面来说，着力保障数据信息安全与大力推广工业网络协议、设备外连接口及工业软件数据贡献等数字化改造内容的统一标准是实现生产过程数字化改造的必要条件。若缺失缺乏数字信息安全，生产资料的数字化改造便不可能实现；而没有统一标准，生产工具的数字化改造也难以完成（陆峰，2022）。

第三节　促进数字经济与传统产业深度融合

数字经济与传统产业的深度融合旨在推动数字技术对传统产业进行全方位、全链条的改造，从而推进数字技术、应用场景和商业模式融合创新（欧阳日辉，2022）。其效用源自数字经济与传统产业的双向作用，且这将有助于促进对传统产业的重塑并带动其价值蜕变，进而促使传统产业逐步发展为新一代的智能化产业，成为国民经济的新支柱。因此"数实融合"是数字经济赋能传统产业实现路径中的核心环节，并在时空坐标中依次表现为"消费互联网+传统产业"——"消费互联网向产业互联网蜕变"——"产业互联网+传统产业"。

一　消费互联网辐射传统产业迈进数字化交易领域

消费互联网是以个人用户为主体，以满足日常消费需求为导向的互联网类型。作为消费互联网的典型代表，电子商务是在开放的互联网框架下，买卖双方通过平台建立商贸联系，并进行网上交易、在线支付以及其他线上商务活动的一种商业运营模式（郑英隆和李新家，2022）。其属于最早一批消费互联网的代表形式之一，同时也是数实融合的早期业态之一（欧阳日辉，2022），更是支撑消费互联网平稳发展的重要支柱。电子商务的起源可追溯至19世纪以电话电报为媒介的通信网络的出现，此时商人们可实现跨越空间限制的高效信息交流与业务开展，这也为后期电子商务的发展打下了基础。而具有现代意义上的电商体系则始建于1999年12月14日由美国公布的世界上第一个互联网（Internet）商务标准，自此电子商务开启了标准化、规范化发展历程。有关规则的制定不仅明确了消费者的地位，也使消费互联网得以确立，而我国的消费互联网进程也于彼时拉开序幕。作为囊括了互联网、外联网、数据库、电子目录等信息技术的电子商务，其具备更加基础、平稳的商业模式，也更加适合彼时我国市场经济的发展状况。且从后世的角度来看，当初消费互联网的建立不仅为经济发展接入数字化领域奠定了基础，也在当时为众多处于发展初期的小微制造企业创造了便捷实惠的营商环境，更迈出了数字经济与传统产业融合发展的第一步。在消费互联网的发展阶段（2000—2010），其经历了从众多电商公司的"群雄逐鹿"到产生行业领导者这两个主要阶段。在这一过程中，消费互联网企业的激烈竞争与快速发展为更多传统产业进入电子商务领域创造了条件，并在产销两端高效联动的基础上带动传统产业的转型升级发展。其后，在信息化效能不断提高、相关基础设施持续普及的推动下，消费互联网进入繁荣时期（2011—2014）。在繁荣时期，生产部门对互联网技术的应用程度有所提高，各行各业均进行着不同程度的自动化、信息化或智能化改造，并积极开展数字化战略布局，推动传统产业的数字化或准数字化发展。此外，消费互联网对需求侧在广度和深度上的有效挖掘，也为后期数字经济与传统产业实现高效、高质量融合发展提供了必要的前提条件。

二 消费互联网模式蜕变为产业互联网模式

产业互联网是在改造各垂直产业的产业链和内部的价值链时,基于互联网技术和生态所形成的互联网新业态。我国于2016年开始大力发展产业互联网,推动平台企业实体化、传统企业数字化转型,并培育新型实体企业。而此时我国消费互联网的发展水平趋于平稳,总体产值趋于稳定,发展增速整体放缓,各大电商平台走向合并或合作阶段。因此,出于对经济转型与发展转型的需要,产业互联网在政府及各大互联网企业的支持下逐渐发展壮大,且发展势头远超消费互联网。随着产业互联网的强势崛起,部分领域的消费互联网逐渐融入产业互联网之中,并协同余下领域的消费互联网形成了以产业互联网为主体的"消—产互联网模式"(郑英隆和李新家,2022)。该模式的形成拓宽了消费互联网的既定领域,并将生产者企业也囊括其中。此举不仅有利于改进实体产业与数字经济之间的联结方式,更保障了数字赋能的平稳进行。整体来说,产业互联网的出现,不仅促进了高效供需平台的打造,也对供应链上下游不同主体之间的联结与协同产生了积极作用,更增强了实体产业与数字经济的联系。

经济新常态下,我国各项改革事业进入攻坚期和深水区,再加之近年来新冠疫情的困扰,消费互联网对数字经济的拉动作用也逐步触顶。在消费互联网模式中,数字产业发展不足成为导致消费互联网发展放缓的一大诱因。尽管消费互联网创造了大量有助于传统产业融入数字经济浪潮的准备条件,但产业数字化的发展还未能达到有效利用这些准备条件的程度,于是便直接导致了传统产业与数字经济融合发展不充分的问题。再加之基于数字产业化高度发展下的数字应用规模效应尚未形成,传统产业对于数字经济的部分适应性设施使其数字化发展成本被过分抬高,这便进一步阻碍了数实融合的发展进程。因此,促进数字产业化快速形成规模,加速完善数字化基础设施,并着力推动产业互联网平台构建成为当下推动数实融合的关键性步骤。

三 产业互联网促进数字经济与传统产业双向融合

数字经济与传统产业的深度融合需要两者的双向作用,即通过借鉴、吸收对方的产业优势并延伸发展出对自身有利的产业特征，进而达到互惠互利、共进相长的产业协同格局。尽管数字经济具备强大的经济驱动力，但其终究仍是非实体产业的存在，因此必须将数字经济架构在物质生产体系之上才能发挥其效用，也必须借由物质生产体系的不断发展才能丰富其内涵。随着工业经济的时代红利完全耗尽，传统产业也只有通过数字经济才能焕发新生并逐步演化成我国稳定经济发展并进入第四次工业革命的基石。要实现数字经济与传统产业的双向作用，便需要稳定的媒介。此时，产业互联网既作为数字经济下替代消费互联网而发展出的新兴互联网模式，又作为具有第四次工业革命特征的科技创新产物便走向了台前。产业互联网平台连接人、机、物、系统等，通过海量数据汇聚、建模分析与应用开发，打造精准匹配的应用场景，形成高效协同的产业生态，支撑工业生产方式变革、商业模式创新和资源高效配置，是数实融合的载体（欧阳日辉，2022）。在数字经济领域，产业互联网凭借其对数字产业的布局与影响力，通过数字市场中的需求变化刺激"高精尖"数字技术的研发攻关并实现落地使用。与此同时，产业互联网在带动传统产业高质量发展的基础上，不断推动数字产业对传统产业的适应性调整，以使其在结构体系上向着多元化、市场化、产业化发展，进而有效加速实现数字产业化。在实体产业领域，传统产业利用产业互联网推动其向数字化、智能化、现代化转型升级。在保障传统产业原有发展质量的同时，最大限度地提高数字化程度，最大限度地发挥数字经济对于传统产业的赋能效用，并最终实现传统产业的数字化高质量发展。从发展的角度来看，数字产业化和产业数字化都将在产业互联网的推动下不断深化发展。

第四节　提升数字经济安全风险防范能力

数字经济防范风险的能力是对数字赋能的补充、保障。数字经济在体量扩大、机制增多、多领域拓展时面临多种风险，提升风险防范能力，在数字经济吸收、融入传统产业的过程中能够保证其正常健康的发展路线，从而为其持续赋能传统产业提供保障。数字经济的风险防范功能主要分为三个部分：数字经济安全风险识别、数字经济安全风险防范体系、数字经济安全风险应对机制。

一　数字经济安全风险识别

结合经济安全风险与数字经济发展特征，数字经济安全风险包含了阻碍数字经济健康发展的不良因素以及致使数字经济发展偏离平稳健康状态的一系列隐患（任保平和李培伟，2022）。我国现阶段数字经济安全风险主要分为数据信息安全风险、数字技术以及智能化基础设施缺失风险、数字产业发展风险和数字经济社会化风险。

数据信息安全风险主要包括数据安全保护风险和信息权利风险两个部分。数据安全保护风险是伴随着数字经济发展至今的长期问题，是由服务器防护功能不足、商业网络数据恶意窃取、数据要素本身具有的高流动性等数字特征所导致的。随着数字经济体量增大，数据安全性成为威胁数字经济安全的主要风险。根据调研机构 Audit Analytics 报告的关于 2011 年以来 639 起上市公司网络安全事件可知，每起网络数据泄露事件的平均损失高达 1.16 亿美元。这仅仅是数据安全漏洞的一角，随着数字技术开发、应用内容的扩充，数字经济也随之面临更加多元的数据风险。信息权利风险伴随着数据价值的增长和数据地位的提高而产生，又因权限申请存在真假难以辨别的模糊界限，以及不同群体用户对该类问题的重视程度、甄别能力不同，所以对于信息权利问题的监管与治理仍旧是一项难题。长期来看，用户数据信息所面临的风险势必会在数字经济形成支柱型产业规模后对其构成巨大威胁。

数字技术以及智能化基础设施缺失风险主要体现在技术开发和智能硬件配置效率低下两个方面。数字经济的发展依托于数据要素，而数据要素的收集、管理、分析、利用、储存离不开数字技术和智能化基础设施的支撑。但是，受到我国现阶段数字技术发展水平以及历史因素的影响，数字技术的开发逐渐进入瓶颈期。这将对数字经济的发展产生制约作用，缺乏足够高效的数字技术和基础设施，终究会导致数字经济发展缺乏主要驱动力,最终丧失产业活力。

数字产业发展风险主要体现在数字市场中的垄断与失衡。随着数字产业化发展,数字产业与市场接触面前所未有地扩大,数字产业在受到市场高效驱动的同时也会被市场的恶性竞争所影响。依靠数据要素发展的数字市场极易被拥有数据获取权、使用权的互联网巨头企业垄断。这种垄断会导致市场中竞争的消失,数字经济发展成本提高,企业管理难度上升,产业融合的增益效果下降,数字经济变得"不经济"。又因为数据的流动方向受寡头企业的利益驱使,数字经济逐渐丧失发展活力,数字经济所能够创造的价值也下降至寡头企业所能产生的价值水平,这种风险如果不能得到政府层面的甄别、及时制止,将会对我国数字经济造成毁灭性的打击。

数字经济社会化风险包括了数字鸿沟、社会就业风险等社会问题以及各项社会问题对数字经济的反作用。数字鸿沟是指在全球数字化进程中,不同国家、地区、行业、企业、社区之间,因在信息、网络技术的应用程度、创新能力等方面的差异从而造成的信息落差及贫富进一步分化的趋势。在我国现阶段数字化进程中主要表现为地区、产业、人群数字化发展不平衡进而产生的数字鸿沟,地区、产业的数字发展不平等有可能会导致数字经济发展的木桶效应,最终牵制其稳固健康发展。不同社会群体之间的数字鸿沟以及数字化不充分所导致的失业问题将会导致产生消极的社会问题,进而激化社会矛盾,从而反作用于数字经济的发展。上述的几类风险是我国现阶段数字经济以及未来即将面临的发展风险,对于这些风险的认识以及剖析是对其监测、预防和解决的必要步骤。

二 数字经济安全风险防范体系

数字经济安全风险防范主要包括了对风险的监测和预防两个部分。基于数字经济的特性,其监测又可以被视作对风险的预警。风险预警体系成为引导数字经济主动甄别风险并做出预防措施的主要防范模块。数字经济安全风险预警体系主要针对数字经济发展过程中的产业风险、市场风险、社会风险三个方向发挥预警功能。

(一) 对产业风险的预警

产业风险主要包括数据信息安全这类支撑数字产业运作的基本盘的风险。数据信息安全所涉及的特性范围有机密性、完整性、可用性,但基于数字经济发展的主要风险考量,机密性是影响数字经济发展的主要方向,是指个人或团体的信息不为其他不应获得者获得的特性。威胁数据信息机密性的因素有很多,如人为操作错误、黑客、病毒、信息窃取等,且这类危险一旦发生所造成的损失是不可逆的。

构建产业风险防范预警体系,需要以互联网为抓手,建立网络风险管理部门并运用法治化治理为该预警体系做补充。数据的收集、管理、分析、利用、储存都离不开互联网,因此互联网便成为不法分子蓄意破坏或是在意外情况下数据保密性被破坏的风险点。故应围绕互联网建立相关指标,如网络漏洞修复数量占网络漏洞总数比例、数字技术开发占数字经济总投入比例、数据库重要数据备份占比。网络漏洞修复比例用于衡量某一地区对于网络漏洞修复的情况,占比越高说明风险越低;数字技术开发占数字经济总投入比重反映的是相关安全防护的投入水平以及技术的更新速度,占比越高风险相对会越低;数据库重要数据备份占比则反映的是数据遭到意外丢失后重新获取的能力,可以按照备份数据库时空、算法上的分散程度进行赋分,最终占比越高风险越低。上述三个指标,前两个主要用于应对非法商业窃取、恶意网络数据病毒等数据窃取的行为,第三个主要用于防范因硬件设施的损坏所导致的数据损坏、丧失等后果。但是这三个预警指标仅仅能够保证在风险程度较高时最大限度上进行预警防范,而不能完全阻止数据安全事件的发生,因此需要结合相关法律法规进行必要的处罚规定,进而最大限度上减少产业风险的发生,同时还需要数字产业积极开发数字技术,完善数字领域的物理漏洞,进而开发出一套完整的产业风险防范预警体系。

(二) 对市场风险的预警

市场风险主要是受市场形态影响所导致的少数寡头垄断风险。绝大多数实现产业化的产业都将受到市场的自由调节、引导而进行自由竞争,但其激烈竞争到达一定的程度时就会产生垄断(在现代经济社会中完全垄断并不存在，本处特指少数寡头垄断）。对于垄断的预警，可以有效地为政府提前干预、防止垄断事态恶化等行为提供前提条件，最大限度上减少垄断发生时造成的经济损失。

构筑市场风险防范预警体系，需要围绕涉及垄断的方向建立相关指标：集中度、赫芬达尔指数和交叉弹性指数。前两组指标均以行业内最大的若干家厂商为计算对象，指数越大，市场垄断程度越大。集中度以市场中最大的几家厂商所占的市场份额来计量，在一定程度上反映了市场的垄断程度；赫芬达尔指数等于各个企业市场占有率的平方和，其采样范围涵盖了整个行业的所有企业，因此具有更大的广泛性，能够更好地反映市场集中度。与其他指数不同，交叉弹性指数反映的是两种相关产品之间的替代性和互补性，替代性越大，则竞争性越强。在监测出市场垄断危机后，首先需要运用政府反垄断政策予以相应的裁决，其次是组织反垄断委员会进行协调，并采取必要的处罚措施，避免由于预警不力造成市场垄断和失衡。

（三）对社会风险的预警

社会风险主要围绕因数字经济发展导致的社会问题以及其对数字经济发展产生的反作用，这些问题的产生归结于社会不公平和产业不平衡问题。数字经济对于信息化的要求高，无形中为相关领域的进入设置了门槛，加之产业数字化的扩张挤占了尚未适应数字技术的相关人群的活动空间，使得数字鸿沟、就业危机等社会现象越发严重。应对这类问题的关键在于预警，辅以长期的预防调整，以将其造成的损失最小化。

构筑社会风险预警体系，需要构建公平稳定的产业关系和资源配置关系。故应围绕其建立相关指标：同产能替代率、数字经济就业剔除速率、单位数字设备人口摊派数。同产能替代率指当数字经济在吸收、替代产业时，中短期内产能高于或等于同类型数字产业的被吸收、被替代的产业占被吸收、被替代产业数总和的比例，其反映的是在不影响长期数字布局的前提下，数字产业对于传统产业的不必要替换，加之其本身一定的进入门槛所造成的部分传统产业员工的失业问题，其数值越高风险越严重；数字经济就业剔除速率指数字经济的扩张直接导致的总就业岗位缩减与社会就业岗位正常变动的比率，其数值越高就业问题越严重；单位数字设备人口摊派数指区域内共享单位智能化基础设施的人口数，反映的是智能化基础设施的布局公平程度，其数值越大风险越低。在侦测出社会风险时，需要政府及时调节相关产业发展动向，灵活运用政策对失业人群、被替代产业进行扶持，以确保在经济高质量发展的同时，最大限度地减少不公平、不平衡的社会现象发生。

三　数字经济安全风险应对机制

现阶段，数字经济风险应对机制主要表现为应对、解决已发生的数字问题的机制与相关组织。风险应对机制，与预防、辅助协调等预警机制相比，更强调解决现实问题时的高效率、低成本，其存在的必要性在于数字风险发展成危机时，及时将其化解并妥善处理。相较于萌芽期的应对机制，现在的数字经济安全风险应对机制新增了专业性、高效性与全局性特征。

早期的应对机制基本上包含了预警、预防、处理三个部分，功能之间的界限模糊，导致了风险识别机制缺乏经验模板进而使得预防机制与其一同失效，发挥作用的仅有直接处理部分。但此时要面对的是未经过预防调节的、已经演变为波及范围广、破坏性强的危机，这时的危机常常会直接影响经济的平稳发展。但随着机制的完善与分立，现今的应对机制基本上具备了运用经验模板应对、运用数字化机制运行、运用全局性眼光解决问题的高效模式。长期的数字经济治理使得管理部门积攒了大量的应对经验模板，大多数当下社会高发的数字问题在这类模板的嵌套下都能得到较为有效的解决；数字经济的发展同时也赋能应对机制，使其层级简化、办事效率提升，能够在危险爆发的初期更加高效迅速地解决或最大限度地抑制风险；结合预警、预防机制发挥的缓冲作用，应对机制所面对的各类问题所需的成本大幅下降，其解决成功率大幅上升；除了在战术上的全局性，应对机制在战略上也反映出了全局性、前瞻性，现行应对机制不仅能够解决问题，其更加着眼于多重问题的相互制衡，以达到"负负得正"甚至是"多负得正"的效果。

对于数字经济安全风险构成的准确剖析、预警与应对机制的完善，有利于提高数字经济安全风险防范能力。数字经济安全风险防范作为数字经济发展的兜底保障，一定程度上为数字经济发展"敢于试错，能够试错"储备了底气。

第五节　进一步提高数字经济治理水平

与防范数字经济安全风险相比，数字经济治理着眼于已经产生的数字风险，其是通过改善并消除已有数字问题，完善治理体系并优化发展态势来实现的。它在数字经济赋能传统产业的过程中起到了关键的辅助作用，保证了数字经济有效、高效赋能产业。提升数字经济治理需从三个方面着手：发挥数字经济治理的关键作用，优化数字经济的治理路径，实现治理主体多元发展。认识到数字经济治理的关键作用有助于为数字经济治理路径优化和多元化发展指引方向，优化数字治理路径为提升整体治理体系水平提供了保障和实现途径，而参与主体多元化发展则是实现治理长期化、优质化的关键一环。

一　发挥数字经济治理的关键作用

数字经济治理的价值，在数字经济发展的现阶段，体现为消除数字经济因数字问题造成的发展不充分，从而进一步加强数字经济本身的赋能活力。已经发生的数字问题及其所陷入的困境，包括：支持数字经济持续健康发展的"新基建"供给相对不足，体制建设缓慢，理论研究和政策创新滞后；工业数字化和数字化产业化的方向和具体路径需要进一步明确；平台垄断、算法共谋、数字鸿沟等现象较为严重（马旗戟，2022）。这些问题直接反映出数字经济的治理水平还有待提高。根本原因在于，数字经济的治理体系和治理行为缺乏发展活力，无法用传统的、低效率的治理体系来解决数字经济在新的发展阶段所表现出来的问题。现阶段所面临的数字危机是数字经济发展的必经之路，虽然我国数字经济的发展仍呈现向好的趋势，但如果忽视了数字危机对于数字经济乃至整个国民经济的制约而任由其发展，那么，数字危机所产生的负面影响将超出数字经济所带来的正向增益，从而使国民经济的发展缺乏足够的动力支撑而陷入困境。因此，准确有效的治理措施将有助于现阶段数字危机的解除，并为数字经济的发展提供经验和发展模式以及治理体系，同时也为数字经济顺利实现数字产业化和转型升级提供充足的保障。

二 优化数字经济的治理路径

正常情况下，数字经济的治理路径与数字经济发展所覆盖的领域相对应。目前所面临的问题在于，数字经济的拓展速度快，其涉及领域的拓展与延伸速度远远超过数字经济治理路径的拓展速度，导致数字治理与数字经济发展错位。某一领域的数字问题需要依靠其他领域或其上下游产业的影响来解决，因此导致其治理效率低、成本高、治理难的问题。故解决数字经济治理路径相对狭窄的问题成为当务之急，需要通过增加治理路径数量和加强治理路径专业性两个主要途径来实现。

增加治理路径数量是指通过横向拓宽治理路径，在短时间内使数字治理迅速覆盖更多领域，从而对相应的数字危机做出更直接、更迅速的反应。这就要求以政府为主体的治理体系根据轻重缓急对相应的发展方向和领域做出调整，行业也需要为治理主体提供相应指引和容纳空间，进而确保治理路径能够在短时间内迅速完成对高效优质领域的覆盖。在政府层面，需要对当前数字经济在不同领域的发展程度和发展收益进行分析，从而对治理路径进行合理布局，实现对数字治理路径扩展的收益最大化，并能吸收相应行业的发展特征，进而在不同领域之间初步形成一套有针对性的治理方案。在产业层面，应改变消极抵制态度，接受数字治理体系对数字技术的调整，包容短期内数字治理体系进入和初期调整对增益带来的不良影响，建立完善的产业内部治理体系与之对接，为产业内部的数字治理稳定发展做出贡献。

强化治理路径专业性，是指通过纵向深化数字治理路径，使领域内的数字治理路径在一段时间内实现对该领域各个延伸产业的渗透和影响。加之原有一定规模的治理路径，使数字治理路径实现从"线"

到"网"的编织过程，从而在整体上实现对数字危机的调整和消除。这更多的是要求相关治理体系结合产业特点，快速深入，从"点"到"线"实现治理路径在单一领域内的发展。首先，治理体系需要吸收相关复合型专门人才充实数字治理专业队伍；其次，以解决这一领域的数字化问题为切入点，向更多领域辐射，推动治理体系的一体化发展；最后，发挥整合治理体系的功能，将各个领域、不同的治理职能归总起来，以提升治理体系对重大数字危机的治理能力。

三 实现治理主体的多元化发展

数字经济治理水平受制于其单点突破的不全面发展模式。因此，要想打破这种模式的禁锢，就需要以广阔布局的数字治理路径为依托，重点提升对治理体系中包括治理规则、治理主体与客体、治理标准三个层面的数字治理要素的认识和应对方略，从而实现数字治理的多元化、现代化更新发展，进而从根本上解决数字治理慢、治理难、治理贵的问题。

（一）治理规则

数字技术的运用使得数字治理规则与传统治理经验相比发生了巨大变化，治理模式更加强调交互性，治理平台更加注重线上线下融合进行，审慎的技术中性原则（陈伟光，2022）、公平规则等治理规则出现并发展起来。治理主体对于这些新规则必须足够敏感，才能在处理重大数字问题时更加准确有力。在上述新规则中，交互性、技术中性原则和公平规则是最受关注的。交互性指的是与以往政府和部门作为单向治理主体所强调的管理和命令相比，数字治理更加注重相关治理部门与社会、行业、企业和公民之间的双向互动和协同效应。技术中性原则认为，数字技术本身不应充当非法牟利和贸易制裁的"帮凶"，剥离技术作为价值的善恶，"裸露"的技术本身仍是纯粹的、没有偏见的（陈伟光，2022）。公平规则的不足，体现在数字经济受众群体的差异导致的"数字鸿沟"问题，以及其他一些有失社会公平的数字社会问题。

更新数字化治理规则。基于对新型数字化规则的认识，构建适应现代的数字化治理规则，需要着力构建交互式治理平台，促进数字化技术的良性发展。数字治理部门目前面向社会开放了对治理模式、治理体系等意见的收集系统，但社会参与作为治理体系中的一个窗口，存在社会意见难以被重视、问题类型混杂、处置效率低下等问题。因此，建立合格的交互式治理平台是必要的，其通过系统分类，使不同类型的数字问题得到分类归总，并交由相应对口部门解决；通过更广泛、更高效的接触面，吸纳社会层面更多的意见，促成对数字化治理的全局性考量。促进数字技术的良性发展，需要相关的法律法规对技术发展本身和相关的市场发展进行正确的引导和规范，促进数字技术的开发利用实现利民利群，推动数字技术在保证技术中性原则的同时，向利国利民、健康公正的良性方向发展。构建现代化的数字规则治理体系，将在很大程度上扩大数字治理的视野，在保证数字经济发展的同时，更加注重公平原则，从而达到三位一体，引领数字治理体系的高水平发展。

（二）治理主体与客体

新的治理主体和治理客体。数字经济发展的本质是数字赋能实体产业，政府是数字经济治理主体的中心，同时数字经济意味着工业、农业等实体经济高度数字化。传统经济与数字经济的边界越来越模糊，这就要求国家在一些超国家组织、平台上更多地让渡治理主权和责任。数字技术的发展和数据流通速度的提升，促使新的业态发展模式诞生，相对于传统的市场交易、经济、数据安全等治理客体，目前的数字治理客体存在行业垄断、数字鸿沟、数字伦理等新问题。

健全数字化治理主体。基于对现阶段多元发展的数字主体的认识，应深化政府主导地位，发挥企业推动作用，重视个体参与施政。政府作为主导数字经济的主要力量，在数字治理中承担了牵引、布局等战略性任务，同时其强大的执行力和公信力又是法规政策执行的保障，所以在这个阶段要不断强化政府的主导地位，推动国家对数字治理的干预，在多个行业中发挥政府的协调作用；同时，运用数字化政府工作平台，提升对市场和产业发展的感知能力，降低政策制定的滞后性，推动国家干预精准、及时、对症下药。部分企业在市场进行交互活动中已形成较为成熟的数字经济活动体系，这不仅为数字经济的发展提供了充分的推动力，也成为政府治理和市场调节的中继点。因此，政府应加强与企业的合作，共同构建数字经济治理乃至数字经济发展的健康体系。自第二次工业革命以来，市场的中心从产品向客户转移，互联网的发展、数据要素的形成使公民能够更大规模地参与社会消费，加之其长期培养形成的消费习惯，公民群体已经成为与数字经济最为契合的组成部分，他们对于数字经济和数字问题的接触最为迅速，因此有必要加大公民群体在数字治理体系中的权重，使其能够发挥更大作用。

增强对客体的治理能力。数字垄断问题产生的根源在于监管的缺失，因此有必要建立健全前文提到的数字风险预警监管体系。对于"数字寡头"衍生出的破坏市场运行机制、建立数据高地围墙等问题予以坚决打击，同时更要引导其与国家战略结合，为整体国民经济赋能升级提供推力。"数字鸿沟"问题，源于不同地区、不同行业对数据要素、智能化基础设施的占有和使用差异，因此对其治理仍应发挥政府宏观调控职能，在尽可能保证相对公平的同时，追求最高的产能投放率。对于数字伦理问题，需要数字技术的发展和社会观念的转变来解决，一方面需要数字技术对智能领域的发展设定上限，尽可能保证数字技术对社会伦理和稳定的影响最小化；另一方面，社会面应能够包容和帮助数字技术合理合法扩展。

（三）治理标准

新治理标准。随着数字技术的发展，现阶段新出现的数字治理原则、主体、客体表明，数字经济的变革已经进入了更高层次的阶段，因此数字治理标准或者目标应该不局限于传统的公正、人性、发展等基本标准。数字经济正在实现由量变到质变的关键时期，数字治理应该更加注重数字经济转型、赋能等方面的上层标准。

首先，要推动数字经济实现深入化、专业化发展。实现了量的积累之后，在各个单一的产业方向上实现更深层次的发展，提高各个产业的数字竞争力，从而使整体数字经济聚合起来、强大起来。这个时候的治理要适当放松对产业自主发展的约束，让市场激活产业活力，帮助数字经济赋能产业转型升级。其次，数字治理的标准应适当向上层问题如伦理问题、公平问题等移动，着眼于长效治理，要求数字治理体系事先重视、及时防范、及时处置。

第六节 提升专业人才队伍的数字素养

专业数字人才作为管理数据要素的基础单元，是保证数字经济赋能传统产业高质量发展的基础板块。数字复合型人才的出现，折射出数字经济的发展需求，从而使数字经济能够获得较为顺利的发展。提升专业人才队伍的数字素养，须加强专业人才对传统行业和数字经济的双向推动作用。

一 人才数字素养与传统产业、数字经济的双向促进作用

按照国家网信办的定义，数字素养与技能是指数字社会中公民学习、工作、生活所应具备的一系列素质与能力的集合，包括数字获取、制作、使用、评价、互动、分享、创新、安全保障、伦理道德等内容。现阶段数字经济发展所需要的是数字化复合型人才，即相关行业中具有数字化专业素养的复合型人才，而我国主要的数字复合型人才培养更多是通过提高各行业相关人才数字化水平来实现的。

数字人才在推动传统产业和数字经济发展的过程中，发挥着最基本的作用。数字化人才既有充足的行业专业知识，又有必要的数字化应用能力，因此是促进数字经济赋能的基础板块。首先，通过该类人才，实现产业战略与实体经济数字化发展的对接，不断改造和提升传统产业与数字技术的对接点，增强数字经济对传统产业的效率、稳定性等方面的赋能，快速推动产业数字化的发展；其次，数字化人才作为备受重视的治理主体，能够在产业数字化的过程中，第一时间感知数字经济发展中的风险和痛点，从而在参与预警治理的过程中，能为其发展中的风险和危机的消减提供更基本可行的方案，为数字经济的发展保驾护航；最后，由于数字产业化的发展，具有数字化素养的管理人才也将进一步加入数字产业化的变革中，将原有的产业管理经验和运作模式运用到数字化产业中，更好更快地为数字产业化和产业数

字化的双向发展做出贡献。

数字经济对传统产业的赋能，倒逼了数字人才的产生与发展。在最初的数字化技术应用中，市场上对数字化人才的需求呈现井喷式增长。在数字经济和传统产业现阶段转型升级的过程中，对数字化人才的要求已经不仅仅停留在原来的基本技能上。新业态要求相应的人才不仅要具备数字化的基本工作技能，还要能够捕捉到相关要素信息，具有相当的创新能力和管理决策能力。这就要求数字化人才在技能不断提升，从而对人才的培养也提出了更高的标准。

二 提高人才数字素养的实现路径

重视培养并将具有数字素养和技能的复合型人才向社会输出，是提升数字化人才队伍的根本步骤。数字复合型人才的稀缺源于数字人才缺乏对象行业的专业技能，同时对象行业的技术人员对数字技能的掌握水平不足。归根结底，是由于人才技能培养模块过分追求单一方面的精通和深入而忽视了综合素养的培养。培养专业人才队伍还需要从根本入手。在义务教育阶段，向培养学生的信息意识、计算思维、数字化学校与创新以及信息社会责任等核心素养转变，提高学生运用数字技能解决生活中的日常问题的能力，在学生的思维模式中植入数学计算逻辑与模型，更多地用理论和计算的理性化解决学科问题，通过这些方式培养学生的复合型数字思维。同时，在培养学生数字化思维与技能时，更应循序渐进地与其他学科融会贯通，拓展和丰富学习手段，改进学习方法，将数字化学习理念落到实处。此外，在教学资源上要创设配套教育资源，在突出学生自主思维的"主体性"时，结合学科学习特点，强化多种媒体类型的数字资源，如文本、数据、图片、音频、视频等，通过原理运用过程、计算思维过程、数字化工具应用过程加以引导（义务教育信息科技课程标准课题组，2022）。

在数字化复合型人才供给得到一定满足的基础上，人才资源的配置显得尤为重要。完善人才流动机制，实现产业间高素质数字化人才的自由流动和有效配置，也是推动数字化人才队伍专业素养提升的必备条件之一。由于数字化的发展和现代化信息教育的普及，各行业中具有一定数字化素养的人才普遍增多，精通数字技术和具有创新能力的高素质技术人才呈井喷式增长。但是，部分小微企业或受关注度不高的新兴产业仍存在数字化人才缺乏等现象。造成这一现象的原因，究其根本，还是数字人才资源的调取和配置存在问题，才会造成诸如哔哩哔哩、爱奇艺等大型数字内容服务公司的大规模裁员，尽管公司中数字技术人员占比很小，但仍反映出其人事招聘处于饱和状态，而一些小微企业尽管提供了优秀的薪酬待遇，却难以摆脱数字化专业复合型人才难求的局面。基于当前数字经济发展的客观需要和现实情况，要解决这个问题，需要完善产业间相关人才的自由流动和有效配置机制。通过这一机制，可以最大限度地避免高质量数字化专业人才的流失。随着该机制的不断健全，具备高素养的数字化人才能够在各行业得到更好的分配，各行业数字化人才队伍的业务能力逐步实现最优化，进而使数字化人才队伍的人事变动完成优化过渡期再次趋于稳定，人才流动也将逐步趋于平稳，最终使得各行业数字化人才队伍的需求与数字化人才分配机制实现二次对接。推动数字化人才流动，实现复合型培养——企业需求与人才意愿双向匹配——按需自愿的行业内外二次分配流动的过程，使高素质数字化人才的利用率达到最高。在相对稳定的单一人才队伍中，各成员需求相似、目标相同、能力匹配，最终能发挥出最优的协作能力和质量，提升"数字化作业队伍"的整体增益。

促进各行业数字化领域的发展，加快数字化、智能化的转型升级，也将使行业数字人才需求由数量需求向质量需求转变，带动人才数字化素养的提高。同时，数字技术、数字经济推动各行业的数字化、智能化转型也将反作用于数字人才队伍，随着智能化产业的搭建，数字化人才的需求端口势必会再次扩大。但同时也会要求数字化人才掌握更加实用、创新性的工作技能和思维模式，这些都将成为数字化人才招聘的补充条件，也成为激励和促进高素质数字人才培养的主要动力之一。对于个人而言，在数字技术普及的今天，如果不能掌握更加过硬的数字技能，没有培养出过硬的数字素养，那么就很难在庞大的数字人才大军中形成有利的竞争力。对于企业来说，这种竞争压力同样存在。对于行业而言，如果缺乏具有创新意识和较强技能的专业数字化人才队伍的支持，那么行业将很有可能错失数字经济带来的巨大红利而落后，亦可能出现配套产业因为单一产业的落后而遭受牵制的现象。

第八章 结语：传统产业的"新生"与"兴盛"

相较于数字产业而言，传统产业仍是巩固和发展物质生产体系的基础。因此，其并不应被视为经济发展的历史包袱，更不应是为培育新兴产业而存在的牺牲品。在漫长的产业发展历程中，被扬弃的也只是不同历史时期下对应的产业技术。而传统产业本身则在不断更迭的技术加持下实现着持续发展。尽管在这一过程中，传统产业内的部分行业会出现不同程度的衰退甚至消失，但从整体上看，传统产业在这一过程中因内部结构与产业技术的持续优化而焕发新生，进而实现对应时代下的高质量发展。

第一节 长波周期下的产业数字化

站在长波周期理论的视角来看，技术—经济范式的更替源于技术层面持续地破旧立新；而每一轮新技术"长波"的形成，则会产生新的经济发展模式与路径。由此，技术经济便进入新一轮发展周期并不断重复过去的波动轨迹。但不论是处于哪一轮长波之中，技术的发展始终被锚定在人类不断变化着的物质需求之上。因此，尽管信息、数字技术具有明显的"非物质"特点，但其根本价值仍在于满足人类社会对更高水平的物质需求。而随着物质生产体系的日趋完善，人类社会的经济发展模式也必然向数字化方向发展。

在进入信息时代之前，农业经济与工业经济相继兴起的关键原因都在于人类社会长期匮乏的物质文明。而在前两种经济模式下的人类

第八章　结语：传统产业的"新生"与"兴盛"

社会也凭借着不同的社会—政治范式及技术—经济范式持续强化着对应经济模式下的物质财富创造。不论是哪一种经济模式，其本质作用都在于发展并完善对应经济模式下的物质生产体系。值得一提的是，工业经济无疑是在农业经济基础上生产力的一次质的飞跃，其更加完备的生产体系和更加高效的生产能力为人类社会创造出过去千百年来未有的物质财富积累。而从农业经济向工业经济发展过程中，物质财富倍增的关键便在于机器对人力生产的大规模替代极大地提高了物质产品的产出效率。

然而，工业经济下机器对人力生产的替代也主要是为人力"减负"，或者通过操作机械设备完成人力难以企及的生产任务，所以此时的"大机器生产"也并不能摆脱人力因素的影响。这一点由过去因工业发展而形成的众多工业城市便可以看出。而随着人类社会物质需求水平的不断提高，人们就对物质生产的"质"与"量"有了更高的要求，因此就需要机器对人力有更高的替代水平。这便要求物质生产在工业经济的基础上，实现更高程度的自动化与智能化，以创造更高水平的产出效率。由此，长波周期下的产业发展进入信息革命时代，即通过对生产设备及生产链的自动化、智能化改造，使其能够在更多生产环节中实现"无人化"高效运转。另外，过去相对简单的机器替代也并未有效解决在生产要素配置、产业链衔接及供需匹配等各环节中所存在的低效弊端，由此便诱发了资源浪费、社会内卷及环境污染等一系列社会经济问题。传统模式下因盲目扩大再生产所导致的产能过剩问题也成为刺激金融风险、加剧经济危机的重要推手。随着社会发展的基本物质需求得到进一步满足，人类社会也必然会向着更高层次的需求标准迈进。所以，不论是出于产业或经济的发展需要还是出于社会需求的转变，此时都需要通过特定的技术手段解决工业经济时代所遗留的这些产业问题。

尽管数字经济并不直接作用于物质生产，但其却赋予了物质生产体系对要素市场、产业链及消费市场的高水平感知能力和判断能力。即在新一代数字与通信技术对产业本身及产业链上下游全要素的数字化改造基础上，各生产销售环节不仅打通了彼此高效联动的渠道，也为各环节中的预决策提供了信息保障。这便为解决前文中所提到的各种"低效弊端"与应对"需求转向"的变化创造了条件。从第三次工业革命兴起至今,工业机器人对流水线工人的替代程度快速上升,而劳动成本占比却越来越小。因此,作为第三次工业革命下逐步形成的新型经济模式,数字经济必然成为未来的发展方向;作为第六次技术浪潮下第三次工业革命的最新成果,数字技术也将成为引领传统产业发展并开启第四次工业革命的重要力量。

第二节　数字经济下的后发优势

数字经济下的后发优势主要表现为具有一定科技实力和工业基础的国家,在传统产业技术相对落后的情况下,可以通过"数实融合"来实现产业发展的弯道超车。而赋予数字经济可以促进产业发展弯道超车能力的关键,便在于社会需求的阶段性变化和不同经济模式下产业发展模式的转变。

农业及工业经济下的产业发展所面临的社会需求痛点主要在于供应不足,因此在这两种经济模式下的生产更多地偏向于对"量"的追求,以谋求满足社会发展的基本物质需要以及产业自身的发展需求。所以,此时对应的产业技术倾向于追求能服务更高产出效率的技术范式。不论是为了满足社会的物质需要还是为了产业自身的发展需要,更符合发展需要的技术范式的出现也都依赖于产销两端能实现规模效应。于是,后发国家与先进国家之间的传统产业技术鸿沟便产生了,而这也不仅在于更为先进的技术范式往往脱胎于更加庞大的产出规模与市场规模,还在于后发国家的产业发展往往会受到先进国家已发展成熟的对应产业的挤压。在先进国家成熟产业的不对称竞争下,后发国家对应产业难以在其国内市场立足,亦难以获得更为广阔的国际市场。

过去必须通过规模效应来积累技术经验以刺激产业技术发展的关键原因在于信息流动的相对阻塞,即产业链上下游之间的"信息孤岛"问题。尽管自然科学的发展程度也是影响产业技术发展的重要因素，但在产研转化过程中仍须依靠由规模效应所积累下来的技术经验促使理论与实践进行对接。数字经济的出现便在一定程度上破除了传统产业模式下的"信息孤岛"问题。从宏观上看，当产业链上下游全要素都实现了数字化改造之后，整个产业链上的各节点信息交互都将实现高效运转；从微观角度来看，生产企业内部的数字化平台将企业内各生产、销售及管理环节的数据信息与外部合作企业的相关数据信息相互连接并形成一个数据湖，通过对全生产链及产业链信息的全面系统整合，帮助企业决策者对企业内外部情况形成全景式且精细化感知。

尽管数字经济具有促进产业发展"弯道超车"的能力，但此处需要说明的是，在没有一定科技和工业基础做背书的情况下，这种弯道超车仍是不可实现的。这缘于数字经济本身发源于工业经济下的技术积累，尤其是在这个积累过程中的技术创新。因而，这也造成了不同发展程度下各国间的数字鸿沟，且率先进入数字经济领域并具有一定科技和工业基础的国家会在获得数字技术高地的前提下甩开大部分后发国家。

第三节　数字经济的"虚"与"实"

数字经济的"虚""实"两面源于其自身特性与它在社会经济中的使用场景。从其自身特性来说，数字经济是继农业与工业经济后的又一主要经济形态，并以互联网为载体，以信息及数字技术为手段，通过生产要素数字化整合生产资源以保障实体产业链的通畅与高效，维系供需两侧的高度联动。因此，数字经济下所衍生的信息及数字技术本是物质生产体系中的一个环节，而其对应的数据资源也是全生产要素中的一部分。另外，信息及数字技术的产生根植于生产力的发展，其作用的发挥也有赖于保障互联网运作的物质设备，其数据资源更是对物质资源的数字化描述。所以，无论从数字经济的产生与用途还是从其核心生产要素来说，数字经济都是物质性的。其存在与发展是以对应的物质基础为转移的，因而物质性也是数字经济的第一性质。

但是，正因为数字经济依赖于互联网平台与信息和数字技术，而其直接产品也非实物的特性致使数字经济具有极强的虚拟性。特别是当数字经济的虚拟性与虚拟经济相互刺激并持续无序融合的时候，经济虚拟化与"脱实向虚"的风险便会产生。因此，从数字经济的使用场景来看，当数字经济被直接用于物质生产或适度与虚拟经济有序结合的时候，因其最终都会作用于物质生产，其虚拟性的不良影响便会被极大地限缩并最终表现出数字经济的物质性；但当数字经济被滥用于金融、房地产、博彩等行业的时候，其物质性便会被极大地掩盖并表现出强烈的虚拟性。数字经济物质性与虚拟性的关系也是对立统一的矛盾关系。数字经济的物质性是其虚拟性得以存在的基础，而虚拟性则是物质性得以发展的条件。过度强调数字经济的物质性会使产业发展形成路径依赖，技术经济的发展也会受到阻碍；过度强调数字经济的虚拟性则会带来贫富差距扩大、实体产业空洞化、经济泡沫化等问题。数字经济便在其物质性与虚拟性之间矛盾运动的动态平衡中得以发展。

第四节　新变局下的新出路

过去传统产业的发展为我国"两个文明"的进步奠定了坚实的物质基础，物质生产体系的不断完善也成为我国经济持续发展的基石。但随着新一轮技术革命的兴起，以传统产业技术为代表的旧生产力已越发不能适应我国新时期社会与经济发展的需求。美西方国家所主导的"再工业化"和"逆全球化"浪潮及其他后发国家持续工业化的追赶，也对我国传统产业的生存提出了严峻的挑战。此外，美西方反华势力对我国全方位的破坏与打压，更进一步要求我国必须牢牢把握发展数字经济的历史机遇，并在大力发展数字产业的同时着力于传统产业的数字化改造。以发展数字经济为契机，通过新产业技术范式赋能传统产业的转型升级发展已成为我国维护自身稳定发展的关键选择。

目前，我国传统产业的产品与技术仍处在全球产业链中低端，并存在发展模式粗放，要素配置及使用效率低下，产业及产品结构不合理以及产业协同不通畅等问题。在大数据、云计算、5G、人工智能及区块链等现代化信息技术普及之前，我国对传统产业的改造和对新兴产业的发展有赖于对产业及技术改造的投资强度，侧重于对国外先进技术的引进与二次创新，强调产业集群化、融合化、生态化发展，并在信息产业与工业自动化方面取得了一定进展。但从现实角度来说，过去已实现的变革手段并没有彻底解决各产业或产业内各组成部分间"信息孤岛"的问题。而缺乏联系的各局部优化，并不必然促进整体产业的高质量发展。这种缺乏产业发展逻辑，彼此相对孤立的产业发展模式，虽可以通过技术引进在短期内提升产业部分内容的发展质量，但长期内"木桶效应"的存在仍会对整体产业的发展形成掣肘，甚至会出现因产业间或其内各部分间协作不协调从而降低整体产业发展水平的问题。特别是基础产业与其他产业的发展脱节问题，将降低整体产业的发展上限。

此外，"头痛医头，脚痛医脚"及"大水漫灌"的产业及技术改造投资模式对传统产业转型升级虽有效，但效率低下。加之"马太效应"的作用，资金往往向大企业集中。然而，国内更多的市场主体是中小企业，这些企业不仅占市场主体总数逾95%，在技术创新方面也发挥着重要作用，更是吸纳就业并稳定我国经济发展的关键角色。但大企业对中小企业社融资源的挤占，使中小企业更缺乏持续发展的资本，而这对我国传统产业高质量发展的希冀来说无异于釜底抽薪。

相较于过去已实现的变革手段，数字经济的出现不仅为解决产业及其内部各部分间的"信息孤岛"问题提供了可行的解决方案，也为真正落实传统产业高质量发展提供了技术支撑。在大数据、云计算、5G、人工智能及区块链等现代化信息技术的加持下，对传统产业及其产业链全要素的数字化改造将有益于促进产业与现代信息技术的融合并优化产业结构，实现产业链上信息及资源的高效流动与配置，锻造产业链供应链长板，推动传统产业高端化、智能化、绿色化发展。此外，产业数字化促使可视化产业组织模式的形成，而产业链信息的汇聚也为完善社会信用体系提供便利条件。这不仅为提升中小企业的信贷可得性提供了技术保障，也将为优化普惠金融基础设施提供必要依据。

参考文献

一 中文文献

艾伦·格林斯潘、阿德里安·伍尔德里奇：《繁荣与衰退——一部美国经济发展史》，中信出版社 2019 年版。

鲍静、贾开：《数字治理体系和治理能力现代化研究：原则、框架与要素》，《政治学研究》2019 年第 3 期。

毕健有、王文成、王家旭：《5G 技术在工业互联网中的应用研究》，《数字通信世界》2022 年第 6 期。

边卫红：《中等收入阶层"空洞化"美国梦何去何从》，《清华金融评论》2018 年第 2 期。

蔡翠红、王远志：《全球数据治理：挑战与应对》，《国际问题研究》2020 年第 6 期。

陈东晓、叶玉：《全球经济治理：新挑战与中国路径》，《国际问题研究》2017 年第 1 期。

陈红进：《用新结构主义理论指导产业结构转型升级》，《企业管理》2015 年第 4 期。

陈鸿应：《各产业部门布局新赛道培育新动能 上海发力数字经济、绿色低碳、元宇宙领域》，《上海化工》2022 年第 2 期。

陈漓高、齐俊妍、韦军亮：《第五轮世界经济长波进入衰退期的趋势、原因和特点分析》，《世界经济研究》2009 年第 5 期。

陈诗一、刘文杰：《要素市场化配置与经济高质量发展》，《财经问题研究》2021 年第 9 期。

陈晓东：《数字经济影响产业结构演进的方向路径》，《经济日报》2021 年 5 月 21 日第 6 版。

陈勇勤、张俊夫：《对新古典经济学生产资料理论的批判——基于马克思、庞巴维克与熊彼特不同资本观的比较分析》，《当代经济研究》2018年第3期。

陈宇晨、王大中、吴建民等：《数字制造与数字装备》，上海科学技术出版社2011年版。

陈岳飞、赵鑫、于连超：《数字经济风险防范方略：法治化治理》，《上海经济研究》2022年第5期。

大卫·科茨：《目前金融和经济危机：新自由主义的资本主义的体制危机》，《当代经济研究》2009年第8期。

德勤、英特尔、深圳人工智能行业协会：《迈向巅峰之路——中国成长型企业AI研究报告》，2021年。

丁任重、张航：《社会主要矛盾》，《经济研究》2022年第2期。

董树功：《协同与融合：战略性新兴产业与传统产业互动发展的有效路径》，《现代经济探讨》2013年第2期。

董永俊：《马克思主义辩证唯物史观的探究》，中国财政经济出版社2017年版。

杜朝晖：《发达国家传统产业转型升级的经验及启示》，《宏观经济管理》2017年第6期。

杜宇玮：《高质量发展视域下的产业体系重构：一个逻辑框架》，《现代经济探讨》2019年第12期。

范柏乃、段忠贤：《数字经济安全风险防控机制建设路径探讨》，《国家治理》2022年第5期。

房宁：《当代资本主义经济持续发展原因辨析》，《教学与研究》1999年第7期。

冯抒：《人工智能技术在信息安全中的应用》，《电子技术》2022年第5期。

付凌晖：《我国产业结构高级化与经济增长关系的实证研究》，《统计研究》2010年第8期。

干春晖、郑若谷、余典范：《中国产业结构变迁对经济增长和波动的影响》，《经济研究》2011年第5期。

高玲:《大数据环境下的数字经济发展路径探索》,《技术与市场》2022年第5期。

葛健、叶涓涓、王丽杰:《数字经济体系的构成与演化》,《商业经济》2022年第10期。

龚云:《新时代我国社会主要矛盾和实践要求》,《红旗文稿》2022年第6期。

谷玉兰、邱国锋、齐元胜等:《基于5G技术的智能制造网络应用场景构建策略》,《数字印刷》2022年第3期。

郭东杰、周立宏、陈林:《数字经济对产业升级与就业调整的影响》,《中国人口科学》2022年第3期。

郭进、杨建文:《区域经济增长中的"结构红利假说"检验》,《贵州财经大学学报》2014年第3期。

郭荣朝:《转型时期传统产业结构调整升级研究——以湖北省为例》,《中南民族大学学报》(人文社会科学版)2004年第1期。

国务院新闻办公室:《为全球数字治理贡献中国智慧》,http://www.scio.gov.cn/37259/Document/1718671/1718671.htm。

韩凤芹、陈亚平:《数字经济的内涵特征、风险挑战与发展建议》,《河北大学学报》(哲学社会科学版)2022年第2期。

何伟:《激发数据要素价值的机制、问题和对策》,《信息通信技术与政策》2020年第6期。

何郁冰:《产学研协同创新的理论模式》,《科学学研究》2012年第2期。

何自力:《产业变迁与资本主义的衰落》,《政治经济学评论》2012年第4期。

胡家勇、李繁荣:《经济高质量发展的马克思主义解读——基于"新阶段、新理念、新格局"的视角》,《福建论坛》(人文社会科学版)2022年第1期。

胡琨、肖馨怡:《数字经济浪潮下德国捍卫"数字主权"的政策及对我国的启示》,《领导科学》2021年第2期。

胡櫆泽、向永胜、潘佳妮:《元宇宙产业区块链与数字经济创新研究》,《商业经济》2022 年第 6 期。

黄茂兴、李军军:《技术选择、产业结构升级与经济增长》,《经济研究》2009 年第 7 期。

黄奇帆:《5G 背景下金融科技的特征和发展路径》,《中国经济周刊》2020 年第 12 期。

黄蕊、徐倩、赵意:《"人工智能+"模式下我国传统产业的效率锁定与解锁——基于路径依赖理论视域》,《经济问题》2020 年第 2 期。

纪园园、朱平芳:《数字经济赋能产业结构升级:需求牵引和供给优化》,《学术月刊》2022 年第 4 期。

江永红、陈羿楠:《产业结构服务化对全要素生产率增速的影响机理》,《改革》2018 年第 5 期。

姜晨:《区块链技术在会计领域的应用模式研究》,《现代商贸工业》2022 年第 14 期。

姜松、孙玉鑫:《数字经济对实体经济影响效应的实证研究》,《科研管理》2020 年第 5 期。

蒋兴明:《产业转型升级内涵路径研究》,《经济问题探索》2014 年第 2 期。

蒋永穆、亢勇杰:《数字经济促进共同富裕:内在机理、风险研判与实践要求》,《经济纵横》2022 年第 5 期。

金京、戴翔、张二震:《全球要素分工背景下的中国产业转型升级》,《中国工业经济》2013 年第 11 期。

金珺、李诗婧、黄亮彬:《传统制造业企业数字化转型影响因素研究》,《创新科技》2020 年第 6 期。

靖学青:《长三角地区产业结构变迁的协调性和一致性》,《经济理论与经济管理》2005 年第 9 期。

来臣军、赵莉、贾飞宇:《区块链技术在高校财务管理的应用》,《商业会计》2022 年第 9 期。

蓝庆新、窦凯:《美欧日数字贸易的内涵演变、发展趋势及中国策略》,《国际贸易》2019 年第 6 期。

李辉:《数字经济推动企业向高质量发展的转型》,《西安财经大学学报》2020年第2期。

李江帆:《产业结构高级化与第三产业现代化》,《中山大学学报》(社会科学版)2005年第4期。

李丽珍、刘勇、王晖:《以可持续供应链创新推进传统产业转型升级》,《宏观经济管理》2020年第11期。

李玲:《列宁关于正确处理人民内部矛盾思想的哲学透视》,《湖南社会科学》2019年第6期。

李鹏飞:《促进传统产业转型升级的政策转型研究——基于产业技术经济特征的分析》,《当代经济管理》2017年第10期。

李强:《经济高质量发展评价指标体系构建与测度》,《统计与决策》2021年第15期。

李帅峥、董正浩、邓成明:《"十四五"时期数字经济体系架构及内涵思考》,《信息通信技术与政策》2022年第1期。

李伟、王士泉、于楠等:《区域健康医疗大数据平台解决方案策划与初步设计》,《医疗卫生装备》2018年第7期。

李文军:《经济新常态下加快产业转型升级的路径》,《经济纵横》2015年第8期。

李晓华:《制造业的数实融合:表现、机制与对策》,《改革与战略》2022年第5期。

李永红、张淑雯:《大数据驱动传统产业转型升级的路径——基于大数据价值链视角》,《科技管理研究》2019年第7期。

李忠民、周维颖、田仲他:《数字贸易:发展态势、影响及对策》,《国际经济评论》2014年第6期。

联合国贸发会:《数字财富集中在美国和中国平台手中,分享数字经济效益需全球努力》,https://news.un.org/zhory/2019/09/1040702。

梁正、李瑞:《数字时代的技术—经济新范式及全球竞争新格局》,《科技导报》2020年第14期。

廖信林、杨正源:《数字经济赋能长三角地区制造业转型升级的效应测度与实现路径》,《华东经济管理》2021年第6期。

林兰、曾刚：《纽约产业结构高级化及其对上海的启示》，《世界地理研究》2003年第3期。

林淼：《互联网平台垄断的表现、影响及应对措施》，《中国发展观察》2021年第22期。

刘典：《数字时代的"市场乌托邦"：透视美国贫富差距背后的市场脱嵌运动》，《东方学刊》2021年第2期。

刘戒骄：《数字平台反垄断监管：前沿问题、理论难点及策略》，《财经问题研究》2022年第7期。

刘丽、丁涛：《数字经济与产业绿色高质量发展——作用机制及区域异质研究》，《技术经济与管理研究》2022年第3期。

刘丽伟、高中理：《美国发展"智慧农业"促进农业产业链变革的做法及启示》，《经济纵横》2016年第12期。

刘宁宁、沈大伟、宋言东：《我国传统产业转型升级国内研究综述》，《商业时代》2013年第34期。

刘世锦：《推动经济发展质量变革、效率变革、动力变革》，《中国发展观察》2017年第21期。

刘守英、杨继东：《中国产业升级的演进与政策选择——基于产品空间的视角》，《管理世界》2019年第6期。

刘燕：《大数据技术在数据库设计中的应用分析》，《电子技术》2022年第5期。

刘勇：《传统产业转型升级的困难与对策》，《中国经贸导刊》2019年第2期。

刘勇：《新时代传统产业转型升级：动力、路径与政策》，《学习与探索》2018年第11期。

刘志强：《加快西部地区交通建设》，《人民日报》2022年8月17日第18版。

刘志迎、朱清钰：《创新认知：西方经典创新理论发展历程》，《科学学研究》2022年第9期。

柳毅、赵轩、边怀良：《数字经济赋能长江三角传统制造业绿色发展的耦合效应测度与共生路径研究》，《电子科技大学学报》（社科版）2022年第2期。

陆峰：《制造业数字化转型推进路径及方式》，《中国工业和信息化》2022年第1期。

陆江源、张平、袁富华等：《结构演进、诱致失灵与效率补偿》，《经济研究》2018年第9期。

陆小莉、刘强、徐生霞：《中国产业转型升级的空间分异与影响机制研究》，《经济问题探索》2021年第2期。

罗皓文、赵晓磊、王煜：《当代经济全球化：崩溃抑或重生？——一个马克思主义的分析》，《世界经济研究》2021年第10期。

马述忠、郭雪瑶：《数字经济时代中国推动全球经济治理机制变革的机遇与挑战》，《东南大学学报》（哲学社会科学版）2021年第1期。

马文彦：《数字经济2.0》，民主与建设出版社2017年版。

马云俊：《产业转移、全球价值链与产业升级研究》，《技术经济与管理研究》2010年第4期。

毛蕴诗：《转变经济增长方式加快产业转型升级的路径》，《中国审计》2009年第7期。

梅宏：《大数据与数字经济》，《求是》2022年第2期。

[美]梅兰妮·斯万：《区块链：新经济蓝图及导读》，韩锋译，新星出版社2015年版。

[美]尼古拉·尼葛洛庞帝（Nicholas Negroponte）：《数字化生存》，胡泳、范海燕译，电子工业出版社2017年版。

欧阳日辉、李涛：《加强数字经济发展的理论研究》，《中国社会科学报》2022年5月26日第1版。

欧阳日辉：《数实融合的理论机理、典型事实与政策建议》，《改革与战略》2022年第5期。

裴长洪、倪江飞、李越：《数字经济的政治经济学分析》，《财贸经济》2018年第9期。

綦良群、孙凯：《高新技术产业与传统产业协同发展机理研究》，《科学学与科学技术管理》2007年第1期。

钱鹏、刘振广、何钦铭等：《智能合约安全漏洞检测技术研究综述》，《软件学报》2022年第8期。

钱维章：《机器学习技术在寿险反欺诈领域的应用研究与实践》，《金融电子化》2017年第8期。

阙天舒、王子玥：《数字经济时代的全球数据安全治理与中国策略》，《国际安全研究》2022年第1期。

任保平、李培伟：《数字经济培育我国经济高质量发展新动能的机制与路径》，《陕西师范大学学报》（哲学社会科学版）2022年第1期。

任保平、李禹墨：《新时代我国经济从高速增长转向高质量发展的动力转换》，《经济与管理评论》2019年第1期。

任保平：《"十四五"时期转向高质量发展加快落实阶段的重大理论问题》，《学术月刊》2021年第2期。

戎爱萍、韩克勇：《中国特色社会主义经济建设的历史渐进性、核心议题与物质基础》，《经济纵横》2021年第11期。

赛迪研究院：《中国数字经济城市发展白皮书（2021）》，2021年。

邵春堡：《数字经济为何能成为新的经济形态》，《人民周刊》2022年第18期。

师博：《数字经济下政治经济学理论创新研究》，《政治经济学评论》2022年第2期。

数字经济发展研究小组、中国移动通信联合会区块链专委会、数字岛研究院：《中国城市数字经济发展报告（2019—2020）》，2020年。

宋勉、张仕荣：《基于新自由制度主义理论的国际制度失效研究》，《天津师范大学学报》（社会科学版）2020年第3期。

苏丽敏、马翔文：《经济高质量发展评价指标体系的构建》，《统计与决策》2022年第2期。

苏永伟、陈池波：《经济高质量发展评价指标体系构建与实证》，《统计与决策》2019年第24期。

孙宝文、李涛、欧阳日辉：《互联网经济蓝皮书：中国互联网经济发展报告（2019）》，2019 年。

孙浩、毛瀚宇、张岩峰等：《区块链跨链技术发展及应用》，《计算机科学》2022 年第 5 期。

孙学峰：《数字技术竞争与东亚安全秩序》，《国际安全研究》2022 年第 4 期。

孙学涛、王振华、张广胜：《全要素生产率提升中的结构红利及其空间溢出效应》，《经济评论》2018 年第 3 期。

孙早、许薛璐：《优先升级传统产业还是重在培育先进产业——新科技革命时代的产业战略抉择》，《财贸经济》2020 年第 9 期。

唐毅南：《美国金融负债产生的非生产性 GDP——经济虚拟化和危机的宏观经济学》，《东方学刊》2019 年第 1 期。

田丽：《各国数字经济概念比较研究》，《经济研究参考》2017 年第 40 期。

田学斌、柳天恩、周彬：《新形势下我国产业转型升级认识纠偏和政策调适》，《当代经济管理》2019 年第 7 期。

童锦治：《新经济辨》，《商业时代》2003 年第 17 期。

涂圣伟：《我国产业高质量发展面临的突出问题与实现路径》，《中国发展观察》2018 年第 14 期。

万宝瑞：《加快提高我国农业竞争力的思考》，《农业经济问题》2016 年第 4 期。

王冲：《数字经济与传统产业融合发展的理论、机制与策略》，《商业经济研究》2022 年第 8 期。

王德辉、吴子昂：《数字经济促进我国制造业转型升级的机制与对策研究》，《长白学刊》2020 年第 6 期。

王婉、范志鹏、秦艺根：《经济高质量发展指标体系构建及实证测度》，《统计与决策》2022 年第 3 期。

王文俊：《传统产业转型升级研究综述》，《财经理论研究》2016 年第 5 期。

王小青：《人工智能在保险资产管理行业中的应用》，《保险理论与实践》2019 年第 3 期。

王新城：《价格杠杆促进资源型城市产业转型升级研究——以河北省唐山市为例》，《价格理论与实践》2017 年第 8 期。

王勇、汤学敏：《结构转型与产业升级的新结构经济学研究：定量事实与理论进展》，《经济评论》2021 年第 1 期。

王雨青：《全球数字经济发展现状》，《中国外资》2021 年第 6 期。

王志刚、于滨铜：《农业产业化联合体概念内涵、组织边界与增效机制：安徽案例举证》，《中国农村经济》2019 年第 2 期。

卫平、余奕杉：《产业结构变迁对城市经济效率的影响——以中国 285 个城市为例》，《城市问题》2018 年第 11 期。

温铁军、张俊娜：《疫情下的全球化危机及中国应对》，《探索与争鸣》2020 年第 4 期。

文天平、欧阳日辉：《习近平总书记关于数字经济重要论述的科学内涵、理论贡献与实践要求》，《中国井冈山干部学院学报》2022 年第 5 期。

乌多·汉森：《数字经济的未来——工业 4.0》，《上海质量》2015 年第 11 期。

吴常青、薛大政、李晨蕾：《美国情报部门大规模电话元数据监控问题研究》，《情报杂志》2017 年第 9 期。

吴雁、王晓军、何勇等：《数字孪生在制造业中的关键技术及应用研究综述》，《现代制造工程》2021 年第 9 期。

习近平：《不断做强做优做大我国数字经济》，《先锋》2022 年第 3 期。

夏敏仁、陈风：《长波中的创新：创新的时代机遇》，2017 年。

向松祚：《人类经济体系面临的根本问题和出路——〈新资本论〉的四个基本主题》，《IMI 研究动态》2015 年合辑。

肖利平：《"互联网+"提升了我国装备制造业的全要素生产率吗》，《经济学家》2018 年第 12 期。

熊鸿儒：《数字经济时代反垄断规制的主要挑战与国际经验》，

《经济纵横》2019 年第 7 期。

熊伟、张磊、杨琴：《"十四五"时期数字要素市场构建的实施短板与创新路径》，《新疆社会科学》2022 年第 1 期。

徐斌：《基于耗散结构理论的创新驱动产业转型升级研究》，《企业经济》2020 年第 4 期。

徐冠华：《中国科技发展的回顾和几点建议》，《中国科学院院刊》2019 年第 10 期。

徐凯、赵旋、赵子铱：《智能投资顾问平台路径优化研究》，《时代金融》2022 年第 4 期。

徐秀军、林凯文：《数字时代全球经济治理变革与中国策略》，《国际问题研究》2022 年第 2 期。

徐则荣、屈凯：《历史上的五次经济长波——基于熊彼特经济周期理论》，《华南师范大学学报》（社会科学版）2021 年第 1 期。

许光伟：《保卫〈资本论〉——经济形态社会理论大纲》，社会科学文献出版社 2014 年版。

薛晓源、刘兴华：《数字全球化、数字风险与全球数字治理》，《东北亚论坛》2022 年第 3 期。

杨海明：《云原生技术推动数字化转型》，《软件和集成电路》2022 年第 6 期。

杨虎涛：《社会—政治范式与技术—经济范式的耦合分析——兼论数字经济时代的社会—政治范式》，《经济纵横》2020 年第 11 期。

杨佩卿：《数字经济的价值、发展重点及政策供给》，《西安交通大学学报》（社会科学版）2020 年第 2 期。

杨青峰、李晓华：《数字经济的技术经济范式结构、制约因素及发展策略》，《湖北大学学报》（哲学社会科学版）2021 年第 1 期。

杨青峰、任锦鸾：《发展负责任的数字经济》，《中国科学院院刊》2021 年第 7 期。

杨唯实：《人工智能发展前景及金融行业应用》，《金融电子化》2017 年第 6 期。

杨玉春、吴春雷：《加快我国产业结构转型升级的理论基础与路径导向——基于马克思再生产理论的视角》,《山东社会科学》2013年第7期。

杨智博:《"区块链+"时代非法获取比特币行为的刑法规制》,《太原理工大学学报》(社会科学版)2022年第2期。

易高峰:《数字经济与创新管理实务》,中国经济出版社2018年版。

余江、陈凤、王腾:《数字创新引领产业高质量发展的机制研究》,《创新科技》2020年第1期。

袁达松:《数字经济规则和治理体系包容性建设》,《人民论坛》2022年第4期。

袁国宝:《新基建数字经济重构经济增长新格局》,中国经济出版社2020年版。

袁嘉:《德国数字经济反垄断监管的实践与启示》,《国际经济评论》2021年第6期。

袁中华:《"逆全球化"趋势下中国制造业价值链的重构与攀升》,《宏观经济研究》2021年第8期。

原磊、王加胜:《传统产业改造和先进制造业发展》,《宏观经济研究》2011年第9期。

展颜:《德国加速发展数字经济打造理想数字投资地》,《中国对外贸易》2021年第10期。

张帆、邹蕾:《区块链技术助推数字经济发展研究》,《现代工业经济和信息化》2021年第1期。

张纲:《质量强国与质量变革》,《上海质量》2018年第7期。

张歌、苏路明:《区块链技术多场景应用述评》,《河南大学学报》(自然科学版)2022年第3期。

张开、李英东:《理解新发展阶段的二重性》,《人民论坛·学术前沿》2021年第14期。

张立:《发挥数字经济特征优势推动数字经济健康发展》,《中国经贸导刊》2022年第3期。

张文燕、郭钇杉、李仁平等:《创新引领企业发展助力实现奋斗目标》,《中华工商时报》2020 年 11 月 17 日第 2 版。

张务锋:《坚持以高质量发展为目标加快建设粮食产业强国》,《人民论坛》2018 年第 25 期。

张晓雯、眭海霞:《现代农业科技服务体系创新实践与思考——以成都市为例》,《农村经济》2015 年第 12 期。

张学典、林至锽:《一种基于区块链的物联网架构设计》,《软件导刊》2022 年第 5 期。

张雪玲、焦月霞:《中国数字经济发展指数及其应用初探》,《浙江社会科学》2017 年第 4 期。

张银银、邓玲:《创新驱动传统产业向战略性新兴产业转型升级:机制与路径》,《经济体制改革》2013 年第 5 期。

张月平、刘东航:《基于区块链技术的物联网平台及其应用》,《物联网技术》2022 年第 5 期。

赵立斌、张莉莉:《数字经济下价值链重构与产能利用率提升:基于异质性企业的理论与实证》,科学出版社 2020 年版。

赵培、申洋:《产业结构升级促进地区生产效率提高了吗?》,《科技和产业》2020 年第 1 期。

郑飞鸿、李静:《科技环境规制倒逼资源型城市产业转型升级——理论模型与双重效应分析》,《软科学》2021 年第 12 期。

郑启南:《德国数字化发展探析》,《合作经济与科技》2022 年第 16 期。

郑四渭、赵云云:《基于产业融合理论的城市旅游业转型升级机制研究》,《商业研究》2010 年第 11 期。

张银银、邓玲《创新驱动传统产业向战略性新兴产业转型升级:机理与路径》,《经济体制改革》2013 年第 5 期。

郑逸婷:《人工智能在金融行业的应用及风险》,《今日财富》2017 年第 17 期。

郑英隆、李新家:《新型消费的经济理论问题研究——基于消费互联网与产业互联网对接视角》,《广东财经大学学报》2022 年第 2 期。

中关村互联网金融研究院：《中国金融科技和数字普惠金融发展报告》，2022年。

中国信息通信研究院：《ICT产业创新发展白皮书（2020）》，2020年。

中国信息通信研究院：《全球数字经济白皮书》，2021年。

中国信息通信研究院：《云计算白皮书》，2022年。

中国信息通信研究院：《中国数字经济发展报告（2017）》，2017年。

中国信息通信研究院：《中国数字经济发展报告（2019）》，2019年。

中国信息通信研究院：《中国数字经济发展报告（2020）》，2020年。

中商产业研究院：《2022年中国5G行业市场规模及未来发展趋势预测分析》，2022年。

中商产业研究院：《中国大数据行业市场前景及投资机会研究报告》，2022年。

中商产业研究院：《中国区块链行业市场前景及投资机会研究报告》，2022年。

中投产业研究院：《2022—2026年中国数字经济深度调研及投资前景预测报告》2022年。

周荣华、李鑫：《社会信用管理服务的创新趋势及优化途径》，《东吴学术》2019年第3期。

朱晨：《人工智能与实体经济融合发展探讨》，《合作经济与科技》2022年第12期。

朱娅：《智能制造驱动传统产业转型升级逻辑理路与策略研究》，《河南社会科学》2019年第12期。

朱兆一、陈欣：《美国"数字霸权"语境下的中美欧"数字博弈"分析》，《国际论坛》2022年第3期。

祝合良、王春娟：《数字经济引领产业高质量发展：理论、机理与路径》，《财经理论与实践》2020年第5期。

宗良、刘晨、刘官菁：《全球数字经济格局变革前景与策略思考》，《中国经济评论》2022年第3期。

二　英文文献

Arrow Kenneth-Joseph, "The Economic Implications of Learning by Doing", *Review of Economic Studies*, Vol. 29, No. 3, 1962.

Borland Jeff and Coelli Michael, *The Australian Labour Market and the Digital Economy*, 2022.

Bukht Rumana and Richard Heeks, "Defining, Conceptualising and Measuring the Digital Economy", Development Informatics Working Paper, No. 68, 2017.

Ch Reimsbach-Kounatze, "Stimulating Digital Innovation for Growth and Inclusiveness: The Role of Policies for the Successful Diffusion of ICT", OECD Digital Economy Policy Papers, 2016.

Frolov Daniil Petrovich and Lavrentyeva Anna Victorovna, "Regulatory Policy for Digital Economy: Holistic Institutional Framework", *Montenegrin Journal of Economics*, Vol. 15, No. 4, 2019.

Gartner, *Forecast: Public Cloud Services, Worldwide*, 4Q21, 2022.

Imlah B., *The Concept of a "Digital Economy"*, Oxford Digital Economy Collaboration Group 2013.

Kevin Barefoot, Dave Curtis, William Jolliff et al., "Defining and Measuring the Digital Economy", US Department of Commerce Bureau of Economic Analysis, Washington, DC, 2018.

Linnhoff-Popien, Claudia, Schneider Ralf and Zaddach Michael, *Digital Marketplaces Unleashed*, Berlin/Heidelberg, Germany: Springer, 2018.

Mesenbourg Thomas L., "Measuring the Digital Economy", US Bureau of the Census Working Paper, No. 1, 2001.

Perez Carlota, *Technological Revolutions and Financial Capital*, Edward Elgar Publishing, 2003.

Prainsack Barbara, "Oil Crisis: The Political Economy of Digital Data: Conclusion of the Special Issue", *Policy Studies*, Vol. 41, No. 5, 2020.

Rifkin Jeremy, *The Zero Marginal Cost Society: The Internet of Things, the Collaborative Commons, and the Eclipse of Capitalism*, St. Martin's Press, 2014.

Schwab Klaus, *The Fourth Industrial Revolution*, Currency, 2017.

Tapscott Don, *The Digital Economy: Promise and Peril in the Age of Networked Intelligence*, New York: McGraw-Hill, 1996.

Zimmermann Volker, "Vielfältige Hemmnisse Bremsen Die Digitalisierungsaktivitä ten Deutscher Unternehme", *Ifo Schnelldienst*, Vol. 75, No. 2, 2022.